AF467775

Louis ROUZIC

LE RENOUVEAU CATHOLIQUE

Les Jeunes avant la Guerre

DEUXIÈME ÉDITION

PARIS
PIERRE TÉQUI, LIBRAIRE-ÉDITEUR
82, RUE BONAPARTE, 82

1919

LE RENOUVEAU CATHOLIQUE

DU MÊME AUTEUR

Essai sur l'Amitié. In-12 (Lethielleux). . . . . . 3 fr. 50
La Journée sanctifiée. In-12. Id. . . . . 3 fr. 50
Douleur et Résignation. In-12. (Téqui). . . . . . 3 fr. 50
Le Prix des larmes. In-12 . . Id. . . . . 3 fr. 50
La Théologie de la guerre. In-12. (Bloud et Gay) 3 fr. 50
Nos Morts (Rue des Postes). 1901-1916. (Lethielleux) 2 fr. 50
Pierre Poyet. In-12 . . . . Id. . . . 1 fr. 25
Lettres à un prisonnier. In 12. (Téqui). . . . . 1 fr. 50
La Très Sainte Vierge Marie. In-16. (Beauchesne) 2 fr. »
La Vie chretienne à l'école de saint Joseph. In-16 (Téqui). . . . . 1 fr. 50
Le Purgatoire. In-12. (Téqui). . . . . 3 fr. 50

COLLECTION A 1 FR. 10

(Chaque volume in-32, cadres rouges. 1 fr. 10).

CHEZ LETHIELLEUX.

1re Série. — *Se connaître* (L'examen). *Se perfectionner* (L'idéal). *Se vaincre* (La lutte). *Se dévouer* (L'apostolat).
2e Série. — *La Sainte Messe. La Sainte Communion.*
3e Série. — *La distinction. Programme de Vie*, 2 vol. : 1. But et emploi. 2. Obtacles et moyens. *La joie*, 2 vol. *Respect humain et fierté chrétienne.*
4e Série. — *La Vocation. Prêtre. Avant le mariage.*

EN PRÉPARATION :

Pour sanctifier notre douleur.
Pensées sur des tombeaux.
Mère et enfant (Notes sur l'éducation).
Du portique au sanctuaire (Entretiens lévitiques).
Le Symbole des Apôtres, 4 vol.
La Vie surnaturelle, la Prière et les Sacrements, 4 vol.
Le mois des morts.
La famille, l'amitié et la Patrie au ciel.

SOUS PRESSE :

Tombé au Champ d'honneur. Anthelme Martin de Gibergues. Sa vie et ses lettres (Téqui).

Louis ROUZIC

LE RENOUVEAU CATHOLIQUE

Les Jeunes avant la Guerre

DEUXIÈME ÉDITION

PARIS
PIERRE TÉQUI, LIBRAIRE-ÉDITEUR
82, RUE BONAPARTE, 82

1919

Permis d'imprimer :

Versailles, le 10 février 1919.

J. MILLOT,

v. g.

Imprimatur :

Parisiis, die 6 martii 1919.

H. ODELIN,

v. g.

A mon ami

M. l'abbé Joseph Kergus,

Recteur de Pommerit-le-Vicomte (C.-d.-N.)

L. R.

LE RENOUVEAU CATHOLIQUE

CHAPITRE PREMIER

LES HEURES SOMBRES : LE TRIOMPHE DU SCIENTISME

Bossuet, commençant d'interpréter l'Apocalypse, écrivait : « Je tremble en mettant la main sur l'avenir. » Lequel des chrétiens français, regardant l'avenir, du seuil du XXe siècle, n'eût tremblé? Quant aux ennemis du christianisme, la victoire leur semblait assurée. C'est à cette époque que M. Clemenceau — il lui sera beaucoup pardonné parce qu'il a glorieusement servi — disait : « L'arche est ballottée par les eaux d'un déluge auquel elle n'échappera pas; la colombe d'espérance ne paraîtra plus. »

Quels assauts contre l'Eglise, depuis 1880 jusqu'à 1910!

Dès le déclin de l'Empire, un fort courant d'hostilité s'était produit contre l'Eglise : Son dogme était la négation de la raison même; elle n'était plus qu'un anachronisme au milieu de la société moderne. Ne voulait-elle pas sans cesse ressusciter l'ancienne France, cette nuit compacte d'erreur où 1789 avait enfin projeté la lumière?

Ainsi parlaient ses adversaires.

Nos malheurs de 1870 assagirent pendant quelque temps les esprits. Après le cycle de onze mois que Victor Hugo a nommé « l'année terrible » et où se déroulèrent ces tableaux tragiques, la guerre, l'invasion, la Commune de Paris, l'Eglise de France cessa tout à coup d'être persécutée. Debout au milieu des ruines, clairvoyante et active devant le malheur, elle attira les regards sincères et rallia un instant les sympathies. Mais ses ennemis n'avaient pas désarmé; la lutte reprit. « Que l'on se rappelle ces tristes années quatre-vingts, l'époque du plein épanouissement de la littérature naturaliste. Jamais le joug de la matière ne parut mieux affermi. Tout ce qui avait un nom dans l'art, dans la science et dans la littérature, était irréligieux. Tous les (soi-disant) grands hommes de ce siècle finissant s'étaient surtout distingués par leur hostilité à l'Eglise... Victor Hugo venait de disparaître dans une apothéose, Renan régnait (1), » ce Renan qui, en phrases académiques, ensevelissait « les dieux morts dans un linceul de pourpre » et se plaisait à dire, sous la Coupole où il recevait Victor Cherbuliez, le 25 mai 1882 : « A notre insu, c'est souvent aux formules rebutées des vieilles croyances que nous devons les restes de notre vertu. Nous vivons d'une

(1) REVUE DES JEUNES, Paul Claudel, *Ma conversion*.

ombre, Monsieur, du parfum d'un vase vide; après nous, on vivra de l'ombre d'une ombre. Je crains par moments que ce soit un peu léger. »

Venu d'origines très lointaines (Bacon et Descartes) (1), le scientisme, escorté du réalisme et du naturalisme, dominait. Ses grands pontifes étaient Taine, Renan, Berthelot, Zola; son dogme fondamental enseignait que, grâce à la méthode scientifique, la raison humaine peut arriver à tout connaître et à tout expliquer. D'ailleurs la raison ne saurait pénétrer dans le domaine de l'absolu. Pas de révélation, pas de Dieu, pas de devoir; car tous n'ont pas la souplesse d'esprit d'un Kant, pour introduire l'harmonie et réaliser l'accord entre les négations de la raison raisonnante et les affirmations, en sens contraire, de la conscience. Rien que des faits, soit sensibles, soit rationnels, et des relations entre les faits. Au lieu de la liberté divine et humaine, le déterminisme. Qu'il s'agisse du monde physique ou du monde moral, tout obéit à un mécanisme inéluctable.

Scientisme et positivisme s'appellent. Comte et Littré s'offraient à organiser la science. Organiser la science pour mieux en faire l'idole de l'esprit, tel est bien le but de Comte. Il s'efforce d'y acheminer ses nombreux disciples. Pour cela il expose avec netteté la méthode scientifique, il proclame la nécessité de l'observation et précise le domaine et l'objet de la science : les faits, les re-

(1) En prenant pour règle essentielle de sa méthode de « ne recevoir jamais aucune chose pour vraie qu'il ne la connût évidemment être telle. » (*Discours de la Méthode*, IIe partie). Il est vrai qu'il avait fait une réserve expresse pour le catholicisme, mais ses disciples ne devaient pas l'observer.

lations entre les faits. Précisément, de merveilleux progrès avaient lieu, dont les scientistes et les positivistes profitaient pour glorifier leur système, la « découverte » de la physique et de la chimie, la biologie, l'astronomie, la lecture des hiéroglyphes qui donnait une voix à des inscriptions vieilles de milliers de siècles... Mais qu'étaient ces résultats à côté des espérances qu'ils faisaient naître et que l'on annonçait avec certitude : la prolongation indéfinie de la vie; la domination totale de la nature; la morale scientifique donnant tout à la fois une règle de conduite, une sociologie, une politique; la connaissance de l'avenir comme du passé; la conquête du bonheur, réalisant enfin toutes les aspirations de la nature humaine; bref, le paradis sur terre. En conformité avec ces résultats et ces attentes, la devise du scientisme, formulée par Berthelot, était : « Le monde est désormais sans mystère », car le mystère qui subsiste encore aujourd'hui s'évanouira demain. Enfin, le « siècle des lumières » avait lui, et les adorations n'allaient plus qu'à la seule raison.

Donc, en dehors de la science et de ses constats, rien de vrai. Plus de certitude métaphysique, mais le subjectivisme. Ici le Kantisme est intervenu : de lui est né le scientisme, comme toutes les autres erreurs de l'époque. Selon le mot de Pie X, « le Kantisme est bien l'hérésie moderne. » En posant comme principe que la raison ne saurait atteindre le domaine de l'absolu, le Kantisme déclare la guerre à tout dogmatisme. Cette philosophie aboutit à « l'auto-déification humaine » (le mot est de Georges Dumesnil). Le sujet moral est auto-nome; aucun besoin du Dieu rémunérateur et vengeur. Il ne reste plus de place que pour un Dieu créateur : ce n'est pas logique, mais c'est si simple. Bientôt on n'a que faire de ce Dieu créateur qui s'est éloigné de sa création. Aussi Fichte le supprime et le remplace par le « moi » absolu.

De Kant et de Fichte nous allâmes à Wagner : c'était ne pas sortir du nuage.

On venait de traverser les pires années qu'ait connues la littérature contemporaine, la morne période du naturalisme. On se traînait sous un joug pesant, dans une lourde atmosphère de pauvreté intellectuelle et de bassesse morale. Le genre qui pour lors absorbait tous les autres, le roman, devenu le roman naturaliste, devait à sa grossièreté même l'insolence de son succès. Ni observation, ni psychologie, mais le cynique étalage d'une humanité réduite à l'instinct, écrasée sous le fatalisme de la matière. Le théâtre gagné par la contagion, la poésie en déroute, l'esprit décrié, la sottise triomphante : on étouffait, le besoin d'une libération se faisait sentir. On attendait un sauveur. On crut l'avoir trouvé en Wagner, ce Messie (1).

Toutefois, cette suppression de Dieu paraît trop radicale à beaucoup qui préfèrent demander un asile au protestantisme. La Réforme ne peut manquer de plaire aux fils de la Révolution. N'était-ce pas le temps où Auguste Sabatier, doyen de la Faculté de Théologie protestante, traduisait en français limpide les idées confuses de l'Allemagne et enseignait une sorte de panthéisme dans ses ouvra-

(1) René DOUMIC, *Revue des Deux Mondes*, 15 sept. 1917, *Theodor de Wyzewa*.

ges : *Esquisse d'une philosophie de la religion, les Religions d'autorité et la religion de l'esprit ?* Mais sa religion de l'esprit est surtout une religion de la sensibilité. Quelques jeunes catholiques (ils l'étaient par le baptême, mais non par la connaissance de leur religion), se tournèrent vers le Protestantisme. Comme le dit l'un d'eux, ils trouvaient là « le maximum d'individualisme avec le minimum de christianisme (1). » Devant le désarroi de quelques âmes le Protestantisme fut très heureux d'avoir ses temples, aux confessions diverses et fit entendre les appels onctueux ou véhéments de ses pasteurs et de ses professeurs en Sorbonne, Charles Wagner, Gabriel Séailles... Un reste de religion et toute satisfaction pour le libéralisme, cela pouvait suffire pendant quelques instants. S'ils paraissaient surpris des incessantes variations au milieu desquelles se mouvait le Protestantisme, on leur répondait que « le principe de la Réforme est d'être une éternelle Réforme. » Il fallait favoriser le regain de vie qu'obtenait le Protestantisme. De là, des revues, en particulier celle qui a pour titre *Foi et Vie;* des congrès de jeunesse protestante, en Suisse; des réunions où l'on priait et où l'on discutait. Une appellation qui est revenue souvent dans l'histoire servait à désigner ce groupement moral à base de Protestantisme élargi, l'appellation de « Jeune France ». Elle est donnée par M. Gaston Riou, l'auteur de *Aux écoutes de la France qui vient,* « l'une des âmes les plus généreuses du

(1) *Revue des Jeunes,* 25 septembre 1916, *Ma conversion,* L. PUEL DE LOBEL.

Calvinisme français », d'après M. André de Bavier : ce qui ne l'empêche pas, bien entendu, d'être sectaire vis-à-vis de l'Eglise. Comme il faut de la mystique à toute religion, M. Sabatier compose une vie de saint François d'Assise, dans laquelle il ne tend à rien moins qu'à faire de cet aimable saint un protestant avant la lettre. Pour plus d'un, le mysticisme est le domaine exclusif de Maeterlinck.

En somme, de grands efforts sont déployés. Pour aboutir à quoi? A orienter les âmes en dehors du Protestantisme. Auguste Comte avait raison de dire que les protestants ne savent pas ce que c'est qu'une religion. Le régime de la libre recherche est le régime de la perpétuelle discussion. Il faut s'en évader si l'on veut trouver la paix dans la certitude. En dépit de tous les efforts, la *via media* dans laquelle Newman et tant d'autres à sa suite ont voulu s'arrêter devient de plus en plus impossible, et les voyageurs qui passent sur cette *via media* s'acheminent soit vers le libéralisme, soit vers Rome. Ou bien ils constatent les méfaits de l'individualisme et s'adressent au catholicisme, ou bien ils s'obstinent à ne reconnaître aucune autorité en dehors de leur conscience. Alors ils finissent également par n'admettre aucune révélation en dehors de leur expérience religieuse. A leurs yeux le Christ demeure un personnage unique dans l'histoire, mais ce n'est plus Dieu. Au surplus, prétendent-ils, Dieu est immanent à l'homme; le divin et l'humain ne sont qu'un; la religion n'est plus qu'une vie, le dogme n'y trouve pas place. Fidéisme, pragmatisme, immanence, agnosticisme, athéisme, sont les anneaux d'une même chaîne.

Nous touchons au Modernisme. Fut-il erreur plus funeste dans la longue liste des hérésies qui ont attristé l'Eglise et tenté d'y jeter la division? Et quels ravages n'eût-elle pas fait en se répandant insensiblement sous son masque habile? De nouveau s'agitent les questions les plus graves touchant les rapports de la raison et de la foi. Heureusement le gardien de la doctrine veillait. Le 8 septembre 1907 paraît l'Encyclique qui dévoile, analyse et condamne le Modernisme. Le Modernisme part de l'agnosticisme, terme qui vient d'Angleterre. D'après son système, la raison humaine, en dehors de ce qu'elle appelle le donné, c'est-à-dire le phénomène et le fait, ne sait rien. Elle n'a ni barque ni voile pour un autre océan. Dieu n'est donc pas objet de science, il n'est point un personnage de l'histoire. Pour s'être inscrites respectivement, l'une au domaine de la seule surface des événements humains, l'autre à la surface de toute la nature physique, l'histoire et la science écartent Dieu qui n'a pas, en effet, si l'on peut dire, les surfaces pour lieu. Pie X dit anathème à l'agnosticisme.

Avec l'agnosticisme, nous avons l'esprit négatif du Modernisme; avec l'immanentisme, le côté positif. Vous n'avez ni barque ni voile; mais le fait de la religion est là. Comment l'expliquer? Les Immanentistes répondent : Dans notre sub-cons-conscience, cet arrière-plan des facultés de la connaissance, germe un instinct de religion que satisfait le sentiment de la communion à l'inconnaissable : surnaturel, dogme, révélation, viennent de là. Pie X dit anathème à l'Immanentisme. Non, la religion n'est pas une projection d'un besoin religieux qui est en nous; elle nous vient du dehors, elle a été révélée.

Pie X condamne également le troisième aspect de l'erreur modernisme, la doctrine de l'évolution. D'après le Modernisme, le dogme et la constitution de l'Eglise auraient poussé successivement leurs articles suivant des lois analogues à celle qui, d'après Darwin, dirige l'évolution biologique : sélection, lutte pour la vie, influence des milieux. Sous ces influences, elle n'offrirait plus aujourd'hui que de lointaines ressemblances avec son état d'origine; et ces changements ne seraient que le prélude de changements nouveaux destinés à se produire au cours des âges. Pie X dit anathème à cette théorie. Quiconque est de bonne foi peut recourir à l'histoire; les documents sont là qui nous montrent au début de l'Eglise toute la substance de notre foi actuelle. L'Eglise vit, elle se développe, mais selon la nature de son être reçu du Christ.

Cependant les âmes inquiètes s'égarent dans tous les chemins perdus de la pensée et du cœur. Le spiritisme ou magnétisme qui nous vint de New-York, aux environs de 1850, se met à la recherche des *médiums*. Parmi tous les partisans de cette nouvelle science (?), se distingue Léon Rivail, qui prétend incarner l'âme d'un Breton, mort depuis des siècles, Allan Kardec, et pour ce motif, prend le nom du barde. Que prétend le spiritisme? Compléter les grandes révélations de

Moïse et de Jésus-Christ et remplacer définitivement le spiritualisme chrétien. Que produit-il? Beaucoup de fraude et d'imposture autour de quelques faits mystérieux. D'après le mage Papus, « sur dix médiums, il y a huit simulateurs ». Nul progrès, nulle découverte scientifique ne sont venus de ce côté; aussi la science juge-t-elle sévèrement le spiritisme. Nulle énergie pour le bien, nulle grandeur morale n'en est sortie, mais plutôt la désertion des croyances religieuses, l'abaissement des caractères et parfois, des cas de folie et de suicide. Aussi la religion condamne-t-elle le spiritisme. On ne saurait s'en étonner lorsque, descendant au fond du système, après avoir étudié les phénomènes, on constate qu'il n'admet ni Dieu personnel, ni âme spirituelle, mais se résout dans le panthéisme. Néanmoins, il ne manque pas de Jeunes qui s'adressent un instant au spiritisme. « Assoiffé de spiritualisme, écrit l'un d'eux, et avide de combler l'insondable vide qui s'était fait en mon âme, je me jetai éperdu dans l'occultisme, dont les phénomènes incontestablemnt diaboliques m'impressionèrent assurément, mais ne furent pas idoines à m'octroyer l'indispensable adjuvant rénovateur. » (REVUE DES JEUNES, 25 mars 1914, *Mon retour à Dieu*, A. A.). Cette curiosité est exploitée avec cynisme. Qu'on se rappelle *Le diable au* XIXe *siècle*, de Léo Taxil.

Deux autres courants qui ne sont pas sans analogie entraînent vers le Bouddhisme et le Théosophisme certains esprits peu sérieux, hantés par les désirs d'une vague religiosité. Pendant quelques années, Paris a son temple hindou. Affaire de mode, quant aux motifs et quant à la durée. Dévots et dévotes s'empressent de recueillir l'eau lustrale qui garde quelque chose de son origine sous les forts parfums qui s'y mêlent. Beaucoup désertent avec horreur lorsqu'ils apprennent le rôle de la vache sacrée dans l'existence de cette eau. Et la porte du temple hindou ne tarde pas de se fermer. Pour Bouddha, la personne est le malheur des malheurs, il faut se hâter vers l'inaction et l'anéantissement du nirvana. On voit à quelle morale déplorable conduit le Bouddhisme. Ce ne peut être la religion de la France, pays d'action et de clarté; et c'est pour nous surtout qu'il faut redire ces vers d'un vieux poème lyrique : « Le Bouddha du passé nous a quittés depuis longtemps; le Bouddha à venir n'a pas encore paru. » Nous ne l'attendons pas.

Une autre doctrine, celle des théosophes, cherchait à s'acclimater en Europe. Venue de l'Inde, elle s'introduisit en Angleterre, par les relations politiques et commerciales qui existent entre les deux pays, et, en France, grâce en partie aux écrits de Pierre Loti. Le théosophisme est plutôt une recherche de la religion et une synthèse de religion qu'une religion. Il met Jésus-Christ au même rang que Confucius, Mahomet et Bouddha, et même au-dessous d'eux, car il n'est qu'un imitateur et bientôt il sera dépassé par un autre prophète qui cette fois apportera l'évangile parfait...

Après un moment d'engouement dans une sphère très limitée, ces importations philosophiques et religieuses ne résistaient pas devant le clair bon sens de la France. Du moins, leur court passage servit-il à faire constater l'instinct religieux qui gît au fond des âmes et l'impuissance de toutes les créations humaines à satisfaire cet instinct. Pour les esprits réfléchis, le catholicisme sortait grandi de toutes ces doctrines qu'il enterrait les unes après les autres.

Entre temps, le Socialisme faisait rage et montait par toutes les avenues à l'assaut de la société. Il fallait détruire religion, patrie, famille, propriété. Cela, parce que dans l'organisation actuelle, les intérêts populaires étaient dits sacrifiés. Toutefois, comme les grands noms de justice, d'égalité, de solidarité... étaient prononcés d'un accent sonore et faisaient appel aux sentiments généreux, beaucoup de jeunes allaient interroger les docteurs du Socialisme. Dans les pages où il se raconte sous le nom de Henri Dubois, René Salomé écrit : « Comme nombre de jeunes gens de sa génération, Henri fut socialiste. Il crut trouver dans le Socialisme un moyen d'assainir une société que nombre de scandales et une affaire fameuse révélaient corrompue. » « Un moment, je faillis verser dans le Socialisme, dit à son tour Louis Bertrand. La bassesse et la vulgarité des âmes m'en dégoûtèrent bien vite. La Sociale m'apparut comme l'exploitation de la force brutale par la ruse. » Hélas! combien en est-il pour qui cette révélation n'est pas près de se produire! Avec le Socialisme, c'est la ruine de la société actuelle. Comment la rebâtir? Un jour, le jeune Philibert Vrau s'était rendu avec une anxieuse bonne foi auprès de Proudhon lui-même. Ce fut pour recueillir de sa bouche de violentes invectives contre l'organisation économique du monde. « Le remède? » demanda le jeune homme. « Ah! répond le philosophe, cela ne me regarde pas. » De nos jours, le Socialisme n'en sait pas davantage.

Si nous demandons à la littérature, qui, tour à tour, inspire et reflète les mœurs, de nous éclairer sur l'état des âmes, sa réponse ne sera pas plus rassurante. Romantisme, naturalisme, dilettantisme, pessimisme, voilà surtout ce que nous trouvons chez beaucoup d'écrivains très fréquentés. Dans le romantisme, qui fut plein d'espoir à ses débuts, on retrouvait le virus de l'Encyclopédie avec les doctrines néfastes de l'individualisme. Sous l'hypertrophie du moi, une sentimentalité pleine de tristesse se dégageait. Comme sous la Restauration,

Le poète chantait : de sa lampe fidèle
S'éteignaient par degré les rayons pâlissants.
Et lui, prêt à mourir comme elle
Exhalait ses tristes accents.

Avec Balzac et Zola, sous couleur de réalisme, le naturalisme qui, chez ces auteurs et chez les écrivains de leur école, n'était autre qu'un cynique dévergondage de la plume, s'installait dans la littérature : l'instinct de la dépravation se donnait libre carrière. Choisissant des cas exceptionnels, les « réalistes » ravalaient l'humanité « jusqu'à la brute, et il faut dire plus bas (1) », pour la plus grande joie de l'étranger.

Au milieu de cette atmosphère, le dilettantisme ne pouvait manquer de croître, maladie de la vo-

(1) E. Faguet, Propos littéraires, t. III, p. 262.

lonté qui se refuse à l'effort, maladie de l'intelligence qui, incapable de creuser, se laisse aller aux parcelles de vérité qui ornent tout système, toute théorie. Maladie très antique. Pétrone en souffrit. Et aussi Pilate. Nul ne l'a mieux décrite dans ses effets récents, que René Salomé. Il en parle ainsi dans le récit de la conversion d'Henri Dubois :

« Sa personnalité flottante abordait aux régions les plus diverses, les plus variées, sans s'attacher jamais à aucune. Il lui arrivait de méditer les Evangiles jusqu'aux larmes, de s'oublier en quelque pure vision parmi la pénombre d'une église, de suivre des yeux le drame liturgique d'une messe. Mais ce n'étaient là que jeux d'esthète romantique, et quelques jours après, il poursuivait des images païennes ou s'abîmait dans des conceptions panthéistiques.

Il finit par s'apercevoir que son intelligence devenait moins agile et moins prenante, moins disposée à lui obéir. L'instabilité à laquelle il la condamnait, la rendait inquiète, la déshabituait de contempler ses objets avec patience, de descendre dans les détails des rapports, de suivre humblement les sinuosités du réel. Elle perdait la fermeté, la lucidité qu'elle devait à la culture grecque et latine, et qui tant bien que mal avaient jusqu'alors suppléé chez lui cet ordre organique et profond que seule la foi est capable d'instituer. En même temps il désapprenait même l'art de mener sa vie suivant la commune sagesse et les communs usages (car, de volonté réfléchie, il n'était plus question): des caprices, des fantaisies, des impulsions, des penchants ou des aversions, des colères ou des attendrissements lui imposaient peu à peu leur anarchie. Il ne menait plus, mais se sentait mené. C'est du fond d'une sorte de torpeur qu'il percevait et le monde et lui-même, comme se perçoit en plein sommeil le déroulement d'un rêve. La vie et l'univers se muant en un rêve mouvant et fluent, n'est-ce pas le terme misérable de cette déchéance moderne qui consiste essentiellement à divorcer d'avec les réalités pour les traiter en serves et en faire ses jouets ? On cesse de s'unir en toute charité, par la réflexion et pour l'action, avec le travail, le terroir, les proches, les compagnonnages, les circonstances plus ou moins étroites où chacun est posté; on prétend ne vivre que de soi-même, et dès lors le moi s'effrite, les choses s'évaporent, moi et choses ne sont plus qu'un défilé de fantômes insaisissables : c'est une espèce de mort perpétuelle.

Ce qui est grave, c'est que le dilettante, tout conscient qu'il est de mourir sans cesse, s'enorgueillit de sa souplesse d'esprit, de sa curiosité rayonnante, de sa tolérante compréhension. Il se désole de sentir que tout, et son âme même, lui échappe. Mais cette désolation le rend glorieux parce qu'il y voit un privilège que le vulgaire ne peut acquérir. Cet orgueil du dilettante peut être exempt de morgue et de roideur; il peut être, et il fut chez Renan ou chez tel de ses disciples, souriant, bénin, cordial : il n'en maintient que mieux ses victimes dans la dissipation.

Quelques traits achèveront ce tableau :

« Vers 1895, c'était l'apogée de l'anarchisme littéraire et philosophique. M. Henri de Régnier se promenait, avec sa canne de jaspe dans le jardin de l'anarchie et M. Octave Mirbeau préfaçait M. Jean Grave, M. Paul Adam faisait l'apologie de faits qualifiés crimes, et de jeunes bourgeois allaient applaudir le sieur Sébastien Faure. Pendant dix ans, la jeunesse subit l'influence de tous les écrivains qui représentaient l'anarchie morale, intellectuelle et politique. Elle était socialiste, révolutionnaire, anarchiste. Il y avait certainement une autre jeunesse de tendances traditionalistes. Mais elle était absolument ignorée. Il semblait que la vie se fût retirée d'elle. Dans les groupes que forma la jeunesse, ce qui dominait, ce qui portait la vie ou était porté par elle, ce qui était passionné, ardent, combatlif, c'était l'esprit révolutionnaire. Lorsque l'esprit traditionaliste paraissait, ce n'était guère que pour reconnaître la victoire finale de son adversaire; il ne voulait s'assurer qu'un retard de cette victoire.

Quinze ans plus tard, renversement total des positions (1).

Ici encore, l'Allemagne eut un grand rôle, par les écrits de Shopenhauer. De pseudo-philosophes écrivirent des livres entiers pour étudier cette question : La vie vaut-elle la peine d'être vécue? Une foule de prosateurs du troisième ordre reprirent la question, en concluant toujours par la négative; et les poètes ne furent pas souvent d'un autre avis.

A la suite du naturalisme, du romantisme et du dilettantisme, un flot de pessimisme passa sur les jeunes âmes de France. On eut une littérature désenchantée qui fit revivre les René, les Oberman, les Werther.

La série de nos maux n'est pas achevée. J'en nommerai une source féconde en parlant de notre engouement pour la philosophie allemande, pour la littérature allemande, pour la musique allemande.

« Quand les Français ne s'aimaient pas, écrit Charles Maurras, ils ne pouvaient rien souffrir qui fût de leur main, ni de la main de leurs ancêtres :

(1) LES JEUNES GENS D'AUJOURD'HUI, *l'Action française*, G. Valois

livres, tableaux, statues, édifices, philosophie, science. Cette ingratitude pour leur patrie était si farouche, qu'un étranger a pu dire que leur histoire semblait écrite par leurs propres ennemis. Ni les arts, ni les lettres, ni les idées ne trouvaient grâce, à moins de venir d'autre part. Le plus haut point de cette méthode se place il y a vingt ans (1). » En effet, vers 1895, M. Paul Adam écrivait : « On peut dire que l'Allemagne est, à cette fin du XIXe siècle, le pays d'où nous tirons le plus pour l'esprit. Les misères de 1870 se compensent par les dons intellectuels que le vainqueur nous apportera. » Aussi lisez ces titres évocateurs d'un chapitre du livre écrit par Charles Maurras : QUAND LES FRANÇAIS NE S'AIMAIENT PAS :

LIVRE II. *Le Service de l'Allemagne*

« *L'annexion intellectuelle en* 1895 (par Fichte, Kant, Shopenhauer), *L'élève de Fichte* (Guillaume II), *Le renoncement à nous-mêmes* (armée, institutions, religion); *Sentinelle allemande dans l'Université* (« Il s'appelait Gabriel Monod »); *Nous trouvons toujours raison de donner raison à l'Allemagne contre nous.* »

N'oublions pas toutefois que Renan fut le premier qui accrédita parmi nous l'idée de la supériorité intellectuelle du peuple germanique et détermina notre engouement pour l'Allemagne.

Par-dessus tout, le Kantisme nous fut nuisible. En effet, c'était bien autre chose « qu'une curiosité

(1) Charles Maurras, QUAND LES FRANÇAIS NE S'AIMAIENT PAS, *Préface*.

de salle d'étude, c'était une « religion ». Nous fûmes Kantistes du haut en bas de l'enseignement. Il est beau de voir le Kantisme rentrer sous terre au premier bruit guerrier, mais il est triste de songer à toutes les intelligences françaises qu'il a dégradées... Intellectuellement, moralement, ethniquement, il est l'ennemi (1). »

A genoux devant l'ancien vainqueur, nous admirions tout de lui; nous recevions de lui les doctrines démoralisatrices, alors même que lui, n'estimant pas notre descente assez rapide, construisait déjà sur notre sol les assises où reposeraient ses canons destructeurs. Il pouvait se livrer à la préparation assidue de la récente guerre, tout prévoir, tout réaliser, sans éveiller notre attention. En 1895, les escadres françaises, allemandes et russes se rencontraient dans les eaux de Kiel; Tanger et Agadir ne nous émouvaient qu'un instant; Moukden ne nous troublait guère, et cependant c'était l'Allemagne dégagée sur la Vistule, et la France affaiblie sur le Rhin; Guillaume pouvait sans trop de difficulté commander le renversement de Delcassé; et le « menu sifflement des torpilles de Chemulpo » nous laissait endormis.

Toute idée de revanche s'était évanouie et l'hymne du pacifisme : guerre à la guerre, hymne à deux chœurs, celui des béats et celui des révolutionnaires, retentissait toujours plus fort. On oubliait chez nous le vers d'Auguste Angellier que les Allemands, eux, n'appliquaient que trop bien :

Le temple de la paix veut un rempart de fer.

(1) Id., loc. cit., Liv III, ch. III.

« Il faut donc espérer, disait encore Paul Adam, que d'ici à peu de temps, le sentiment des élites et celui des rustres s'accorderont pour restreindre la mimique surannée des gymnasiarques, des soldats professionnels et des rhéteurs. » Le même écrivain allait jusqu'à affirmer que « les intérêts des deux nations sont les mêmes en Afrique ». Pour M. Anatole France, l'organisation militaire n'était qu' « une survivance du passé ».

Au milieu de ces dispositions, l'Internationalisme ne pouvait que gagner. Jusque dans les casernes, on entendait le chant d'Eugène Pottier :

> Ils sauront que nos balles
> Sont pour nos sales généraux...
> Paix entre nous (les socialistes), guerre aux tyrans.

En 1897, se fit une très passagère éclaircie. Le 24 mai de cette année, dans l'après-midi, eut lieu l'épouvantable incendie du Bazar de la Charité, qui consuma cent quatre victimes. Un service funèbre eut lieu à Notre-Dame de Paris. Grâce surtout à des influences domestiques, à la fois énergiques et avisées, on put voir pour la première fois, depuis l'abolition des prières publiques, tous les corps constitués de l'Etat prendre part, à la suite du président de la République, à une cérémonie religieuse. Chose étrange! Ce fut à la suite même de cette cérémonie que l'anticléricalisme fit plus que jamais fureur. Au cours du service religieux, le P. Ollivier, qui avait, cette année même, débuté comme conférencier de Notre-Dame, prit la parole. Dans le discours de l'éminent orateur, les membres du gouvernement virent ou feignirent de voir une attaque à la République, et, de leur côté, les sectaires de tout ordre prirent l'alarme...

Sur ces entrefaites, comme pour porter toutes les choses à leur comble et révéler le lamentable état des esprits en France, une affaire éclatait, « l'affaire maudite » — l'expression est de M. de Mun — l'affaire Dreyfus. Un officier juif, accusé de trahison, avait été condamné. Aussitôt, l'esprit de secte l'emportant sur l'esprit de race, ce fut, chez nous et au dehors, la coalition de tout l'élément étranger contre « la Patrie française ». Toutes les passions les plus troubles explosèrent. « Nous sommes en 1898. Année terrible pour tous les bons Français, et qu'aucun d'eux ne voudrait revivre (1). » Une campagne de presse, une série de morts mystérieuses, une cascade de ministères et l'avènement des plus singuliers ministres, des intimidations, des faux, des machinations inouïes... Puis, lorsque celui qui avait été condamné comme traître fut réhabilité, comme on sait, la revanche annoncée : la loi sur les associations, la dissolution des Assomptionnistes, l' « épuration » de l'armée, l'odieux système des fiches, les inventaires... en attendant la loi de séparation. Il y avait en France deux Frances; on s'épuisait en luttes fratricides, comme si l'on n'avait pensé qu'à faciliter la tâche de l'éternel ennemi qui veillait.

Au cours de cette dernière bataille et des autres qui avaient précédé, bien des institutions avaient été atteintes. L'une d'elles était visée entre toutes : c'était l'Eglise. Contre elle, toutes les attaques

(1) Victor Giraud, LES MAITRES DE L'HEURE, M. Jules Lemaître.

étaient bonnes; contre elle toutes les armes étaient dirigées. Elle était l'ignorance, la réaction, la tyrannie. Elle barrait la route au progrès, elle faussait les consciences, détruisait la personnalité. De cela on trouve l'aveu chez les meilleurs, parmi ceux qui furent les adversaires de l'Eglise. Enumérant les motifs qui retardèrent sa conversion, M. Louis Bertrand rappelle celui-ci : « Peut-être aussi avais-je peur de perdre dans le catholicisme l'indépendance de ma pensée. » « La religion nous semblait une survivance désastreuse pour la science, fatale pour la liberté », écrit à son tour M. Georges Dumesnil. Et Paul Claudel : « La pensée de toutes les beautés et de toutes les joies dont, à ce qu'il me paraissait, mon retour à la vérité devait m'imposer le sacrifice, étaient surtout ce qui me retenait en arrière. » Dans son ensemble, l'intelligence française considérait le christianisme et spécialement le catholicisme comme périmé et regardait les catholiques comme des êtres inférieurs. Et de même qu'ils s'étaient mis en dehors du progrès et de la science, il fallait les tenir en dehors de la République. Aussi, quand après l'encyclique de Léon XIII, en 1892, un grand nombre d'entre eux voulurent se rallier au gouvernement, celui-ci les tint systémaitquement à l'écart. Ils ne pouvaient pas plus être de bons citoyens qu'ils ne pouvaient être des adeptes de la science et des partisans de la civilisation.

Ce n'était pas assez, et l'Eglise était condamnée. D'après les moins belliqueux, elle portait en elle-même les germes de sa dissolution. « L'Eglise, malgré les prodiges d'habileté de certains de ses chefs, mourait lentement, mais sûrement, décrépite et impuissante. L'esprit moderne était incapable de s'intéresser aux quelques rites vieillis qui composaient son culte. » (André de BAVIER.)

Quant aux sectaires, ils tenaient un autre langage :

« En 1905, au plus tard en 1906, le catholicisme sera enterré. » (M. RANC, août 1913).

« Je vais en finir avec la réaction cléricale... Donnez-moi trois mois, pas davantage. » (COMBES, 1904).

« Voil àce que vous disiez, ô Eglise... mais vous n'avez plus la vie en vous. » (JAURÈS, 13 nov. 1906).

« Tous ensemble, par nos pères, par nos aînés, par nous-mêmes, nous nous sommes attachés dans le passé à une œuvre d'anticléricalisme, à une œuvre d'irréligion. Nous avons arraché les consciences humaines à la croyance. Lorsqu'un misérable fatigué du poids du jour ployait le genou, nous l'avons relevé, nous lui avons dit que derrière les nuages, il n'y avait que des chimères. Ensemble, et d'un geste magnifique, nous avons éteint dans le ciel des lumières qu'on ne rallumera plus. Voilà notre œuvre, notre œuvre révolutionnaire. » (Viviani, à la tribune du Palais-Bourbon, 8 novembre 1906)-

« L'Eglise tombe en lambeaux. » (BRIAND, au Sénat, mars 1908).

Lorsque M. Briand prononçait cet oracle, la sécularisation du service du culte, précédée de la sécularisation de l'enseignement et de la bienfaisance était votée depuis trois ans. Vers la fin de 1905, le Concordat de 1802 avait été rompu. Aux yeux de beaucoup, cet acte diplomatique avait marqué le terme de notre histoire religieuse. De fait, il n'y avait pas seulement dénonciation par un seul d'un traité bilatéral, vieux d'un siècle déjà, mais rupture de toute relation entre l'Etat français et l'Eglise. Sans nier la religion comme sentiment individuel, l'Etat n'admettait aucune organisation religieuse de la société : ni pape, ni évêque, ni curé. En retirant successivement à l'Eglise les services publics de l'enseignement, de la bienfaisance et du culte, on pensait qu'elle ne pouvait plus subsister. Sans la tuer directement, on la privait des moyens de vie.

Nous demanderons-nous, après cette rapide exposition des idées et des sentiments qui avaient cours en France dans les années 1880-1905, quelle était la situation générale de notre pays, et vers quels horizons s'orientaient les Jeunes? Quelques eunes vont nous le dire :

« Une France menacée du dehors, malade au dedans, en proie au doute, à l'amoralisme, au byzantinisme, à la suffisance orgueilleuse, une France dont le matérialisme pratique énervait le courage, aveuglait la clairvoyance, une France livrée aux entreprises des démagogues, des politiciens véreux, des grands ou petits pillards, bernée par une presse vénale, contaminée par les idéologies les plus démentes et souillée par les propagandes les plus basses; et sous l'anarchie, sous la corruption, une sorte de relâchement intime dont l'expression la plus usuelle était cet humanitarisme commode qui semblait inventé pour dispenser chacun de rester à sa place et d'y faire tout son devoir.

René Salomé.

« Depuis plus de vingt-cinq ans, je vivais dans un grand désordre intellectuel, et je m'y complaisais. Les jeunes gens de ma génération considéraient même cette anarchie comme le comble de l'élégance. Nous avions fait table rase de toutes les idées et de tous les sentiments par quoi une nation ou une société est viable. Ni certitude morale, ni certitude rationnelle. Notre nihilisme n'admettait que des apparences dont on pouvait jouir, mais auxquelles il eût été souverainement inélégant de croire. C'était imbécile et c'était fou

Louis Bertrand, converti en 1906.

« A dix-huit ans, je croyais ce que croyaient la plupart des gens cultivés de ce temps. J'étais moniste et mécaniste... Je vivais d'ailleurs dans l'immoralité et peu à peu je tombai dans un état de désespoir... J'avais complètement oublié la religion et j'étais à son égard dans une ignorance de sauvage.

Paul Claudel.

CHAPITRE II

LA DÉFAITE DU SCIENTISME

Malgré toutes les menaces dirigées contre elle, l'Eglise ne devait pas périr. Au contraire sa transcendance allait s'affirmer, et beaucoup de jeunes âmes ballottées par les multiples courants de l'incrédulité allaient lui demander la certitude et la tranquillité auxquelles elles aspiraient. A cela divers motifs conduiraient; ceux-ci entre autres : la réaction contre le Scientisme, l'instinct religieux du cœur humain, le besoin de la certitude et un examen plus attentif de l'Eglise.

Nous l'avons vu, toute une école d'écrivains — on peut dire : de grands écrivains — considère la science comme l'origine et le terme de tout. Aux yeux des Claude Bernard, des Taine, des Berthelot, des Renan, des Flaubert, des Zola... (car il y a de ces écrivains sur tous les points du domaine scientifique et jusque dans ce qu'on pourrait croire la pure littérature) — la science est toute-puissante. A elle, désormais, tous les privilèges que revendiquait jadis une Divinité aujourd'hui périmée. La science! Il n'est pas d'autre loi de l'esprit; pas d'autre règle de la morale. Dans le vaste univers, tout entier régi par la science, toutes choses : corps et âmes, sont une vaste série de faits liés rigoureusement entre eux et régis par la loi inflexible d'un mécanisme universel. Liberté, miracle, surnaturel sont des mots surannés, auxquels ne correspond aucune réalité. Quant à l'art, à la politique, à la sociologie, à la morale... ils sont du ressort de la science puisque, finalement, il n'y a que la science. Pour soutenir ces prétentions de savants, se formait tout un cortège dont les figurants venaient de l'histoire, de la critique, de la poésie et du théâtre.

Une doctrine ne peut pas aller en vain à ces extrémités. Aussi voit-on bientôt le scientisme provoquer de toutes parts une réaction.

Tout d'abord la science positive ne saurait absorber toutes les autres. A s'en rapporter à l'expérience, il n'y a pas une science unique, mais des sciences particulières (mathématiques, physique, chimie, biologie, histoire, philosophie), ayant chacune leur objet propre et leur méthode particulière.

« La génération précédente, celle des Renan et des Taine, avait vécu sous l'empire et sous l'obsession, on peut bien dire sous la tyrannie d'une idée unique, et presque d'une idée fixe, celle de la science. Les merveilleux progrès et les applications indéfinies des sciences positives avaient fait naître dans les âmes les espérances les plus naïves et les plus démesurées. On ne rêvait plus que de naître, de vivre et de mourir scientifiquement. On avait, non pas seulement la religion, mais la superstition de la Science, comme on avait eu, à l'époque de la Renaissance, la religion et même la superstition de l'art. Et cette grande conception de la Science enfermait en son sein, couvrait en quelque sorte de son prestige plus d'une fâcheuse équivoque. D'abord, elle impliquait l'idée ou la croyance que la connaissance du type scientifique est le seul mode de connaissance qui soit à la portée de l'homme. Ensuite, elle effaçait arbitrairement la vieille, la nécessaire distinction entre les sciences morales et les sciences de la nature. D'autre part, à ne tenir compte même que de ces dernières, elle décrétait d'autorité la foncière unité de la science, comme si les sciences mathématiques, les sciences physiques, les sciences biologiques n'étaient pas profondément différentes de nature, de méthodes et d'objet. Et enfin, elle habituait les esprits à ne concevoir, je ne dis pas seulement la science, mais les choses mêmes que sous les espèces de la mathématique. (Victor Giraud. Les Maitres de l'Heure. *Conclusion*).

Et maintenant, il est évident que cette science positive ou mathématique, qui prétend absorber toutes les autres, la Science tout court, ne peut réaliser toutes ses promesses. N'étant, au dire de ses partisans et de ses pontifes eux-mêmes, que l'étude des faits et des relations entre lesdits faits, ne servant qu'à enregistrer les lois qui président à la marche des phénomènes, elle se trouve dans l'impossibilité d'atteindre les régions plus hautes où l'esprit de l'homme a besoin de pénétrer pour découvrir sa destinée et les lois de sa conduite morale. Ceci n'est pas l'aboutissement d'une formule et ne se constate pas expérimentalement dans un laboratoire.

Qu'est-ce que Dieu? Qu'est-ce que l'âme? Qu'y

a-t-il dans l'au-delà? Que faut-il faire pour atteindre heureusement cet au-delà? Toutes ces questions se posent et s'imposent; tout homme se trouve en leur présence. Quiconque est sage doit chercher, au moins une fois, à les résoudre. Et tant qu'il ne les a pas résolues, il porte en soi un vide angoissant.

Or, la science ne saurait nous donner ce qu'elle ne possède pas, que ce soit l'explication dernière des choses, ou que ce soit une règle de conduite.

Il ne lui appartient pas de dire le mot de notre origine et de notre fin. « Depuis six mille ans, tant de progrès accomplis par la science ne nous ont pas fait avancer d'un pas dans la connaissance de notre origine, de notre nature, de notre fin », ne nous ont pas renseignés « sur les seules questions qui intéressent à vrai dire l'homme ». (Brunetière, *Revue des Deux Mondes*, 1er sept. 1889, 1er nov. 1890.)

Il ne lui appartient pas plus de fonder une morale.

La science est toujours en voie de formation. A celui qui lui demande : que faire pour régler sagement ma vie d'aujourd'hui? elle répond toujours : je te le dirai demain. — Mais c'est aujourd'hui qu'il me faut une règle de vie, car c'est aujourd'hui que j'ai à vivre, à prendre position, à donner telle ou telle direction à mes pensées, à mes aspirations, à mes actes. Impossible! La sicence ne pourrait fournir tout au plus qu'une morale fragmentaire, ajournant le reste à plus tard. Dans le fait, cette morale initiale n'existe même pas. C'est tout au plus si les plus relevées d'entre les sciences : la psychologie et la sociologie sont à même de suggérer, en fait de règle de vie, « des indicatifs mais non pas des impératifs », selon le mot spirituel de Henri Poincaré. Tant il est vrai que la morale véritable ne peut se baser que sur la religion.

Pût-on tirer une morale de la science que cette morale serait amorale sinon immorale. Tout de même, je ne crois pas qu'elle serait immorale. La science et ses inventions sont, par elles-mêmes, indéterminées : elles tournent au bien ou au mal, suivant la volonté de ceux qui les emploient. Qu'on pense plutôt au bien et au mal auxquels la science se prêta dans la dernière guerre.

Chose curieuse! Taine, l'un des grands patriarches du scientisme, le premier chronologiquement, est aussi le premier à en saisir les inconvénients. Il le fait d'une façon timide. D'autres y mettront moins de formes. Ce sont des maîtres incontestés; ils sont rois dans la partie de la science qu'ils cultivent. Ils s'appellent : Lachelier, Fouillée, Renouvier, Henri Poincaré, Ollé-Laprune, Faguet, Lemaître, de Vogüé, Boutroux, Blondel, Duhem, Le Roy, Bourget, Bergson... Sous leurs coups tombent toutes les prétentions du scientisme.

Grand émoi, causé par l'apparition du *Disciple*, en 1890. Loin de conditionner la morale, la science, comme tout le reste, est justiciable de la morale. Non, dit Bourget, la science ne crée pas la morale; non, la science n'est pas à elle-même sa propre justification. Elle est responsable des conséquences qu'elle engendre, et le professeur Adrien Xiste, austère dans sa vie, mais révolutionnaire dans son enseignement, a sa part dans le crime de son disciple Robert Greslou. Et le grand romancier écrit encore dans la préface du même ouvrage : « La science d'aujourd'hui, la sincère, la modeste, reconnaît qu'au terme de son analyse s'étend le domaine de l'Inconnaissable. »

« La science a voulu faire le silence là où elle ne pouvait faire la lumière », écrivait Melchior de Vogüé (*Revue des Deux Mondes*, 15 fév. 1892). Et c'est en quoi « le positivisme nous semble trop peu scientifique ».

Dans son discours de réception à l'Académie, Pasteur rappelait que « le mystère qui enveloppe l'univers est éternel de sa nature », et que « la notion de l'Infini a ce double caractère de s'imposer et d'être incompréhensible ».

Déjà, en 1875, M. Boutroux avait publié un petit livre intitulé : *la Contingence des lois de la nature*, dans lequel il ruinait l'hypothèse du déterminisme universel. Il faisait observer qu'il y a dans la suite des phénomènes naturels, des solutions de continuité et que les lois auxquelles ils obéissent comportent une certaine part de contingence.

Plus tard, en 1889, M. Bergson, dans *Qualité et quantité*, distinguait deux domaines différents : celui de la qualité qui appartient à la philosophie et celui de la quantité qui appartient à la science, laquelle n'atteint pas le réel, mais se joue à la surface des choses.

Plus tard encore, avec plus de compétence que tout autre, Henri Poincaré, dans ses deux volumes : *Science et Hypothèse* et *Valeur de la Science*, soutient la même thèse. D'après lui, « les formules scientifiques ne sont pas vraies, elles sont commodes. » Il explique : non pas qu'elles soient fausses et sans rapport direct avec la réalité, mais elles ne sont qu'une représentation et sujettes à révision et à correction, de la réalité; elles expriment une correspondance symbolique, mais non arbitraire avec le réel.

Si les lois de la nature sont contingentes, à plus forte raison les actes de l'âme échappent-ils au déterminisme. Cette fois encore, les poètes, les romanciers, les critiques ont emboîté le pas après les mathématiciens et les philosophes. Oui, vraiment, « la science a perdu son prestige et la religion a reconquis une partie du sien », ainsi que l'observait Brunetière, un témoin et un acteur de cette évolution.

Si la morale ne trouve son point d'appui qu'en Dieu, il est donc nécessaire à la conscience de chercher Dieu, d'aller à Dieu. Mais la raison et le cœur sont comme la conscience : il leur faut un au-delà. Avec toute son âme, l'homme appelle Dieu. Sous quelque nom qu'il s'abrite, l'athéisme est contre nature. Il nie bien Dieu; il ne le supprime pas; il n'empêche pas non plus d'aspirer à lui. Impossible de le méconnaître : parmi tous ses ressorts d'activité, l'homme possède la faculté religieuse qui l'élève au-dessus des réalités sensibles, seules admises par le Positivisme, et qui le fait chercher les réalités suprasensibles; qui s'adresse à un être supérieur, afin que cet être se révèle à nous, qu'il nous révèle à nous-mêmes. Au fond, c'est cette faculté qui, en nous, actionne toutes les autres; l'homme lui doit surtout d'être ce qu'il est : grand, noble, désintéressé, prêt au sacrifice, si la faculté religieuse est chez lui droite et vive; petit, égoïste, incapable de dévouement, si la faculté religieuse n'est pas développée. Pour avoir des vertus, pour apaiser ses douleurs, pour diriger ses amours, pour marcher avec force en ce monde, pour s'acheminer avec sécurité vers l'autre, l'homme a besoin du divin. Sans doute, il s'égare souvent, et, dans les pages précédentes, nous l'avons vu aller sur de multiples chemins d'aberration; mais que montrent toutes ces erreurs décevantes, sinon l'existence d'une vérité apaisante?

Souvent cette faculté sommeille. En cherchant à l'étouffer ou en ne lui donnant pas d'aliment, on peut arriver à l'endormir durant presque toute une vie, mais elle se manifeste encore à certaines heures chez l'individu le plus rebelle; et, dans une société, elle existe toujours. Puisque le Scientisme et le Positivisme refusent de la satisfaire, elle s'adressera à d'autres doctrines.

> Une immense inquiétude a traversé la terre,
> Malgré nous vers le ciel il faut lever les yeux.

Or, dans le monde, parmi les doctrines qui regardent le ciel et qui en parlent, il en est une qui domine les autres par l'élévation de son dogme, par la pureté de sa morale et par la hauteur de la civilisation qu'elle produit : c'est la doctrine catholique enseignée par l'Eglise.

Taine avait rencontré l'Eglise au cours de ses études sur *les Origines de la France contemporaine*, et parce qu'il voulait être historien consciencieux, il s'était incliné devant elle, en dépit des préjugés scientistes que nous lui connaissons. Il est bon de relire une des pages où il nous montre l'action de l'Eglise au milieu de l'humanité. Aussi bien, n'était-ce pas elle qu'allaient interroger, de façon plus ou moins heureuse, tous les jeunes gens qui, las d'errer parmi les négations et les ruines, cherchaient un terrain pour les constructions de demain?

« Aujourd'hui, après dix-huit siècles, sur les deux continents, depuis l'Oural jusqu'aux Montagnes Rocheuses, dans les moujiks russes et les settlers américains, le christianisme opère comme autrefois dans les artisans de la Galilée, et de la même façon, de façon à substituer à l'amour de soi l'amour des autres. Ni sa substance ni son emploi n'ont changé. Sous son enveloppe grecque, catholique ou protestante, il est encore, pour quatre cents millions de créatures humaines, l'organe spirituel, la grande paire d'ailes indispensable pour soulever l'homme au-dessus de lui-même, au-dessus de sa vie rampante et de ses horizons bornés, pour le conduire à travers la patience, la résignation et l'espérance, jusqu'à la sérénité; pour l'emporter par delà la tempérance, la pureté et la bonté, jusqu'au dévouement et au sacrifice.

« Toujours et partout depuis dix-huit cents ans, sitôt que ces ailes défaillent ou qu'on les casse, les mœurs privées ou publiques se dégradent. En Italie, pendant la Renaissance; en Angleterre, sous la Restauration; en France, sous la Convention et le Directoire, on a vu l'homme se faire païen comme au premier siècle; du même coup, il se retrouvait au temps d'Auguste et de Tibère, c'est-à-dire voluptueux et dur : il abusait des autres et de lui-même; l'égoïsme brutal et calculateur avait repris l'ascendant; la cruauté et la sensualité s'étalaient, la société devenait un coupe-gorge et un mauvais lieu.

« Quand on s'est donné ce spectacle, et de près, on peut évaluer l'apport du christianisme dans nos sociétés modernes; ce qu'il y a introduit de pudeur, de douceur et d'humanité; ce qu'il y a maintenu d'honnête, de bonne foi et de justice. Ni la raison philosophique, ni la culture artistique et littéraire, ni même l'honneur féodal, militaire et chevaleresque, aucun code, aucune administration, aucun gouvernement, ne suffit à le suppléer dans ce service. Il n'y a que lui pour nous retenir sur notre pente fatale, pour enrayer le mouvement insensible par lequel nécessairement et de tout son poids originel notre race rétrograde vers ses bas-fonds. »

CHAPITRE III

UN FAUX DÉPART : LE NÉO-CHRISTIANISME

En s'éloignant des sécheresses du scientisme, des duretés du *struggle for life,* des prétentions injustifiables du positivisme, des grossièretés du réalisme à la Zola, des ridicules et des dangers de l'occultisme... vers quels rivages allaient tendre les jeunes intellectuels? Ils voulaient agir et se dévouer d'après un grand idéal. « La vie morale et religieuse se réveillera, écrivait Paul Desjardins dans le *Devoir présent*, elle se réveillera infailliblement, excitant des espérances plus hautes... Jamais on n'a tant parlé de jeunesse, de l'avenir, du siècle prochain; on commence à voir le bon côté des choses; de toutes parts, on s'ébranle en avant. » Même constatation chez Edouard Rod : « Il y a dix ans, les gens sagaces prédisaient, non sans une apparence de raison, l'approche d'une ère nouvelle où l'humanité ayant jeté ses deux vieilles béquilles : la morale et la religion, s'avancerait d'un pas allègre dans la voie de la libre pensée, sous le soleil de la science... Non, l'humanité reprend ses béquilles. » (Ed. Rod., IDÉES MORALES DU TEMPS

PRÉSENT, *Conclusion*.) Et M. de Vogüé, après avoir remarqué dans un discours de réception à l'Académie que « l'âme humaine est toujours en travail d'une poésie ou d'une foi », faisait maintenant cette constatation dans ses pages, *A travers l'exposition de* 1889 : « A côté du grand courant qui emporte les esprits depuis un quart de siècle, vers le réalisme théorique et pratique, les spectateurs attentifs ont vu naître, durant ces dernières années, un courant contraire en apparence. Comment le qualifier? Réveil religieux? Mysticisme?... »

A qui allaient-ils demander cet idéal? Ce fut au christianisme, mais à un christianisme à leur façon : c'est pourquoi on les appela néo-chrétiens, et on donna à leur système le nom de Néo-christianisme. D'ailleurs, ils eurent d'autres appellations encore : adeptes du réveil moral, idéalistes, chrétiens de lettres, positifs, tolstoïsants, évangéliques...

Ils étaient nombreux. Voici le nom et les œuvres de quelques-uns des chefs : Georges Duruy (*Ni Dieu, ni Maître*), Charles Morice (*la Littérature de tout à l'heure*), Marcel Prévost (ses diverses œuvres de l'époque), Paulhan (*le Nouveau Mysticisme*), Maurice Bouchor (*Symboles*), Raoul Frary (*Essais de critique*), Albert Delpit (*Comme dans la vie*), Jean Honcey (*Le Réveil de l'idée religieuse en France*), Edouard Rod (*Le sens de la vie*). Il y a encore le comte Guy de Brémond d'Ars, Edmond Shuré, Secrétan, Renouvier, Ravaisson... Charles Recolin, Allaux (*La religion progressive*).

Bien qu'aucune démarche officielle ne fût venue consacrer son principat, M. Henry Bérenger, qui depuis..., fut considéré comme le chef de la nouvelle école. Cependant lorsqu'on lit le *Devoir présent*, de M. Paul Desjardins, c'est celui-ci qui fait figure de fondateur et aussi, pour autant que le mot puisse être employé en pareille circonstance, de théologien. En même temps, des écrivains déjà consacrés illustres par la renommée, MM. de Vogüé, Jules Lemaître, Anatole Leroy-Beaulieu donnaient aux Néo-chrétiens leurs encouragements et leur appui. Par ailleurs, dans le monde littéraire, plusieurs ne ménageaient pas leur admiration; d'autres critiquaient ou, plus irrévérencieux, plaisantaient. Par exemple, M. Pierre Lasserre : « Vous me voyez, mon cher, fort irrité. Je sors d'une société de jeunes gens qui m'ont invité à *croire*. Une telle invitation en 1890 n'a pas manqué de me surprendre. Mais comme je leur demandais avec timidité quelques renseignements sommaires sur l'objet et les fondements de leur croyance, cette question-là les a laissés (imagineriez-vous?) non pas perplexes, mais dédaigneux. Ce sont ceux-là, je pense, qu'on appelle les *Néo-chrétiens*. Moi, je les appellerais tout simplement les Néo... Ce serait plus vrai et au fond les contenterait ». (*La crise chrétienne*, p. 43.)

Si on veut connaître la date du mouvement, M. Pierre Lasserre vient de la donner : 1890. Mais approximativement. Souvent les doctrines et les écoles existent depuis assez longtemps déjà, lorsqu'on remarque leur existence, et quand on veut marquer leur origine précise, il y a quelque difficulté. Disons que le Néo-christianisme régnait vers 1890.

Qu'était-il bien? D'une façon générale, c'était,

dans la pensée de ses partisans, un renouveau. « Pour nous, nous croyons au printemps, écrivait l'un d'eux. Le soleil est caché, mais pas éteint. » Mais, en allant plus à fond, le caractère essentiel du Néo-Christianisme « paraît être la prétention de découvrir l'Evangile oublié, de renouveler le sentiment religieux, de dégager des entraves du dogme les beautés de la morale chrétienne, et d'ôter le gouvernement de notre vie à la raison qui a fait ses preuves d'impuissance, pour le confier mystiquement, à la volonté et à l'amour ». (CORRESPONDANT, 10 février 1892, M. l'abbé Klein, *le Néo-Christianisme*.)

« De jeunes talents se groupent autour de M. de Vogüé, faits, semble-t-il, pour comprendre leur rôle comme lui, écrit Edouard Rod. D'autre part, les idées qu'il soutient paraissent en grande faveur auprès de la jeunesse des écoles, sur laquelle il exerce une action incontestable, et dont il est peut-être avec M. Lavisse, le véritable chef. C'est donc quelque chose d'autre qui se prépare, une germination commençante d'idées nouvelles, de sentiments nouveaux, qui n'ont plus beaucoup d'attaches avec ceux du demi-siècle écoulé ».

Le Christianisme se compose du Credo et du Décalogue, du dogme et de la morale; le Néo-Christianisme garde la morale, mais sacrifie le dogme. « La religion est-elle vraie? Ils ne savent. Est-elle belle et bonne? Oui. L'Eglise répond à tous les besoins de l'âme inquiète, mais elle repose sur une base imaginaire ». (Edouard Rod, *Le sens de la vie*.) A leurs yeux, l'affirmation de Berthelot : « Le monde est aujourd'hui sans mystère », n'avait ni sens ni saveur. Ils savaient bien que le monde, comme le sphinx, qui est à l'entrée du désert fameux, gardera toujours son secret, et ils s'en réjouissaient, car le mystère leur allait bien. D'un autre côté, les libres penseurs les avaient dégoûtés de la libre pensée. Dans la religion, ils trouvaient le mystère, et aussi la réponse aux questions que la science positive n'a pu résoudre; ils trouvaient un code de vie, un idéal, et, pour l'atteindre, des secours et des moyens, surtout l'examen de conscience, la prescription de surveiller sa vie intérieure, ses pensées, ses sentiments, ses actes. Ceci convenait à la tendance qu'ils avaient à s'analyser, à leurs sympathies pour la psychologie. Ils trouvaient encore le commandement de la prière. Le dernier mot sur lequel se terminait *Le Disciple* était aussi le dernier mot du *Sens de la Vie*. « Dans un double effort pour faire jaillir de ma mémoire les formules perdues et pour secouer de ma pensée le joug de l'esprit qui nie, je me mis à murmurer — des lèvres, hélas! des lèvres seulement : « Notre Père qui êtes aux cieux... » » Mais beaucoup invoquaient, du fond du cœur, le Père des cieux.

Les Néo-chrétiens vont tout droit à l'Evangile. Ils en goûtent toute la partie morale, depuis le Sermon sur la montagne jusqu'au souhait d'unité, de consommation dans l'unité. Que l'Evangile insiste sur l'amour fraternel, sur la nécessité du sacrifice; qu'il prêche la résignation et redise le *Fiat*, qu'il rappelle le *Misereor super turbam*, qu'il condamne les abus de la richesse et tende à l'amélioration du sort des pauvres, qu'il fasse appel à la mortification pour maintenir la chair dans la dépendance de l'esprit, qu'il réprouve jusqu'à la pensée du mal par respect de la présence divine et pour prévenir l'acte même du mal; ils applaudissent et ils suivent. Aucun mot qu'ils prononcent plus souvent que le mot d'esprit évangélique. Entendez M. Henry Bérenger affirmer que l'esprit évangélique est « le principe qui sauvera le monde moderne ».

De là, leur culte pour Tolstoï. Leur culte, ai-je dit? Leur imitation aussi. On sait par l'Evangile même que la garde et l'explication de l'Evangile ont été remises par le Christ à l'Eglise. Que pensent de l'Eglise les Néo-chrétiens? Eh bien! ils diffèrent d'avis et de sentiment.

Il y a trois catégories. La première catégorie se compose de ceux qui n'attendent le salut que de l'Eglise; elle renferme M. de Vogüé, Anatole Leroy-Beaulieu, qui sont des croyants; Edouard Rod aussi. Quoique ne croyant pas à la divinité de l'Eglise, il ne voit pas qu'on puisse se passer d'elle. De même, il ne veut pas seulement la vie, mais une foi. Pour lui, « la vie n'a de sens que pour ceux qui croient et qui aiment ».

Les partisans de la deuxième catégorie demandent à l'Eglise de se modifier. Ainsi parle, entre autres, M. Jean Honcey. Il ne s'agit de rien moins que d'expliquer à l'Eglise comment comprendre l'Evangile.

Mais le plus grand nombre veut tout simplement laïciser le christianisme. M. l'abbé Klein analyse ainsi leurs prétentions :

« Laïciser le christianisme, voilà exactement ce que désire la très grande majorité des chrétiens de lettres... Ce n'est pas exagérer la portée de cette formule que de l'expliquer ainsi.

La morale de l'Evangile est la meilleure de toutes et la seule efficace; il faut donc la soutenir et la propager. Mais l'Eglise, qui en a été jusqu'ici la dépositaire, se montrant inférieure à cette grande tâche par son obstination à rester prisonnière du dogme et d'institutions incompatibles avec les progrès modernes, il est urgent de la suppléer dans sa mission, car, entre ses mains débiles, le vrai christianisme court de graves dangers, risquant tout au moins de devenir solidaire de ses défauts, et impopulaire comme elle. »

D'où vient donc cette peur du dogme? Mais, répondent les Néo, de ce que le dogme est ferment de division, entre les esprits, de ce qu'il empêche « l'unanimité », l'unanimité qui est le dogme du Néo-christianisme, de ce que le dogme s'oppose à la science et aussi sans doute à la liberté. « Si la révélation existe, écrit M. Henry Bérenger, si Dieu a véritablement communiqué aux hommes les vérités essentielles à l'homme, la science est inutile, elle aussi sans doute à la liberté. « Si la révélation existe, écrit M. Henry Bérenger, si Dieu a véritablement communiqué aux hommes les vérités essentielles à l'homme, la science est inutile, elle n'est plus qu'un vain amusement ». Comme si les vérités révélées, très peu nombreuses d'ailleurs, et d'ordre métaphysique, ne laissaient pas le champ entièrement libre aux investigations de la science. Mais « on est d'autant plus convaincu *a priori* des incompatibilités irréductibles entre le dogme et les sciences, qu'on ignore quelquefois les sciences et toujours le dogme ».

Pas de dogme, disent donc les Néo-chrétiens, ignorant que la morale sans le dogme est un édifice sans sa base. S'il n'y a pas un Dieu créateur et providence, s'il n'y a pas un Christ et une Eglise, de quelle valeur est la morale? Elle n'est plus qu'une création de notre esprit, le fait d'un homme qu'un autre homme peut défaire. On n'a ni fleurs, ni fruits sans racines, car on n'a pas de plante; de même on n'a pas de principes certains de vie sans une croyance. Et on n'a pas non plus de christianisme.

Pas de dogme. Pas de hiérarchie, non plus : « Les cadres de l'Eglise sont trop vieux, assure M. Henry Bérenger : si le monde moderne y entrait, il les ferait éclater ou ce sont eux qui l'étoufferaient ».

Mais l'Eglise n'étant pas admise, qui prendra sa place, qui donnera une direction, qui maintiendra l'unanimité dans la pratique? Car s'il n'y a pas une autorité infaillible, la divergence des vues, le morcellement est inévitable. L'accord réel des volontés est impossible si les esprits ne s'entendent pas sur les croyances. D'après M. Henry Bérenger, ce sera une aristocratie intellectuelle. D'après M. Paul Desjardins, ce sera l'ensemble de tous ceux qui croient au devoir. Il ne le dit pas, mais la chose se devine : ce sera surtout lui. En effet, voici que dans le *Devoir présent*, il ébauche une morale pour les fidèles de sa chapelle. Il ne se contente pas d'un décalogue. Il donne dès le début treize commandements, et il annonce que d'autres suivront.

Certes, tout n'est pas à blâmer dans ce qu'il expose et propose : la pacification de la conscience par la vie meilleure; la réaction contre le mal que la littérature a fait depuis quarante ans, le respect du mystère, car nous sommes plongés dans le mystère; l'accession des humbles aux périls et à la noblesse de la responsabilité; la lutte contre le scepticisme et l'ironie, lesquels ne sont qu'un acte d'incompétence dont il n'y a pas plus lieu de se parer que des autres faiblesses de l'esprit; avant tout, le respect du devoir, le devoir étant le pivot de la vie morale.

J'ai parlé tout à l'heure de l'unique dogme du Néo-christianisme qui est l'unanimité et qui peut se définir : « l'existence d'une seule âme en beaucoup d'hommes ». M. Paul Desjardins a observé que « beaucoup d'hommes, très divisés doctrinalement, aspirent néanmoins ensemble à un relèvement moral pour eux et pour les autres; il les exhorte à se réunir sur ce terrain commun. Notre foi étant un rayon de soleil de derrière la colline, laquelle il faut d'abord péniblement gravir, nous voilà gravissant. Notre affirmation commune étant que l'action bonne doit passer devant, nous commençons par agir ». Il demande donc seulement à ceux qui marchent avec lui d'éprouver le besoin commun du réveil moral. Cela peut bien s'appeler un sentiment religieux, mais non une foi. Cela inquiétait Jules Lemaître. Un jour que les Néo-chrétiens le priaient d'être des leurs, il leur répondit : Donnez-moi d'abord votre *credo*. De vrai, il n'y a pas de dogme dans le Néo-christianisme, et M. Paul Desjardins s'en rend compte et l'avoue, quand il réfléchit : « Il ne s'agit pas de croire, mais d'abord d'aimer... Et ensuite, que croira-t-on? Ce que l'amour conseille et exige qu'on croie simplement. Et là-dessus, les exigences varient selon les esprits : autant de religions au fond que de personnes, et un seul devoir pour toutes ».

Une très grande partie de la jeunesse lettrée suit; en première ligne se trouvent ceux qui sortent de l'Ecole normale supérieure. Et le mouvement s'étend des frontières du christianisme vrai jusqu'au pur dilettantisme. Et un critique ecclésiastique trouve que « l'ensemble de la tentative mérite plutôt une vraie sympathie ».

Le mouvement était assez considérable et occupait assez les esprits pour que M. d'Hulst fît entendre aux Néo-chrétiens cet appel et cet avertissement, du haut de la chaire de Notre-Dame :

« Ah ! croyez-moi, Messieurs, il ne sert de rien d'admirer le christianisme du dehors, de louer sa morale, de lui envier son idéal, de s'approcher jusqu'au bord de la foi sans vouloir se lier avec elle. Vous savez ce que je veux dire et de qui je parle en ce moment. Dieu me garde d'insulter aux sentiments généreux qui ramènent ainsi vers nos confins l'élite de la génération nouvelle, ceux qu'on a nommés les néo-chrétiens ! Certes, le mobile qui les pousse est honorable pour eux, il est plus glorieux encore pour la parole révélée. L'impiété avait procédé par la négation et le sarcasme; c'était bon pour démolir. Quand on a voulu reconstruire, on s'est trouvé à court de matériaux, à court même d'idées et de dessein. On a demandé à la science les éléments d'une morale, elle n'en a donné que la contrefaçon; les éléments d'une consolation, d'une espérance, elle n'a pas même essayé de les fournir; elle a répondu : cela n'est pas de mon ressort. Alors de jeunes hommes se sont levés, qui n'avaient pas connu ce que leurs devanciers s'étaient acharnés à détruire. La haine, le persiflage, la calomnie, tout ce qui avait défrayé la littérature vénéneuse des ennemis de Dieu, tout cela leur a semblé une nourriture creuse et amère. Ils ont cherché comme au hasard; ils ont retrouvé le Sermon sur la montagne, ce divin langage leur a paru sublime et doux, et ils ont tourné autour de l'Evangile pour se chauffer à son soleil.

Ah! qu'attendent-ils donc pour franchir l'enceinte? Les trésors de la maison de Dieu n'enrichissent que ceux qui y pénètrent. Si le christianisme n'est pas divin, comme il prétend l'être, il n'est qu'un mensonge; et croyez-vous de bonne foi que ce soit un mensonge qui va restaurer la morale? Mais, s'il est divin, de quel droit prétendez-vous lui emprunter sa vertu en lui contestant sa divinité? On n'est pas chrétien, comme on est artiste, à son heure, à sa guise, en faisant varier arbitrairement le niveau de son idéal. Si vous saviez le don de Dieu, Messieurs, et quel est celui qui parle à vos cœurs : *Si scires donum Dei et quis est qui dicit tibi*, vous ne vous croiriez pas permis d'en prendre une partie et de laisser l'autre; vous diriez comme la Samaritaine : « Donnez-le moi tout entier, Ouvrez-moi la source de cette eau vive qui jaillit jusqu'à la vie éternelle, et qui seule étanche la soif de l'âme pour toujours : *Da mihi hanc aquam ut non sitiam.* » (M. D'HULST, Carême de 1892.)

Déjà, un autre grand ami de la jeunesse et de l'Eglise, le comte Albert de Mun, avait prêté son attention au mouvement des Néo-chrétiens, il en avait remarqué tout à la fois les qualités et les défauts et il avait cherché à susciter des amis et des guides à ces affamés d'idéalisme.

Devant l'immense auditoire que lui faisaient, au Congrès de Lyon, les membres de l'*Association Catholique de la Jeunesse Française*, en 1891, il avait dit :

« Un travail profond s'accomplit dans les jeunes générations. Vous, il est vrai, chers amis, vous avez trouvé la foi assise près de votre berceau. Mais il est d'autres jeunes gens que le malheur des temps a jetés dans l'incroyance; et voici que ceux-là aussi semblent se réveiller et secouer avec dégoût le manteau d'un matérialisme grossier. Un trouble mystérieux les pousse à la recherche d'un inconnu supérieur auquel leurs âmes aspirent. Au sein de leurs études scientifiques et positives, surgit, suivant l'expression d'un de leurs maîtres, « la nostalgie du divin »; ils ont soif de croire et d'espérer, et ils sont tourmentés du besoin d'une action appuyée sur des croyances... A vous, jeunesse catholique, de vous lever et d'aller au-devant de ces âmes inquiètes, non point pour les combattre, mais pour les persuader, non pas en ennemis, mais en messagers de la vérité. Portez-leur la foi qui leur enseignera le devoir, et lui donnera la base qui chez eux leur manque encore.

« Je crois et je vous demande la permission de le dire ici librement, je crois que nous marchons à de grandes transformations de la société; un nouvel ordre de choses se prépare parmi nous. A vous, chers amis, à vous qui arrivez avec la jeunesse, l'intelligence et l'audace, il appartiendra de conduire cette société nouvelle dans les voies de l'Evangile, à la lumière des dogmes infaillibles de la foi. Préparons résolument ces transformations sociales : en avant vers l'avenir. Vous êtes la jeunesse catholique, et vous n'êtes pas jeunes pour demeurer assis sur des tombeaux et pleurer sur des ruines. Assez de cœurs meurtris par les désastres passés seront là pour les gémissements et les larmes; mais à vous de protéger les berceaux et de causer cet avenir.

Hélas! ni le grand orateur, ni le grand conférencier ne furent entendus, dans les invitations qu'ils faisaient aux Néo-chrétiens à venir vers l'Eglise. Au contraire, le mouvement s'orienta de plus en plus vers le libéralisme et la libre-pensée, jusqu'au moment où il versa dans l'athéisme, M. Henry Bérenger brisant avec M. de Vogüé et se déclarant disciple de Voltaire. Ce fut, pour le Néo-Christianisme, le mot et le geste de la fin. S'il ne sombra pas aussitôt, il n'en était pas moins blessé à mort.

Il manqua aux Néo-chrétiens d'écouter les conseils que leur donnait Ollé-Laprune dans les dernières pages d'un précieux livre, *Les sources de la* causer cet avenir. »

« Il faut prendre le christianisme tel qu'il est, l'Eglise telle qu'elle est, ou ne plus compter sur un secours efficace... On peut bien trouver dans la vérité incomplète une lumière et une force, sans aucun doute, mais c'est à cause qu'elle est vérité, non à cause qu'elle est incomplète. La savoir incomplète, et, de propos délibéré, s'y tenir, c'est lui ôter toute vertu... Donc, il n'y a pas moyen de se dire : l'Eglise a la vertu pacifiante et régénératrice que nous cherchons; mais dans ce que l'Eglise impose ou propose, nous choisirons, prenant ceci, laissant cela. Non, l'Eglise est ou n'est pas... Voir que la vertu régénératrice et pacifiante dont nous avons besoin, est dans l'Eglise, et vouloir faire ses conditions à l'Eglise, c'est une inconséquence, et c'est vouloir que le remède déclaré nécessaire n'opère pas... Le christianisme a fait la chrétienté, mais voilà que la chrétienté se dissout : il faut que l'Eglise refasse une autre chrétienté. Il faut qu'elle recommence sans se répéter. Si le passé, comme tel, ne recommence pas, le principe immortel, l'esprit vivant qui a fait le passé refera l'avenir... On dirait que plus que jamais Dieu veut montrer qu'il n'y a qu'un seul Père et Seigneur, celui qui est aux cieux; un seul maître, le Christ; et tandis que les violents font contre Dieu et le Christ les derniers efforts, se démenant contre tout ce qui est divin et chrétien, dans les hautes régions de la pensée, un mouvement de retour se dessine vers Dieu et le Christ, et aucun homme comme tel n'apparaît capable de rallier les esprits et les âmes à une doctrine puissante et bienfaisante, comme dans l'ordre social proprement dit, aucun homme n'apparaît capable de procurer par son autorité la paix publique. »

CHAPITRE IV

CONSTATATION D'UN RENOUVEAU

Depuis cette solennelle Pentecôte qui, au cénacle de Jérusalem, créa, ou plutôt anima l'Eglise préparée à la vie par le Christ, bien des Pentecôtes ont eu lieu sur divers points du monde. Pentecôtes partielles qui venaient compléter la Pentecôte unique, soit en établissant de nouveaux centres de chrétienté, soit en ranimant dans les âmes la flamme mystique apportée à la terre par l'Esprit. D'âge en âge, l'Esprit souffle. Il souffle où il veut, quand il veut, dans la mesure où il le veut. Tantôt sur un homme et tantôt sur un peuple. Tantôt en passant et tantôt de façon continue. Tantôt il change une disposition et tantôt il change l'ensemble. Tantôt l'action de son passage demeure cachée, tantôt elle éclate aux yeux.

A Jérusalem, la descente de l'Esprit fut manifeste pour tous ceux qui habitaient la ville : Juifs qui n'avaient pas quitté leur patrie ou Juifs de la dispersion, venus de toutes les nations qui sont sous le ciel. Car, disent les Actes, « il vint tout à coup du ciel un bruit comme celui d'un vent qui souffle avec force, et il remplit toute la maison où les disciples étaient réunis. Et ils virent paraître comme des langues de feu, qui se partagèrent et se posèrent sur chacun d'eux. Ils furent tous remplis du Saint-Esprit, et ils se mirent à parler diverses langues, selon que l'Esprit-Saint leur donnait de s'exprimer. Or, il y avait à Jérusalem des Juifs de tout pays... Au bruit qui se fit entendre, et à la nouvelle d'un tel prodige, ils accoururent en foule, et ils étaient tout hors d'eux-mêmes. Surpris et étonnés, ils disaient : « Ces gens qui parlent ne sont-ils pas tous Galiléens? Comment se fait-il que chacun de nous les entende parler la langue de son pays? » (*Actes* II, 7-8.)

Voilà réunis en organisme vivant les éléments que le Christ avait préparés. Voilà les disciples apeurés et muets de la veille, transformés en héros et en apôtres. Ils savent et prêchent les mystères de Dieu. Ils confèrent les sacrements de la loi nouvelle. Ils annoncent Jésus crucifié et ressuscité, et font des miracles en son nom. En deux jours, Jérusalem voit huit mille conversions et huit mille baptêmes. L'Eglise vit... pour ne jamais mourir. En effet, l'Esprit immortel l'anime.

Mais, si l'Esprit immortel est pour toujours au sein de l'Eglise, celle-ci peut, à un moment ou à l'autre de la durée, sur un point ou sur un autre de l'espace, subir des assauts et des luttes, provenant soit de la faiblesse de ses fils, soit de la malice de ses adversaires.

Ainsi en allait-il vers les années 1900. Devant les dangers qui menaçaient l'Eglise de France, Dieu regarda-t-il le passé ou l'avenir du peuple par lequel il accomplit souvent ses gestes? En tout cas, l'Esprit du Seigneur souffla au-dessus de maints cénacles qui s'élevaient en notre pays. Il y eut des clartés, des paroles de force et de beauté, des actes surprenants. Tout ceci se faisait surtout parmi les jeunes.

Alors, comme jadis dans les rues de Jérusalem, il y eut de grands étonnements dans les différentes cités de France. On s'assemblait et on se communiquait ses impressions. « Comment, ces jeunes gens qui parlent ne sont-ils pas tous Français? Ne parlaient-ils pas tous comme nous, naguère? N'avaient-ils pas les mêmes jugements? N'étaient-ils pas des sceptiques ou des penseurs? D'où vient chez les uns ce changement et, chez les autres, cette audace?

Et l'on fit des enquêtes.

Des faits étaient là. Impossible de les nier. Mais quelles en étaient les causes, l'étendue, la profondeur et, tout d'abord, la nature? Cela, on voulait, on pouvait le savoir. D'où des enquêtes nombreuses et diverses.

J'en rappellerai quelques-unes : celle de l'*Opinion*, celle de la *Revue Hebdomadaire*, celle de la *Revue des Jeunes*, celles de la *Revue des Français*, du *Temps* (1), du *Gaulois*, de la *Vie Nouvelle*...

De toutes ces enquêtes, aucune n'eut plus de retentissement que celle de l'*Opinion*. Faut-il l'attribuer au titre même du journal? Non, mais plutôt au talent de l'enquêteur ou, mieux, des enquêteurs. Car Agathon, ce beau nom grec, recouvre

(1) L'enquête du *Temps*, dirigée par M. Em. Henriot, a paru en volume sous ce titre : *A quoi rêvent les jeunes gens.*

les noms très français de deux jeunes écrivains : MM. Henri Massis et Alfred de Tardes. A ce moment, ni l'un ni l'autre n'étaient croyants. Depuis, le premier a donné son adhésion totale au catholicisme; le second est demeuré incroyant.

Agathon interrogea une centaine de jeunes gens qui, jour par jour, apportèrent leurs réponses dans les colonnes de l'*Opinion*. Il parut très vite combien ces documents excitaient la curiosité du public. Vraiment, l'*Opinion* intéressait l'opinion. Beaucoup exprimèrent le désir de trouver réunis dans un seul volume tous les documents épars dans les numéros d'un journal. Agathon publia *les Jeunes gens d'aujourd'hui*. Il s'exprime ainsi dans l'Introduction :

Il y a quelque chose de nouveau dans la jeunesse, tel est le sentiment unanime.

Peut-on parler cependant d'une « nouvelle génération ? » Une génération, cela suppose une communauté de traits, une liaison, une secrète entente, un ensemble « où chacun se meut d'un effort solidaire ». Est-il vrai et dans quelle mesure que nos jeunes gens se rallient à des tendances communes, à un idéal différent de leurs prédécesseurs, qu'une même pensée interne, sinon une même doctrine, façonne leurs âmes, qu'un même espoir enfin les soulève ? C'est l'objet de cette enquête...

Mais d'abord, qu'entendons-nous par la jeunesse ? Nous avons fait porter notre recherche sur des garçons de dix-huit à vingt-cinq ans. C'est à la sortie du collège, dans les grandes écoles, avant l'emprise d'une carrière, que se façonne notre visage moral et que se choisissent ces directions intellectuelles à quoi nous demeurons fidèles toute la vie...

Il ne s'agit que de la jeunesse cultivée... Et pour être franc, il s'agit de la jeunesse d'élite. Peut-être une enquête plus étendue, sollicitant tous les jeunes Français, ceux des ateliers, des faubourgs et des champs, comme ceux qui sortent des collèges, eût-elle donné des résultats différents. Mais la majorité numérique en l'occurrence n'offre qu'une signification secondaire, trompeuse même... C'est l'avenir qui nous importe ici. Son secret, il ne faut pas le demander à la multitude, mais à l'élite novatrice, levain dans la masse informe. Ce sont les croyances des intellectuels qui, à de longues années de distance, orientent l'esprit public, et par lui la politique, la morale, les arts. Voilà pourquoi il convenait, selon nous, d'interroger parmi la jeunesse, celle qui vraisemblablement dans la politique, l'armée, les lettres, l'industrie, l'administration, dirigera les destinées du pays.

Après cette déclaration, Agathon traça, en autant de chapitres, les différentes lignes qui composent le caractère de la génération nouvelle Pour faire son tableau, tantôt il procède par simples citations, tantôt il analyse et emploie à faire sa construction les matériaux qui lui ont été apportés. De tous les témoignages qu'il a reçus, de toutes les observations qu'il a pu faire lui-même, il dégage au vif et met en relief la physionomie des jeunes. Il y trouve ces traits révélateurs : goût de l'action, foi patriotique, netteté des mœurs, renaissance catholique, réalisme politique.

« D'après les enquêtes, d'après les renseignements qui sont venus spontanément à lui, écrit M. Faguet, l'auteur attribue à la jeunesse actuelle cinq vertus cardinales : le goût de l'action.... la foi religieuse et particulièrement catholique, le retour au goût classique, la chasteté, le patriotisme. »

Une contre-enquête suit l'enquête et marque la conscience délicate de l'auteur, son désir de donner exactement la réalité des choses. Cette fois, Agathon s'y prend ainsi. Il interroge diverses sortes de témoins parmi ceux qui comptent et qui sont à même d'apporter quelque chose de neuf : les premiers sont de tout jeunes hommes, désignés par leurs compagnons d'études, comme étant les mieux qualifiés pour traduire les sentiments et les idées de l'ensemble; les seconds, âgés de vingt à trente ans, sont choisis parmi les plus représentatifs de la pensée nouvelle dans les différents milieux religieux, politiques, littéraires; les troisièmes sont des aînés, hommes de trente-cinq à quarante ans qui eurent pour rôle de déblayer la route devant les pas de nos jeunes; les quatrièmes ne sont autres que MM. Barrès et Bergson.

« Or, qu'ont dit ces témoins, parlant plutôt au nom de collectivités qu'en leur nom propre? Ceci : « Unanimement, affirme Agathon, la réalité et l'ordre de nos observations sont approuvés. Tous accordent que ce sont bien là (les quatre traits mentionnés plus haut) les sentiments généreux, les préoccupations essentielles de la jeunesse d'aujourd'hui. Alors même qu'ils critiquent, nos correspondants acceptent les principes fondamentaux de l'enquête et les prennent pour commun dénominateur (1). »

Abordant le chapitre IV qui nous intéresse direc-

(1) Agathon, LES JEUNES GENS D'AUJOURD'HUI, *Témoignages.*

tement dans la présente étude : *Une renaissance catholique*, Agathon observe que cette renaissance porte la bonne marque, qu'elle s'est surtout produite au sein de l'élite cultivée, qu'elle a repoussé le positivisme et les autres systèmes d'erreur, qu'elle est revenue à la métaphysique, et à une métaphysique amie de l'action :

« Culte du caractère, de la personnalité, goût de la discipline morale, ce sont là des tendances très fortes parmi la jeunesse nouvelle. Cette disposition qui incline à préférer les qualités humaines, les réalités du sentiment et de l'action aux idées abstraites et aux systèmes, devait conduire ces jeunes gens plus avant, les ramener à la source profonde de l'activité, à la vie religieuse.

Dissipons tout de suite une confusion possible. Il ne s'agit pas ici d'une religiosité vague, sans point d'appui et sans cadre, comme celle qui fut à la mode parmi les lettrés vers 1890, manière d'idéalisme mystique et tendre à l'usage des incroyants. C'est dans la forme traditionnelle et franche du catholicisme que s'affirme la sensibilité religieuse des nouveaux venus... »

Qu'on n'accepte pas toutefois, sans aucun inventaire, le catholicisme, tel qu'il nous est présenté par tous les correspondants d'Agathon. Il y a bien quelques « infiltrations ». Des ouvrages, condamnés par Rome, sont tenus en trop haute estime, et tous les philosophes cités avec éloge ne méritent pas créance.

A son tour, *la Revue Hebdomadaire* procède à une enquête. Elle aussi s'adresse à la jeunesse et veut savoir l'habituelle direction de ses idées et de ses désirs. Chaque huit jours, les réponses viennent des points les plus divers : clergé, métier militaire, barreau, agriculture, commerce, beaux-arts, affaires, littérature... Tous les jeunes de France défilent pour ainsi dire, en long et sympathique cortège, devant les lecteurs et fournissent de précieuses indications sur l'état d'âme de la génération montante et sur les espérances qu'elle projette sur notre horizon. Finalement, Emile Faguet est chargé de résumer cette enquête. Il remplit allégrement son « office de rapporteur général de l'esprit public ». Il conclut que la jeunesse actuelle est énergique, sainement passionnée, curieuse, chercheuse, inventeuse et éprise d'action; qu'elle va de l'avant sans étourderie ni témérité, mais avec un très bel élan d'espérance et de foi; qu'elle ne dissimule ni les dangers qui nous menacent, ni les défauts nationaux ces autres dangers, ni la grandeur de la tâche qu'elle a devant elle ou plutôt à laquelle elle a déjà mis la main; mais qu'elle n'est qu'excitée par ces dangers et ces difficultés et que, sans les chercher avec un dilettantisme puéril, elle accepte de tout son cœur de « vivre dangereusement (1) ». L'assurance est consolante, venant d'un âge dont on a dit : *laudator temporis acti*.

Il faut applaudir à tous les détails de ce tableau. Mais comment ne pas s'arrêter avec complaisance sur ces renseignements qui intéressent de façon directe la question en étude dans ces pages :

(1) LA REVUE HEBDOMADAIRE, 20 juillet 1912. *L'Enquête sur la Jeunesse*, par Emile Faguet, p. 304-305.

« Dans le monde du clergé, on est, comme l'on fut toujours, mais on est particulièrement en ce moment-ci, à cause du *sursum* qu'a produit la séparation, ardent à la foi et ardent aux œuvres. On veut instruire le peuple en sa religion et en la morale que cette religion contient; mais aussi on veut plus que jamais créer des œuvres d'éducation générale, patronages, colonies de vacances, etc., et des œuvres de charité, c'est-à-dire, pour parler le langage politique, des œuvres de fraternité sociale... (1) »

Et nous avons là quelques-unes des semences d'où lève la moisson religieuse qui se fait parmi les jeunes âmes.

Stimulée par les succès de 1912, *la Revue Hebdomadaire* ouvre une nouvelle enquête en 1914. Sous une autre forme et faisant appel à d'autres témoins, « à ceux qui ont l'expérience », la nouvelle enquête rejoint la première, au moins sur un point. Ne débute-t-elle pas par cette question : « Comment envisagez-vous la France d'aujourd'hui et celle qui vous est apparue au début de votre jeunesse? » Dans la réponse du bâtonnier Léon Devin, la première en date, on trouve une information qui se rencontrera souvent dans les suivantes :

« Si la religion est combattue, elle résiste, et sans se contenter des promesses d'éternité qu'elle a reçues, aide le ciel auquel elle se confie. La séparation de l'Eglise et de l'Etat a réveillé bien des assoupissements. Une vitalité nouvelle se développe dans la liberté et, malgré des répugnances qui ne pourront durer toujours, on peut entrevoir un concordat réparateur, ce-

(1) Loc. cit. p. 291.

lui qu'on a appelé, par avance, du nom bien choisi de concordat de la séparation (1). »

Continuons la série des enquêtes. Agathon s'est adressé aux jeunes de dix-huit à vingt-cinq ans, mais avec des limites très circonscrites. Il n'entendra que ceux qui fréquentent les Lycées et les Universités. La raison : c'est cette jeunesse qui « vraisemblablement dans la politique, l'armée, les lettres, l'industrie, l'administration, dirigera les destinées du pays ». C'est faire la belle part des intellectuels. Cependant peut-être ne faudrait-il pas, en démocratie, oublier le rôle du suffrage universel.

Quant à la *Revue Hebdomadaire*, pour renseigner les lecteurs sur l'état d'esprit de la nouvelle génération, elle s'adresse par l'organe de son directeur, M. F. Laudet, à « la jeunesse qui se trouve aux environs de vingt-cinq ans et qui, ses études terminées, se trouve au seuil des carrières et commence à s'appliquer à la vie ». Ce sont les jeunes gens les plus qualifiés dans les divers groupements d'activité sociale qui sont appelés à prendre la parole et à dépeindre l'état général du milieu auquel ils appartiennent. Ici encore, il y a des limites et des insuffisances.

Comment *La Vie Nouvelle* n'aurait-elle pas été amenée à s'occuper d'un mouvement qui intéressait à ce point l'opinion? A défaut du but qu'elle poursuit, son nom même l'invitait à enquêter. Elle le fit. Un peu tardivement. Par pudeur, peut-être. Car il lui faudrait parler d'elle-même, en bien.

(1) *Revue hebdomadaire*, 15 mai 1914, p. 309-310.

N'était-ce pas d'elle et du groupement qu'elle représente, qu'était parti le signal du mouvement? Si tout le renouveau religieux ne se renferme pas dans les limites tracées par l'*Association catholique de la Jeunesse française*, il lui est du moins grandement tributaire.

Donc, le 28 décembre 1913, le 18 janvier, sous ce titre symptomatique : *Vers une renaissance catholique, la Vie Nouvelle* étudie tout spécialement le mouvement dont elle n'a cessé de tracer la courbe depuis qu'il existe.

Un peu plus tard, paraissent un troisième et un quatrième articles. Même titre. Il y est dit, le 19 avril 1914 :

« Le catholicisme est en progrès chez les penseurs et dans une élite intellectuelle. Des livres comme *Chrétienne* de Mme Adam, ou le *Saint-Augustin* de M. Louis Bertrand, plusieurs drames d'un Claudel ou d'un Jammes, et les tableaux d'un Denis ou d'un Desvallières sont des cris de foi jetés comme des défis au siècle qui meurt, et comme des appels à celui qui se lève. Sans doute, il faut voir ce que lisent les jeunes : leurs revues d'avant-garde parlent du Christ et sont rédigées par des convertis. Et il faut observer quel accueil le programme de la Jeunesse Catholique reçoit parmi les étudiants.

N'entendez-vous pas monter du fond de l'âme française une aspiration éperdue vers les sources fécondes de l'ordre et de l'idéal? Cent ans d'intellectualisme abusif ont rompu l'équilibre des puissances d'enthousiasme et des puissances de raison que le sens chrétien n'était plus là pour accorder. L'élite a cru qu'elle pourrait vivre d'abstractions et de formules; et la foule, de grands mots.

Mais voici qu'un furieux besoin de divin émeut dans l'âme les « points nobles que le siècle laisse en léthargie ». Voici qu'un élan d'enthousiasme vers la vie et l'infini brise le cercle de vérités mathématiques où l'intelligence s'était enfermée comme dans un tombeau. « Voici que des générations se lèvent pour qui le ciel est de nouveau peuplé d'étoiles » et qui cherchent non pas seulement des palliatifs aux malheurs du jour, mais la clef du problème religieux qui les tourmente et qui est au fond de toutes les grandes questions contemporaines.

L'œuvre des œuvres, aujourd'hui, c'est de faire comprendre à la génération qui monte et, par elle, un jour à la France, que le catholicisme est la solution adéquate au problème du siècle. C'est de provoquer et d'organiser dans toute la nation un mouvement profond de la pensée et d'action pour refaire par la base et dans toutes ses parties l'ordre que cherchent vainement à construire ceux qui en méconnaissent les principes essentiels ou qui oublient qu'ils sont ruinés dans beaucoup d'âmes.

Cette œuvre, la jeunesse l'attend. Voilà pourquoi, sur toute l'étendue du territoire comme dans toutes les élites de la nation, dans l'élite de la jeunesse scolaire et universitaire comme dans les autres, le programme vraiment jeune et résolument d'avenir de l'Association Catholique de la Jeunesse Française provoque un si généreux enthousiasme.

Et dans le quatrième article :

« Nous avons indiqué précédemment ce que nous pensons du renouveau d'enthousiasme que les croyances séculaires provoquent aujourd'hui chez tant de jeunes. Et nous avons laissé entendre que le programme de notre Association, programme de refonte des énergies nationales à la chaleur vivifiante de la doctrine et de la foi catholiques, a tout ce qu'il faut pour satisfaire les besoins qui tourmentent notre âge.

« Il est temps d'exposer ce programme lui-même. Nous commençons aujourd'hui de le faire à l'usage surtout des jeunes gens qui viennent, à l'appel de la *Vie Nouvelle*, prendre dans nos rangs leur tour de combat, à l'usage aussi des hommes qui regardent notre mouvement avec une sympathie faite de bienveillance, d'étonnement et d'espoir, à l'usage enfin de tous ceux qui ont conservé assez de ressort moral pour saluer à travers les nuages du ciel de France, l'aurore radieuse d'une jeunesse qui prépare l'avenir.

« Il y a dans notre pays une « mentalité » païenne qui le mine. Nous avons observé cette mentalité. Nous avons dit quel mal en était la source. Nous avons affirmé enfin, avec toute la sérénité que donne une conviction profonde, que la tâche essentielle d'aujourd'hui est de rapprendre à la France à penser et à vivre chrétiennement.

« Refaire l'éducation chrétienne de notre pays, voilà la première partie, l'essentiel de notre programme, le travail que nous proposons à tous les hommes d'ordre qui voudraient nous aider.

« La seconde partie, c'est de rebâtir sur les assises solides de l'esprit chrétien restauré, les divers organismes qui, dans une France bien ordonnée, enfermeraient l'homme dans une triple solidarité familiale, professionnelle et régionale.

« Un mot se détache sur le fond de ce programme : le mot *Ordre*.

« Nous voulons, en effet, restaurer dans notre pays l'ordre, comme l'indique la première phrase de nos statuts généraux : « Grouper toutes les forces catholiques de la jeunesse française, en vue de coopérer au rétablissement de l'édifice social chrétien ». Tous nos efforts y convergent. Mais il ne faut pas qu'on se méprenne sur ce que nous entendons par là.

« L'ordre que nous préconisons n'est pas seulement pour l'Etat cette discipline extérieure aux individus que tout gouvernement doit imposer aux citoyens pour assurer leur tranquillité, la sécurité de leurs affaires et l'unité nationale dont il a la garde.

« Pour les individus, ce n'est pas seulement l'ordre auquel se rallie le dilettante désabusé qui revient à une discipline pour vaincre la vie et triompher du découragement. Ce n'est pas non plus celui de l'esthète amoureux de l'harmonie que répand dans une âme l'écho prolongé des voix ancestrales.

« Ce n'est, enfin, aucun système ni aucune formule.

« Car toutes ces constructions-là, quelque génial que soit le cerveau qui les bâtit, ont un vice originel qui les rend inaptes à réaliser l'ordre dans sa plénitude : celui de n'être que des formules et de ne pouvoir par conséquent imposer qu'une contrainte extérieure à des âmes altérées d'ordre intérieur.

« L'ordre que nous préconisons, c'est l'ordre catholique. Celui-là ne s'impose pas seulement à la raison comme un axiome, au cœur comme une contrainte, aux nations comme une nécessité. Mais il unit et il coordonne les individus et la société, les énergies individuelles et les énergies sociales comme les membres d'un corps où la sève circule.

« Sans doute, la contrainte extérieure, lois et force publique, seront toujours nécessaires pour appuyer cet ordre extérieur. Loin de nous toute pensée contraire. Mais l'expérience de chaque jour ne démontre-t-elle pas que les lois et la force publique ne sont pas grand'chose sans les mœurs et les institutions; bien mieux, qu'elles se mettent au service de l'immoralité quand la nation devient assez veule pour le permettre? »

Lignes précieuses! A côté des constatations de ce qui est déjà réalisé, elles renferment l'indication des règles à suivre pour continuer de progresser.

Et maintenant, ouvrons *la Revue des Jeunes*. A elle plus qu'à tout autre, il appartient de mettre la main sur le cœur de la jeunesse actuelle et d'en ausculter les battements. Elle va le faire à sa manière, nette, précise, catégorique. D'abord elle ne se disperse pas. Un point de vue lui suffit, le point de vue catholique, mais envisagé sous les aspects les plus variés. Ensuite, elle ne s'adresse qu'aux jeunes. Non : à ceux aussi qui s'occupent des jeunes. Et ils sont nombreux. Tant mieux. Le résultat sera plus concluant. Enfin, elle n'élimine pas de catégories et ne fait pas acception de personne. Qu'on soit jeune, cela suffit pour prendre la parole à sa tribune, à quelque classe de la société que l'on appartienne. Dans ces conditions, elle aura plus sûrement le véritable reflet des choses.

A eux seuls, le programme et le questionnaire sont très instructifs. Voyez plutôt :

Les signes d'une renaissance catholique dans la jeunesse contemporaine

La récente enquête entreprise par la *Revue hebdomadaire* et par l'*Opinion*, dont nous avons publié quelques-unes des pages les plus significatives au point de vue religieux, a révélé dans la jeunesse française contemporaine les signes évidents d'une renaissance catholique qui mérite de fixer l'attention de quiconque a le souci de l'avenir religieux de notre pays. Mais les renseignements apportés par ces deux périodiques demeurent très généraux. On aimerait à suivre, dans le détail, les manifestations diverses de cet élan plein de promesses.

Il nous a semblé que la *Revue de la Jeunesse*, à raison du public nombreux et varié qu'elle atteint, était en mesure d'apporter une précieuse contribution à cette passionnante étude.

Nous comptons, en effet, à l'heure présente, parmi nos abonnés, beaucoup de professeurs, prêtres et laïques, qui sont en contact permanent avec la jeunesse de nos universités, séminaires, lycées, collèges. Nous atteignons, en outre, directement, un nombre très considérable d'étudiants et d'étudiantes, de cercles d'études, d'hommes d'œuvre, de pères et mères de famille. En groupant les renseignements particuliers que ces lecteurs amis voudraient bien nous faire parvenir, il n'est pas douteux que nous arrivions à présenter ici des précisions intéressantes dont nous bénéficierons tous. C'est pourquoi nous ouvrons, à notre tour, une enquête sur les signes de la renaissance catholique dans la jeunesse contemporaine.

Les réponses seront publiées dans la *Revue*, sans les signatures (sauf autorisation expresse des intéressés), puis coordonnées en vue d'une étude d'ensemble dont elles auront fourni les éléments. Connaissant plus précisément l'état d'esprit et les tendances de la jeunesse actuelle, nous pourrons alors plus efficacement travailler pour elle.

Nous adressons donc un pressant appel à tous nos lecteurs, les invitant à vouloir bien répondre au questionnaire ci-joint, de la manière qu'ils jugeront. Ce questionnaire indique seulement quelques points généraux pour faciliter le dépouillement des réponses. Libre à chacun d'insister de préférence sur telle ou telle question, même à l'exclusion des autres.

Nous demandons surtout des choses vues et constatées, plutôt que des considérations d'ordre général qui se dégageront d'elles-mêmes de l'enquête. Que les professeurs nous parlent de leurs élèves; les curés et vicaires des jeunes gens de leur paroisse; les hommes d'œuvre de ceux qu'ils dirigent et voient agir; les pères et mères de famille de leurs enfants; les étudiants de leurs camarades et surtout d'eux-mêmes.

Poru préciser et permettre un classement des documents, nous prions nos lecteurs de vouloir bien mentionner leur titre par ces simples mots : un professeur de séminaire, de collège, de lycée, d'université; un curé (ou un vicaire) de ville ou de campagne; un père ou une mère de famille; un étudiant, une étudiante, un membre de cercle d'études, un homme d'œuvre, etc.

Nous voulons espérer que les réponses seront nombreuses, et nous remercions d'avance nos correspondants des renseignements qu'ils voudront bien nous envoyer. Tous nous pourrons en tirer profit.

QUESTIONNAIRE

Dans le milieu où vous vivez, avez-vous observé certains signes caractéristiques de cette renaissance catholique dont parlait récemment l'*Opinion* dans un article reproduit en partie par la *Revue de la Jeunesse* du 10 juin dernier ?

1° SIGNES D'ORDRE INTELLECTUEL

a) Les jeunes gens que vous connaissez se préoccupent-ils, plus qu'en d'autres temps, de la question religieuse ? — *b*) Cherchent-ils à s'instruire des enseignements de la Foi, ou demeurent-ils indifférents ? — *c*) Se laissent-ils impressionner par certaines objections ? Quelles sont, parmi les doctrines non catholiques, celles qui semblent les attirer le plus, et pourquoi ? — *d*) Dans les universités, collèges, lycées, les professeurs et aumôniers remarquent-ils que le nombre des étudiants catholiques augmente ? Exercent-ils une influence intellectuelle ?

2° SIGNES D'ORDRE MORAL

a) Les jeunes gens que la doctrine catholique attire vivent-ils conformément à leur croyance, leurs mœurs s'en ressentent-ils ? — *b*) Sont-ils catholiques *individuellement* ou le sont-ils *collectivement*? — c) Vont-ils jusqu'à la pratique des sacrements ? Où en est parmi eux le respect humain ? — *d*) Constate-t-on chez eux le culte d'un idéal qui influence leur vie, entraîne leur volonté ?

3° SIGNES D'ORDRE SOCIAL

a) Les questions sociales intéressent-elles les jeunes gens ? Quelle est leur attitude à l'égard des doctrines sociales antichrétiennes et chrétiennes ? — b) Font-ils effort pour étudier les principes sociaux catholiques : quels ouvrages lisent-ils pour cela ? — c) Aiment-ils les œuvres, et de préférence les œuvres nettement catholiques ? S'y mêlent-ils ? — d) Y a-t-il un progrès dans les patronages, cercles d'études, conférences de Saint-Vincent-de-Paul, etc. ?

4° SIGNES D'ORDRE GÉNÉRAL

a) Quels sont les hommes qui semblent exercer le plus d'attrait sur la jeunesse (hommes du passé ou du présent), ceux dont elle parle, qu'elle aime, qu'elle lit : philosophes, littérateurs, hommes d'action, etc. ? — Parmi les jeunes qui écrivent (prosateurs, poètes, artistes), y a-t-il des convictions religieuses affirmées dans leurs œuvres ? — Le dilettantisme et le sectarisme dans la jeunesse.

CONCLUSION

Quelle confiance vous inspirent ces constatations ? Quelles lacunes relevez-vous plus spécialement, et sur quels points croyez-vous que nous devions porter nos efforts ?

Les réponses qui ont été faites à ce questionnaire sont pleines d'intérêt : elles permettent de constater que partout, dans la jeunesse des professions libérales, comme dans celle du labeur manuel, il y a quelque chose de changé quant à l'attitude vis-à-vis des questions religieuse, patriotique et sociale.

Je me contenterai de transcrire ces réflexions, qui ont été fournies par un ancien élève de lycée, parce que quelques-unes d'entre elles sont très suggestives. D'ailleurs, cette lecture ne modifiera en rien les principes et la pratique que doivent avoir les catholiques relativement aux lycées.

« Une France toute nouvelle, aussi généreuse, mais

plus réaliste que ses aînés, se lève dans vos lycées », écrivait récemment M. Barrès. — Généreuse, mais réaliste, je ne crois pas qu'on puisse trouver deux épithètes plus caractéristiques de la jeunesse actuelle; et cela seul suffirait à expliquer les tendances catholiques que, sans contredit, cette jeunesse manifeste. Sa générosité est une soif d'idéal; son réalisme un besoin d'activité pratique; et le catholicisme est-il autre chose que la tentative de mise en œuvre progressive de l'idéal le plus pur et le plus noble qui puisse être ?

C'est chose réconfortante de constater une telle renaissance et chose utile de l'étudier, d'en apprendre les éléments pour en favoriser le développement.

Avant de dire ce que, personnellement, j'ai cru recueillir sur ce point, il est indispensable d'indiquer brièvement sur quel milieu ont porté mes observations et à quels jeunes gens il m'est possible de faire allusion.

Je ne parle que de moi-même et de mes camarades, tous, à très peu près, jeunes gens ayant fait leurs classes dans un lycée ou tout au moins y ayant terminé leurs études secondaires : rhétorique et philosophie — peu ayant appartenu à quelque grande Ecole : Polytechnique, Centrale, Faculté de Droit, etc.; — quelques-uns même sont déjà engagés dans les carrières que leur ont ouvertes ces écoles ou leurs diplômes. D'autre part, en raison d'internats, de fréquents changements de domicile, ou d'autres causes diverses, je n'ai jamais fait partie d'aucun Cercle d'Etudes, d'aucune Conférence de Saint-Vincent-de-Paul, d'aucune Société d'étudiants et, sauf d'un ou deux camarades plus intimes, je n'ai pu recueillir autour de moi que des impressions un peu superficielles, basées davantage sur l'attitude extérieure et les propos courants que sur de longues discussions, conversations ou conférences sur des objets spéciaux.

Néanmoins, quelque peu approfondies que seront mes remarques, elles pourront présenter un certain intérêt, rapprochées d'autres travaux analogues dans un plus vaste ensemble.

I

Me conformant aux grandes divisions proposées par l'enquêteur — et négligeant celles des questions auxquelles je me sens incapable de répondre, — je vais, tout d'abord, examiner quels signes, dans l'ordre intellectuel, me semblent indiquer une renaissance catholique, ou, plus exactement, quelles me paraissent être, dans l'ordre intellectuel, les caractéristiques de l'état d'esprit religieux des jeunes gens appartenant au milieu précédemment défini.

Il faut distinguer deux catégories de jeunes gens : ceux qui sont ouvertement catholiques et les autres.

1° Ceux qui sont ouvertement catholiques veulent une religion mieux connue, mieux comprise, mieux aimée. Nous souffrons d'un grand mal, qui est le manque d'équilibre entre nos connaissances religieuses et les autres. A partir de 12 ou 13 ans, nous n'avons, pour ainsi dire, pas reçu d'enseignement religieux. Qu'avons-nous eu en effet sur ce point? De rares sermons, peut-être quelques conférences d'aumônier, de bonnes paroles de confesseur; c'est tout, et cela ne constitue pas un enseignement religieux.

Bref, comme je l'indiquais plus haut, nos connaissances religieuses sont en retard sur le reste. Nous savons, certes, l'essentiel, mais à peu près tel que nous l'apprîmes à treize ans, dans des termes et sous des formes qui ne correspondent plus au développement de notre esprit par ailleurs. Pour répondre aux besoins de notre curiosité religieuse qu'atrophie le système scolaire, il nous faut trouver le loisir de nous tenir nous-mêmes au niveau; et ce, avec de nombreux examens à préparer, des programmes surchargés à étudier et toutes sortes d'autres obligations de santé, de camaraderie ou de vie sociale : repos, promenades, sports, visites, etc...; il faut en avoir le loisir et surtout la volonté.

Eh bien! je crois que cette volonté, les jeunes catholiques de l'heure actuelle l'ont. Tous, nous cherchons plus ou moins à nous instruire sur les vérités et les faits d'ordre religieux. Tel de mes camarades s'intéressait dernièrement d'une façon très sérieuse au modernisme, étudiant quels systèmes philosophiques pouvaient recevoir cette dénomination. Un autre même — exerçant pourtant une position très positive : il est employé de banque — discutait un jour avec moi sur le mysticisme, cherchant à en formuler une définition précise et claire comme il aurait fait du romantisme, du dilettantisme ou de l'esprit géométrique.

En somme, ce que nous cherchons, c'est la cohésion de nos connaissances et de nos facultés, l'unité de notre esprit par l'unité de notre instruction. Nous voulons, présentant en sciences une mentalité de bachelier ou de licencié, ne pas garder en religion une foi de charbonnier; mais mieux posséder cette religion sublime pour faire d'elle autre chose qu'une assurance contre les risques de l'au delà et véritablement notre philosophie, notre *méthode de vie.*

2° Arrivons à la seconde catégorie des jeunes gens : ceux qui ne sont pas ouvertement croyants et pratiquants. Chez ceux-là, il y a d'abord un caractère négatif, indice d'une certaine renaissance d'esprit religieux, je veux dire l'absence de sectarisme et de parti pris intellectuel. La presque totalité d'entre eux sourient aux déclamations politiques contre l'*ignorantisme* ou l'*obscurantisme* et reconnaissent loyalement une valeur intellectuelle tant au catholicisme en luimême qu'aux catholiques même pratiquants.

Mais, ne nous bornons pas à constater cette absence générale de sectarisme intellectuel. Il y a plus, pour qui veut regarder de près de quelle façon sont accueillies, par ceux qui y adhèrent, les doctrines non catholiques. Celle d'entre elles qui a certainement le plus d'adeptes est le positivisme. Son caractère séduisant tient à la part que cette philosophie fait à la science, toujours plus ou moins l'idole de notre esprit réaliste et curieux; à la clarté, à la netteté avec laquelle elle analyse la méthode scientifique, proclame la nécessité de l'observation et précise le domaine et l'objet de la science : les faits et les relations entre faits.

Mais, n'ajoute-t-elle pas que l'homme doit borner ses investigations à ces seuls faits et pour le reste « avoir la sagesse » de ne pas se poser de questions, car la science ne peut les résoudre! Malheureusement, en ce qui concerne ce reste — Dieu, l'âme, l'au delà, l'Esprit, l'Absolu, — les questions ne sont pas de celles qu'on peut se poser ou non, à son gré; elles se posent toutes seules et s'imposent : avouer leur mystère ne fait qu'augmenter leur attrait. L'abstention du positivisme à leur égard laisse subsister dans l'âme un vide angoissant que ceux qui en souffrent, tentent de combler. Un tel effort, si ce n'est pas à proprement parler un signe d'une renaissance catholique, indique à tout le moins une renaissance spiritualiste, qui ne peut qu'en être l'avant-coureur. « Console-toi! tu ne me chercherais pas, si tu ne m'avais pas trouvé! »

II

Mais il est insuffisant qu'un courant religieux remue plus ou moins les esprits, si son effluve ne réchauffe pas aussi les cœurs et si, au mouvement intellectuel ne correspond pas un mouvement moral.

Certainement, ceux dont la foi est solide et profonde s'efforcent d'y conformer leurs mœurs, se considérant soumis aux lois de pureté, de loyauté et de bonté d'une religion qu'ils revendiquent : lois de morale universelle dont l' « élite intellectuelle » n'a pas plus le droit que d'autres de s'affranchir; ce serait beaucoup d'audace et de dédain de sa part, de rejeter comme inutile pour elle ce frein qui la gêne, le croyant seulement indispensable pour des individus moins éclairés, des races ou des temps moins civilisés.

Mais qu'est, dans l'ensemble, la moralité de la jeunesse actuelle et présente-t-elle quelque amélioration ? Je ne sais, et je laisse à ceux qui sont à même de porter un jugement général et comparatif le soin de nous dire leurs remarques. Pour mon compte, je crois que nous, jeunes, ne nous convaincrons jamais assez de la nécessité, pour la beauté et l'unité de la vie, d'un idéal moral pratiqué. Il faut en comprendre, aux jours d'équilibre et de santé, la dignité et la grandeur, pour qu'aux heures de découragement et de tristesse, le fardeau en soit moins lourd.

Quant à la pratique religieuse, elle ne m'apparaît pas bien brillante. Je viens de faire une petite récapitulation et de constater que sur 46 internes de ma promotion (dans une importante Ecole de Commerce de Paris), nous étions environ 13 assistant à la messe chaque dimanche. Quelques-uns me semblaient plus irréguliers et je crois qu'au total, une vingtaine, au plus, faisaient vraisemblablement leurs Pâques.

Une seule chose me semble digne de remarque, c'est le peu de respect humain chez les jeunes catholiques actuels. Quand l'occasion se présente, presque aucun n'éprouve de honte à affirmer ses croyances ou ses sentiments religieux, sans fanfaronnade, sans hauteur, mais avec une simplicité qui ne provoque que la sympathie ou le silence. Il est intéressant, d'ailleurs, d'ajouter que cette franchise d'attitude est la même, qu'il s'agisse d'opinions religieuses à manifester ou seulement de sympathies cléricales, à ne pas renier.

Je sais un jeune homme faisant son service dans l'artillerie, dont la brigade rencontra, un jour, en campagne, l'évêque du diocèse. Il commanda tranquillement : « Garde à vous ! » et personne ne manifesta de mécontentement parmi ses hommes, ravis, au contraire, du salut aimable du prélat en réponse à ce geste d'urbanité.

III

Je m'excuse d'en avoir déjà écrit si long et en définitive d'en avoir dit si peu. Je m'en voudrais pourtant de laisser de côté la question de l'enquêteur relative aux grands hommes exerçant sur nous le plus d'attrait; mais j'y répondrai en ne parlant que de mes préférences. Combien en faudrait-il citer ? — Pascal, trop grand pour qu'autre chose me soit permis que de prononcer son nom; — Lacordaire, le romantique de la chaire, mais un romantique que complète l'humilité chrétienne, et peut-être le plus parfait d'entre eux, celui dont à coup sûr la vie fut la plus une, la plus logique, la plus pure, la plus généreuse, et la plus utile; — Gratry, le dernier de nos grands philosophes catholiques, le prêtre polytechnicien, joignant à la précision et à l'étendue des connaissances scientifiques la plus grande hardiesse des conceptions philosophiques; — un nom encore, enfin, parmi les hommes du présent : P. Bourget qui, progressivement, à travers toute son œuvre si diverse, aboutit avec l'imposante logique de l'analyste consciencieux et savant, à la nécessité de l'action.

Chez les jeunes, le dilettantisme n'est qu'une maladie de la volonté. L'intelligence, souvent brillante, s'éprend de la part de vérité qui décore superficiellement tout système, toute philosophie, et la volonté se refuse à l'effort nécessaire pour aller jusqu'au bout !

Comprendre et choisir. Il est trop facile alors et trop instinctif de dissimuler, même à ses propres yeux, sa nonchalance sous une attitude de désabusé et de dilettante.

Il faut combattre avec le plus de vigueur possible ce maladif état d'âme et aider au développement de la volonté afin que l'idéal religieux ne flotte pas seulement devant nos cœurs à l'état de vague attrait, mais devienne le but déterminé de notre activité; la formation intellectuelle et morale de notre âme demande et mérite la même persistante énergie que nous admirons chez les grands hommes d'action, avides de se créer leur fortune ou leur place. La perfection et la sainteté sont des biens qui doivent devenir nôtres, non par facile héritage, mais par âpre conquête.

Au point de vue du fond même de la religion, une dernière tâche me paraît mériter la plus grande attention : développer le plus possible, chez les jeunes, le sens liturgique; j'entends par là, les orienter vers une compréhension plus sérieuse et par suite un amour plus vivace du culte : cérémonies et prières.

Combien, par exemple, l'âme gagnerait en sensation esthétique autant qu'en fécondes impressions, à une assistance à la messe plus liturgique : si au lieu de passer une demi-heure en fluides oraisons, elle se pénétrait du sens de chaque parole, de chaque geste du prêtre, de la signification philosophique des différentes parties du sacrifice, et des rapports existant entre elles.

Combien elle gagnerait encore à négliger les dévotieuses et doucereuses formules de tant de manuels ou traités de piété de 3e ou 4e ordre pour rechercher dans les seules prières liturgiques — les psaumes par exemple — une philosophie autrement forte, une poésie autrement mystérieuse et bienfaisante.

Un licencié en droit.

Impossible de nier l'influence catholique qui circule au milieu de notre jeunesse. Le fait est si authentique! A ce spectacle, beaucoup exultent; certains s'agacent; quelques-uns enragent. « Ce dont j'enrage », diraient-ils avec Molière.

Sous la « Coupole », retentit souvent l'éloge de la jeunesse actuelle, voire l'éloge du trait le plus affirmé de cette jeunesse : le catholicisme. Et, rêveuse aux applaudissements qui s'élèvent alors, la noble « Coupole » doit songer qu'elle couronnera de son immortelle gloire l'un ou l'autre de ces jeunes qui s'élèvent si pleins de promesses à notre horizon littéraire.

Au mois de janvier 1914, les jeunes furent célébrés par deux voix autorisées entre toutes. Je cueille le billet de Junius qui en donne l'écho :

« On n'a pas assez, à mon gré, insisté sur l'importance exceptionnelle et la haute valeur du discours prononcé à l'Académie par M. Paul Bourget, en réponse à celui du récipiendaire, M. Boutroux. Les discours académiques ne sont entendus que par une élite d'auditeurs, souvent plus sensibles à la forme qu'au fond : ils ne sont lus que par un petit nombre de lettrés, attentifs aux choses de l'esprit. Le grand public les ignore, ou n'en connaît que de brefs comptes rendus. Le discours de M. Paul Bourget mérite une autre fortune. Il est de ceux que le pays tout entier doit méditer, parce qu'il marque une date dans sa vie intellectuelle, et parce qu'il lui parle un langage dont, trop souvent, l'ont déshabitué les maîtres de sa jeunesse. Jamais encore, la « volte-face de l'âme contemporaine » n'avait été observée et précisée avec autant de force et d'autorité. Et cette « volte-face », c'est tout simplement une révolution qui commence, non point un de ces mouvements tumultueux et passagers dont s'inquiètent les politiques, et qui menacent les régimes dont ils vivent, mais une transformation profonde des cerveaux et des volontés, qui portera dans l'avenir des effets encore incalculables. M. Bourget l'a définie, en une phrase décisive : « La pensée d'aujourd'hui a pour pôle toutes les idées représentées par ce mot : la Vie, comme la pensée de 1850 avait pour pôle toutes les idées représentées par ce mot : la Raison. » Qu'est-ce à dire, sinon que des générations se lèvent, qui vont, peu à peu, changer la direction générale des idées et préparer, dans les esprits, la révolution future, comme les encyclopédistes préparèrent celle de 1789, comme les Scientistes préparèrent celle dont nous avons, depuis quarante ans, dans l'apparente prospérité d'une société retournée au paganisme, vécu les phases douloureuses. Cette jeunesse, même avec des faux pas, nous mènera très loin. Elle ne s'enferme plus dans la seule activité religieuse. Elle veut mettre le pied partout où s'agite la vie contemporaine. Et c'est d'elle aussi que nous vient, en ce temps de pacifisme et de suprématie civile, la grande leçon du Soldat, dont M. Bourget a donné l'admirable commentaire, en citant cette forte parole du jeune officier, auteur de l'*Appel des Armes* : « L'armée comporte en elle-même sa morale, sa loi et sa mystique. » Ainsi, ayant révélé à son pays l'aspiration vers la Vie qui caractérise l'âge présent de son histoire, il lui offre, de cette Vie, le plus magnifique exemple dans le Soldat, investi par état d'une mission spéciale, qui est de rappeler sans cesse à la nation la vertu du sacrifice, condition de sa grandeur et de sa puissance. Un discours, plein de tels enseignements, n'est plus une harangue académique. C'est un acte civique de la plus haute signification, de la plus lointaine portée. »

On pense bien que M. Barrès, toujours aux écoutes de la France qui vient, sympathique à la jeunesse qui a confiance et qui agit, ne pouvait se désintéresser de cette floraison printanière, annonçant un superbe printemps :

« Réjouissons-nous, écrivait-il, à propos de l'enquête d'Agathon, réjouissons-nous d'une génération audacieuse, heureuse, qui ne cherche pas ses espérances au fond de son cœur.

Ce printemps fructifie sans attendre l'été et c'est déjà un résultat que d'avoir chassé le découragement. Un large regard enivré qui s'épanouit et rayonne aux quatre points cardinaux, un élan vigoureux de l'âme qui réclame tous les bonheurs, avant de savoir les nommer; une confiance généreuse escomptant toutes les gloires, c'est la jeunesse d'aujourd'hui, frémissante, impatiente, sans un coup d'œil derrière elle, toute portée en avant.

Et, meilleur prophète qu'il ne pensait l'être, il annonçait qu'on écrirait un jour sur le tombeau de cette génération, une inscription qui résumerait ce qu'elle fut : *la Promotion de l'Espérance.*

Voici maintenant le témoignage de M. Henri Lavedan, dans l'*Illustration*, à propos du livre d'Agathon :

« Vous verrez par quels chemins larges, tout droits ou détournés, mais qui menaient tous aux Romes éternelles, a passé le jeune homme de 1913, avant d'être en marche vers les buts qui, par eux, toucheront leurs aînés. Ces pages vous montreront tel qu'il est notre jeune homme de demain, être de combat, de volonté, d'audace réfléchie, héros en perpétuelle puissance, patriote et surtout guerrier, idéaliste et positif, croyant et réaliste religieux, reprenant du service catholique, ne reculant plus aux moments où il le faut à appeler tout de même Dieu par son nom. »

M. Emile Faguet paraît agacé; cependant il plaisante encore :

« Sous ce titre : *Miracle de la jeunesse* et sous la signature Agathon, je trouve dans un journal très répandu, entre autres pensées considérables, la déclaration suivante : « La jeunesse française sent obscurément qu'elle verra de grandes choses, que de grandes choses se feront par elle. Et son optimisme patriotique, sa confiance, elle les a imposés à tous, avec une force invincible. Bien plus, elle a réagi sur ceux-là même qu'avait séduits jadis l'illusion humanitaire. Avoir redonné à ses aînés le sens des réalités françaises, c'est ce qu'on pourrait appeler le miracle de la jeunesse. »

Cela m'a donné le désir de lire le dernier livre du même Agathon qui est intitulé : *Les jeunes gens d'aujourd'hui* (et, comme on le verra, il faudrait ajouter : de demain). C'est une enquête faite sur l'état d'âme de la jeunesse contemporaine, suivie d'une contre-enquête qui a consisté à demander à d'autres jeunes gens et à quelques vieillards : « Que pensez-vous de notre enquête ? » et qui forme ainsi un supplément à l'enquête elle-même; et cela n'est point du tout d'une mauvaise méthode.

...Cette enquête contient sur une partie trop restreinte de la jeune France, mais qu'encore il n'est pas superflu de connaître, des documents intéressants, curieux, aussi agréables qu'utiles; et elle nous présente, encore qu'en traits un peu brouillés, un portrait fort sympathique, en somme, d'une fraction de la génération où nous mettons nos espérances. Les jeunes gens que connaît Agathon sont purs, pleins de sentiments élevés, ardents, courageux, amoureux de la vie et confiants en elle, dévoués à la patrie, et tout cela doit nous enchanter et rendre moins mélancolique notre prochain départ.

Mais, par saint Georges ! ils ne sont pas modestes (1). »

Entre temps, il s'amuse de cette jeunesse miraculeuse et de ses parrains, il l'appelle la Grande génération, il la qualifie de divinatrice, il lui donne maintes autres épithètes... Mais ce bon M. Faguet fera son *mea culpa* sur ce point comme sur d'autres.

Quant à ceux qui enragèrent, faisons-les bénéficier de l'union sacrée.

Bien entendu, la littérature des distributions de prix était heureuse de s'alimenter à pareille source. Aussi, nombreux furent, de 1910 à 1914 et depuis, les discours qui roulèrent sur ce thème inépuisable ou qui, du moins, saluèrent en passant « l'admirable génération qui a reconquis la confiance, l'espoir et la bonne humeur des forts ».

Jusque par-delà les frontières, l'opinion s'est émue du problème posé par la jeunesse de France.

Un peu partout, en Europe, dans les milieux intellectuels, on s'est attaché à suivre le mouvement que nous avons constaté chez nous. Ce fut toujours le privilège de la France d'attirer l'attention de l'étranger; privilège dangereux parfois, glorieux cette fois.

(1) *Revue des Deux-Mondes*, 15 avril 1913. La jeunesse miraculeuse.

Des statiticiens n'ont pas voulu s'arrêter là. Amis des chiffres, ils ont donné ou demandé des chiffres précis.

Devant des conquêtes réelles, l'enthousiasme pourrait facilement s'égarer. Cela s'est vu, et il est clair qu'il ne faut pas prendre à la lettre l'exclamation de Joseph Lotte en réponse à Péguy, dans la circonstance si souvent racontée : « Péguy se dressa sur le coude, et, les yeux remplis de larmes : « Je ne t'ai pas tout dit... J'ai retrouvé la foi, je suis catholique. » Ce fut soudain comme une grande émotion d'amour. Mon cœur se fondit, et, pleurant à chaudes larmes, la tête dans les mains, je lui dis, presque malgré moi : « Ah! pauvre vieux, nous en sommes tous là! »

Opération bien difficile et bien inutile, somme toute, que cette addition exacte des forces catholiques! Plus que le nombre, ce qui importe, c'est la qualité. Il suffit d'un fil pour commencer une toile. Qu'on se souvienne des paraboles évangéliques : Le royaume des cieux est semblable à une poignée de froment qu'une ménagère introduit dans la masse de la pâte... Le royaume des cieux est semblable à un grain de senevé qui germe dans le sol et se développe en arbre... Il y aura d'ailleurs toujours de l'ivraie dans le champ du père de famille. Il y aura toujours des terres lointaines où s'égareront les prodigues. Mais si nous avons dans toutes les professions une élite intellectuelle et morale, peu à peu la loi de la fermentation et la loi de la végétation lui donneront de l'étendue. Or, il n'est guère possible de nier que cette élite existe. En quelle proportion elle-même? Après une description enthousiaste où les traits de beauté abondent, un étudiant conclut sa réponse à l'enquête de la *Revue des Jeunes*, par ces mots :

« Je semble peut-être à quelques-uns avoir tracé un portrait bien invraisemblable de la jeunesse actuelle et bien idéalisé. Je ne crois pas me tromper en affirmant que les adolescents catholiques, en cette année 1912, s'ils ne sont pas tous dans l'état que je dis, du moins y tendent tous comme vers le seul bonheur qui sollicite leur cœur, à travers les noirs buissons déchirants qui encombrent le sentier (1). »

Très volontiers, la jeunesse s'est prêtée aux désirs des enquêteurs; elle a paru heureuse d'attirer les regards de l'âge plus avancé et de retenir l'attention des savants et des sages. Parfois, elle s'est produite d'elle-même sur la scène, offrant aux lecteurs des revues et des journaux le charmant défilé de sa grâce et de ses forces. Complaisance qu'on lui a fort reprochée. Souvenez-vous de l'article de M. Faguet.

Complaisance assez légitime pourtant; ou, mieux, démarche utile. Utile à plusieurs titres. Pour Dieu ce fut un hommage; il avait des serviteurs qui, en rangs pressés, lui donnaient la confession du cœur et de l'âme. Pour l'Eglise ce fut une consolation et une protection : un bataillon, qui deviendrait une armée s'était rassemblé autour d'elle, prêt à combattre pour son triomphe. Pour les jeunes, ce fut un affermissement : ils n'étaient ni sans nombre ni sans gloire, ni sans avenir. Pour les hésitants, ce fut un stimulant : l'exemple exerce une

(1) REVUE DES JEUNES, 25 sept. 1912, *Notre enquête*, C. H.

telle attraction, surtout quand il vient des forts. Pour le clergé, pour les hommes d'œuvres et pour tous les amis de la jeunesse, ce fut une récompense et un aiguillon : ils n'avaient donc pas travaillé en vain; le mot sinistre des esprits chagrins était donc faux : il y avait quelque chose à faire.

En vérité, les jeunes ont bien fait de se laisser « enquêter ». Ne le devaient-ils pas, même?

« Si parfois, nous nous sommes définis avec quelque juvénile complaisance, écrit l'un d'eux, c'était encore en vue d'être ce que nous croyons être. Je sais mieux quand j'ai dit ma croyance. J'agis avec plus de force, quand j'ai formulé la loi de mes actes. J'aime d'une plus grande passion quand j'ai confessé mon amour (1). »

Cela est vrai. Quand le psalmiste avait parlé parce qu'il croyait, il croyait ensuite davantage, du fait d'avoir confessé sa foi.

A ce premier reproche est venu s'en adjoindre un autre. Il porte sur la valeur même du mouvement. Elle serait nulle. Ni plus, ni moins. Aucun motif sérieux d'y voir l'annonce d'un vrai réveil des âmes et d'un gain réel du catholicisme. Non, les jeunes qui montent dans la vie, avec ces promesses de foi chrétienne, n'imprimeront pas à la France une orientation nouvelle, ils ne la conduiront pas vers les chemins de Rome, et les destins ne seront pas changés. Aucun fond à faire sur cette agitation d'une heure.

Tel est l'avis de certains psychologues qui, se

(1) REVUE DES JEUNES, 10 oct. 1915, *Nous, les jeunes*, P. de Lescure.

plaisant à emprunter une comparaison au flux et au reflux de la marée, prétendent que le flot montant sera suivi du flot redescendant. Tel est l'avis de M. Sembat qui, dans un article de l'*Humanité*, s'appuie sur cette phrase de Taine : « Les grandes inclinations publiques sont passagères; parce qu'elles sont grandes, elles se contentent et parce qu'elles se contentent elles finissent. »

On pourrait dire ainsi, s'il s'agissait d'une poussée soudaine, produite par le dilettantisme ou le snobisme. Mais, en soi et dans ses causes, le renouveau que nous observons est tout différent du dilettantisme ou du snobisme. Ce renouveau n'a pas surgi subitement; il n'est pas sans attaches avec le passé, comme les choses éphémères; il n'est pas à la surface, mais il émerge du fond de l'âme. Est-il avant tout, dans la volonté, dans le tempérament? Oui, dit M. Bergson, l'observant d'ailleurs sous un aspect spécial :

« Oui, vraiment, je crois à une sorte de renaissance morale française, et ce qui me frappe le plus, ce qui me fait bien augurer de cette renaissance, c'est qu'elle n'est pas seulement une transformation des idées (les idées, vous savez, on en change si aisément!), mais une vraie transformation ou, plutôt, une vraie création de la volonté. Or, la volonté, c'est l'expression même du tempérament, c'est-à-dire de ce qu'il est le plus difficile de modifier. De ce point de vue, l'évolution de la jeunesse actuelle m'apparaît comme une sorte de miracle (1). »

Miracle? Pas du tout. Le philosophe de l'intui-

(1) *Gaulois littéraire*, 15 juin 1912.

tion qu'est M. Bergson, a tort d'estimer si peu l'idée; il a tort de ne pas voir les nombreux points de contact qui existent entre « l'évolution de la jeunesse actuelle » et les germes qui l'ont déterminée. De quelle puissance serait un mouvement qui ne reposerait pas sur des idées, sur des principes? Nos élans les plus généreux, nos intentions bien parties ont vite fait de se replier; ils finissent avant que le but ne soit atteint. D'où la nécessité de les renouveler, de les orienter à nouveau. Sans doute la volonté se meut par elle-même, sans doute elle accroche à son char la sensibilité qui la soulève. Mais, au commencement, il faut l'idée et le principe. Au commencement, l'intelligence vit et prévoit; elle dirige.

Tout ce mouvement est fondé sur une sage ordonnance de l'esprit. Des flots de lumière l'orientent. Cette lumière est en même temps flamme. Sur les pas de l'esprit, le cœur et la sensibilité se mettent en mouvement; et la volonté s'avance sur un terrain solide. Nous le verrons jusqu'à l'évidence, lorsque, dans le chapitre suivant, nous étudierons les caractères de ce mouvement.

De plus, ce mouvement a été longtemps préparé. Divers facteurs, très puissants, et qui subsisteront, se sont combinés pour le produire. Loin d'apparaître comme un miracle, il est plutât la résultante normale et l'aboutissement naturel des facteurs en question. Et ceci paraîtra manifeste après l'énumération des causes qui sont entrées en jeu pour opérer cette renaissance.

Sur ces deux bases s'élève notre espérance. Dès lors, elle est très ferme et très joyeuse. Nous sommes en présence de résultats aussi sérieux qu'indiscutables. Ils dureront, puisque les causes d'où ils sont nés sont connues de nous et demeurent à notre disposition.

Qu'il s'élève un bon printemps, avec beaucoup de sève, beaucoup de bourgeons; toutes les autres saisons en seront meilleures. Et quand même, dans la nature, les printemps seraient parfois menteurs, il n'en va pas ainsi dans les choses morales et religieuses. Le printemps des âmes nous invite à l'espérance.

CHAPITRE V

LES ÉLÉMENTS DU RENOUVEAU

Une question : De quoi se compose le renouveau chrétien?

Comme le vêtement mystique de cette reine dont parle l'Ecriture, il possède un aspect varié. Aucune condition qui ne lui fournisse son contingent. On y voit des représentants qui comptent de quatorze à vingt et quelques années. Ils viennent des différentes situations sociales. Plus nombreux à la ville, ils se rencontrent aussi à la campagne; plus pressés dans les professions libérales, on les rencontre à l'atelier, aux champs, devant les rayons des magasins, et — on l'a vu par l'exemple des Postiers — jusque dans les milieux qui avaient été jusqu'ici les plus réfractaires à l'invasion religieuse. Plus ou moins fortement, ce sont bien toutes les régions de la France et tous les états qui comptent une élite fortement pénétrée de christianisme.

Une fois de plus, le caractère universel de l'Eglise se trouve affirmé. Cette mère a de quoi satisfaire les esprits les plus exigeants; elle sait se faire connaître et aimer de cœur de ses fils dont l'esprit a moins de culture, mais dont le cœur possède tout autant d'infini dans le désir.

Autre manière de considérer les jeunes adhérents du catholicisme. Comme sous le toit du Père de famille, cité dans l'Evangile, on trouve dans l'Eglise, parmi l'élite de la jeunesse, les fils qui n'ont jamais quitté la maison paternelle et ceux qui étaient partis pour des régions lointaines.

Bonheur des premiers à qui le Père peut dire : « Vous êtes toujours demeurés avec moi. *Tu semper mecum es* ». Oui, la grâce suprême est d'être demeuré sous le regard du Père, dans son amitié, à son service.

Grande joie des seconds. Plus sensible peut-être, parce qu'interrompue plus ou moins longtemps. Tout de même, ceux-ci apportent un témoignage de prix à l'Eglise. Ils méritent leur page dans le cadastre des élus de Dieu.

Les uns naquirent loin de l'Eglise; les autres la quittèrent pour quelque mécontentement. On les vit marcher sur toutes les routes de l'erreur, s'abritant dans leur position par telle ou telle objection contre les appels qui leur étaient faits.

Si on considère seulement les conversions qui se sont produites en France après 1900, peut-être est-il permis de dire que toutes les armes qui composent l'arsenal d'opposition au catholicisme ont été brisées entre les mains de ces convertis : celles empruntées à la science, celles empruntées à l'histoire, celles empruntées à la philosophie, celles qui se dissimulent dans les retraites les plus cachées du cœur humain. Combien suggestif à lire est, à cet égard, le livre du P. Mainage : *Les témoins du re-*

nouveau catholique. On y voit un nombre assez considérable de conversions se rattachant au type intellectuel. Ces jeunes avaient dit : L'Eglise se meurt; ou bien : l'Eglise est oppressive des consciences. La vérité et le droit sont avec l'Individualisme, ou avec le Scientisme, ou avec l'Immanentisme ou avec le Libéralisme ou avec le Dilettantisme, ou avec le Socialisme, ou avec le Kantisme,

Maintenant, ils sont agenouillés devant l'Eglise; ils l'appellent leur Mère; ils la bénissent de la lumière qu'elle apporte à leur esprit et de l'allégresse qu'elle met dans leur cœur.

« Nous aussi, élevés dans l'intellectualisme allemand, nous avons pensé jadis : « Dieu peut-être, ce n'est pas autre chose que le nom mystique de l'idéal, de l'infinie perfection vers quoi nous tendons sans jamais l'atteindre. » Et une adhésion purement intellectuelle nous paraissait non seulement suffisante, mais la seule digne, cependant que notre cœur qui ne se contentait pas du pain sec de ces abstractions se grisait frénétiquement de toutes les apparences... Or, au milieu de nos égarements, soudain voici que nous avons le sentiment d'une Présence réelle. Il est là comme devant Thomas qui se refusait à croire à son humanité ressuscitée et il nous fait toucher du doigt la blessure de son côté. Nous entendons battre ce cœur qui a tant aimé les hommes. De nouveau, nous croyons à l'Homme-Dieu, au Christ incarné. Et nous tombons la face contre terre en criant : « Seigneur, je vois et je crois. » Ce que j'écris ici, je sais que des milliers de ma génération le ratifient et le répètent dans leur cœur. Nous ne savons plus ce que veut dire la justice en soi, l'idéal en soi, la vérité en soi et toutes leurs entités. Nous ne croyons qu'en Jésus-Christ crucifié qui nous a tout révélé. A Dieu ne plaise que nous cherchions une méthode, un chemin vers de nouvelles terres en dehors de Celui qui a dit : « Je suis la voie. » A Dieu ne plaise que nous méditions sur l'ordre des mondes en dehors de Celui qui a dit : « Je suis la vérité. » A Dieu ne plaise enfin, quand la vie chante et se propose à nos rythmes et à nos lignes, que nous l'exprimions en dehors de Celui qui a dit : « Je suis la vie (1). »

Voici maintenant le *Magnificat* de Charles de Bordeu :

« L'absolution reçue, — comme il faut que Dieu ait de la bonté ! — je sentis sa paternité rendue à moi, la joie d'être rentré parmi son peuple et une confiance paisible...

« Pour l'esprit, il s'est étrangement nettifié. Les doutes, les objections, tous ces gravats sont tombés au fond, je ne les remue plus... Les splendeurs font leur preuve... J'avais craint d'être à l'étroit dans le *Credo*. Je m'y meus dans l'infini, un infini que Dieu ramène autour de moi, car son regard me suit : je ne m'y perds donc pas... J'entendais garder mon esprit libre. Et je l'ai tel, certes ! plus et mieux qu'avant, puisque c'est à la vérité qu'il adhère, parce que j'ai su vouloir et obéir... Juger m'est devenu facile et sûr, avec l'aide de la doctrine infaillible, qui sait tout de l'homme et de la vie. Les grands rêves ne sont plus rêves ni conjectures où, après tant d'autres, je m'élevais, de maux détruits, de la mort impuissante, de tendresses à la traverser, de bonheur sans tristesse et qui ne passera pas, de l'âme admise au vrai. C'est Dieu qui cautionne ces certitudes en les donnant à tous. Et il est bien clair que

(1) Robert Vallery-Radot, *Le réveil de l'esprit.*

les doctrines plus ou moins jeunes, de plus en plus savantes, que l'on continuera d'édifier, que toutes les découvertes qu'on pourra faire n'infirmeront pas un seul mot du livre où Dieu parle, authentiquement, formellement, et près de cela, ne pèsent rien !... Ni la vie ne m'est devenue moins douce, pour s'être faite plus grave, ni la nature moins belle et amie... Enfin, je ne me sens pas diminué. Aujourd'hui, il est utile de dire je crois, ce qui jadis aurait fait scandale, dans un siècle plus religieux, c'est qu'il nous faut porter notre foi avec orgueil, quitte à nous humblifier en tout le reste et autant qu'il convient, bien entendu. »

Depuis la parabole de l'Evangile, tous les retours sont accompagnés d'une symphonie et d'une parure festivales. Et, quoi qu'il puisse sembler parfois, il n'y a nulle part plus de liberté pour le fils que dans la demeure où il habite avec son père et sa mère. Autour de l'Eglise, dans ses parvis, la clarté rayonne avec l'amour. « Le lendemain de ma soutenance de thèse — ce fut l'époque de sa conversion — je consignais avec beaucoup de tranquillité dans mon cahier que j'appliquerais mes efforts à écrire une glorification de l'Eglise par la raison (1). » Telle est la résolution prise par Georges Dumesnil, le guide affectueux et chéri de tant de jeunes. « Chose curieuse! écrit Paul Claudel, l'éveil de l'âme et celui des facultés poétiques se faisaient chez moi en même temps, démentant mes préjugés et mes terreurs enfantines ».

Naguère les conversions se faisaient tard ou n'aboutissaient pas. Inquiètes, les âmes sans foi cherchaient la vérité sur tous les chemins de la vie,

(1) *Revue Saint-Thomas d'Aquin*, 15 mars 1913.

sans cependant l'apercevoir, parce qu'elles ne voulaient pas consentir à ses exigences.

Ainsi toujours poussés vers de nouveaux rivages,
Dans la nuit éternelle emportés sans retour,
Ne pourrons-nous jamais, sur l'océan des âges,
Jeter l'ancre un seul jour?

(LAMARTINE.)

Aujourd'hui, la recherche est plus active, elle s'entoure des conditions qui assurent le succès. Au loin, le dilettantisme qui se complaît dans l'inquiétude et qui sourit des principes : ce qu'on veut, c'est un but certain et un terrain solide. Il y a une volonté très nette de bien aiguiller sa vie dès le début, une résolution arrêtée d'employer ses talents au service d'une cause éprouvée, très noble. Générosité pour se donner, sagesse pour bien choisir à qui se donner. Hâte de sortir de l' « Inquiétude religieuse » pour entrer dans la quiétude religieuse, laquelle n'est pas paisible léthargie, mais certitude souvent laborieuse.

Combien il est intéressant de suivre nos jeunes sur leur chemin de Damas. Quelques-uns s'avouent vaincus dès les premiers pas; d'autres résistent longtemps. Ils ne veulent ni reconnaître le Christ, ni aller trouver Ananie, l'homme qui prie dans la cité.

Parfois, le respect humain en est cause :

« L'avouerai-je? Au fond, le sentiment le plus fort qui m'empêchait de déclarer ma conviction était le respect humain. La pensée d'annoncer à tous ma conversion, de dire à mes parents que je voulais faire maigre le vendredi, de me proclamer moi-même un de ces catholiques tant raillés, me donnait des sueurs froides, et par moments, la violence qui m'était faite me causait une véritable indignation. »

C'est Paul Claudel qui parle ainsi. Il est déjà converti de volonté depuis quatre ans, lorsqu'il annonce enfin sa conversion.

D'autres encore attendent, ils ne savent pourquoi, n'oubliant pas qu'il est dur et même impossible de résister à l'aiguillon, lorsqu'il est enfoncé dans l'âme d'une certaine manière. Enfin, les Saul les plus récalcitrants ne résistent plus. Tant de grâces les sollicitent :

« Qui dira, ô mon Dieu, demande l'un d'eux, Charles Nicaise, où vous mettez votre Providence ? et par quelle merveille vous enveloppez la surnature dans les humbles rouages d'une vie qui n'est que matière ? Miracle de votre transcendance qui pénètre tout. Rien ne lui répugne; tout lui est bon. Vous êtes tout en tout (1). »

Et quand ils ont trouvé le havre, voyant la lumière, croyant à la charité, ce n'est pas pour s'y installer dans le repos, mais pour l'ouvrir aux naufragés qu'ils ont rencontrés épars sur les flots, lorsqu'eux-mêmes subissaient la tempête.

Parmi les conversions, les unes sont isolées. Qui a jeté les germes de la foi dans cette âme qui ne rencontrait qu'indifférence autour d'elle ? Aucune voix du dehors ne s'est fait entendre; aucune main ne s'est tendue. Il y a des conversions que j'appellerai sporadiques. Disséminés dans un espace as-

(1) *Revue des Jeunes*, 25 nov. 1916, p. 593.

sez restreint, et ne paraissant avoir aucun lien commun, des néophytes se mettent en marche vers l'Eglise. Bientôt ils reconnaissent qu'ils étaient reliés par des chaînes invisibles, comme ces îles qui émergent sans que paraissent les points de contact et les ramifications qui les réunissent sous les voiles du flot. La même voix extérieure avait retenti; le même spectacle dans l'Eglise les avait frappés; les mêmes livres étaient tombés sous leurs mains. Enfin, il y a les conversions par constellations. La sympathie pour un même chef, ou l'amitié entre de jeunes émules les produisent. Unis par les liens les plus nobles du cœur, André de Bavier, Pierre de Lescure, Lucien Puel de Lobel marchent à quelques pas de distance vers Damas; ils se rencontrent tous trois chez Ananie. Autour de Paul Claudel et de Francis Jammes, éclairées par leurs livres, par leurs lettres, touchées par leur affection, que d'âmes se rangent et chantent, dans ce qu'il a de meilleur, le cantique de la reconnaissance!

En poussant plus loin l'analysse, nous verrions que parmi ceux qui font retour à l'Eglise, il en est qui, par la naissance et l'éducation, étaient tout prêts à devenir des frères d'armes, parce qu'ils étaient déjà des frères d'âme. Mais, demande François Mauriac, « que verrons-nous de commun entre un Coppée et un Claudel, entre un Péguy et un Bourget, entre un Le Cardonnel et un Jammes, sinon le chemin de Damas où ils se rencontrent? »

Il y aurait à faire un livre bienfaisant sur la conversion : Nature de la conversion, Motifs de la conversion. Nécessité de la conversion, Conditions de la conversion, Obstacles à la conversion, Aides pour la conversion, Joies de la conversion, Hommages rendus à la vérité par la conversion... Livre qui serait, d'une part, tout plein d'émouvants souvenirs et, d'autre part, d'appels d'espérance. Qui l'entreprendra?

Comme au temps messiannique, les jeunes viennent de Tarse et des îles; ils viennent d'Arabie et de Sába; tous rencontrent l'enfant et sa mère; tous apportent à la crèche et à l'Eglise des dons et des aromates.

A côté des convertis qui s'agenouillent devant Dieu et lui donnent leur foi, leur amour, leur service et qui sont vraiment de sa maison, il y a, en nombre toujours plus considérable, ceux qui passent de la haine à l'indifférence et de l'indifférence à une sympathie grandissante qui peut en acheminer jusqu'à l'adhésion totale de l'esprit et du cœur.

Dans le bonheur des « retrouvailles », les convertis se tournent vers ceux qu'ils ont laissés sur les voies égarées. Ainsi fit Saul, devenu de persécuteur apôtre :

« A quiconque voudra se connaître, je dirai que, s'il en a le courage, il se donne à Dieu sans attendre. Qu'il se jette en lui, s'il peut, comme à la mer, et Dieu le gardera, tous débats seront clos; l'édifice, dont l'âme est accablée, des négations et des doutes, s'effondrera d'un coup et sans qu'on y prenne garde, le nécessaire étant fait. Si l'on n'ose, si l'on ne veut pas bien, si l'on est faible et irrésolu — c'est notre cas à presque tous — il n'y a qu'à prier et lire l'Evangile, les Actes des Apôtres et au hasard dans un paroissien. On n'entend que des paroles sublimes et d'une majesté qui n'est pas humaine, à chaque page, à chaque verset de ce livre. Si l'effet n'en devient pas souverain, c'est qu'on n'a pas de bonne volonté, qu'on s'oppose à Dieu. » (Charles DE BORDEU.)

CHAPITRE VI

LES CARACTÈRES DU RENOUVEAU

De la constatation d'un renouveau catholique à l'étude des caractères qui composent la physionomie de ce renouveau, le passage est naturel et immédiat.

Disons tout d'abord que ces traits sont assez nombreux et très sympathiques, révélateurs d'un état sur la nature duquel toute crainte de se tromper semble écartée. Grâce à ces caractères, faciles à reconnaître, on touche au solide, on tient une réalité, et de valeur. Beaucoup plus que son étendue, ce qui fait le mérite du présent renouveau, c'est sa profondeur.

Quelques-uns ont bien essayé de la nier. Critiques mal informés ou mal intentionnés, ils ont paru souffrir de la joie qu'éprouvaient les catholiques devant un regain de surnaturel. Et, alors, ils ont parlé de snobisme, ou bien ils ont rappelé le *Néo-christianisme* ou le *Sillon*. Ils pensaient arrêter la vie en évoquant l'image des choses qui, par nature, ou par le fait des circonstances, ne sont pas ou ont cessé d'être. Cependant, rien de pareil dans le mouvement religieux des environs de 1910.

Pas de snobisme. Le souvenir de Snob, un ouvrier cordonnier anglais qui posait pour le grand seigneur, n'a que faire ici. Nos jeunes, on le verra, ne vivent ni d'emprunt, ni de prétentions ambitieuses et creuses. Que si par snobisme, on entend *mode*, *engouement*, nous sommes encore bien loin de là.

Rien de commun non plus avec le Néo-christianisme. Celui-ci conduit naguère par Henri Bérenger, avec escorte d'Edouard Rod et du marquis de Vogüé, n'avait du christianisme que le nom. Ou plutôt son nom même le condamnait, car il n'y a pas de Néo-christianisme. On ne fonde rien de nouveau en religion après le Christ. De fait, on avait seulement pris au Christ sa morale — quelques lambeaux de sa morale, — devant lesquels on admirait plus qu'on ne pratiquait. Quant au dogme, il n'était pas admis; et l'Eglise était ignorée. Aussi l'aventure fut de courte durée. De cette voie périlleuse, quelques-uns passèrent au catholicisme; la plupart, à la suite du chef, redevinrent de simples incrédules.

L'image du Tolstoïsme fut aussi évoquée, mais sans plus de fondement. Tolstoï avait ouvert l'Evangile. Par un geste de falsificateur, il en avait extrait la piété langoureuse. Il avait pris aussi l'amour fraternel si beau dans la doctrine du Christ et l'avait transformé à sa manière. Plein de son opinion, il était très loin du christianisme, et s'attira même les foudres du Saint-Synode.

Pas de parité non plus avec le *Sillon*. Que de jeunes et belles âmes ont tressailli jadis à ce nom! Et quel sillage de pure lumière traça la brillante et enthousiasme institution. Quel élan, quelles exclamations autour du Christ! Quels coups portés au respect humain! Quelle image attrayante donnée du Christ à ceux qui ignoraient et erraient!

Pourtant, dès les premiers jours, le *Sillon* portait en lui le germe des erreurs qui allaient causer sa mort. Il manquait de substantielle doctrine, il ne faisait pas suffisamment sa place à la hiérarchie, il était trop la chose d'un homme — et le culte d'un homme, — sans que celui-ci le voulût aucunement d'ailleurs. Sans qu'on le voulût encore, le *Sillon* était, dans l'Eglise, un parti qui sortait de l'Eglise. Au reste, ce mouvement fut bien supérieur aux autres tentatives. Si, un moment, nous l'avons rapproché d'elles, c'est que ce rapprochement nous a été imposé par la tactique de ceux qui cherchent à déconsidérer les « Jeunes d'hier ».

Mais ceux-ci savent bien se faire reconnaître. Sans aucune intrigue de leur part. En se conformant d'esprit et de vie aux éternelles directions de l'Eglise. En un sens, aucune nouveauté dans ce qu'on appelle un renouveau. L'antique *Credo,* l'antique décalogue, l'antique évangile reçus des mains de l'Eglise. La croix et les sacrements de Jésus. Le renoncement que Jésus a commandé à ses disciples.

Cependant, comme preuves de sincérité et comme jaillissement de vie profonde, ceci qu'une rapide analyse va mettre en relief : les « Jeunes d'hier » étudiaient le christianisme, ils pratiquaient sa loi, ils développaient en eux la vie participée du Christ; c'étaient des dévots de la vie intérieure et des cultuels de la vie mystique. Ils étaient amis de la pensée et de l'action. Puis, sur cette belle tige de la vie chrétienne, de nobles vertus humaines s'épanouissaient plus librement, le patriotisme surtout. Tels sont les plus nobles traits du renouveau que nous étudions. Impossible d'en nier l'existence ni la valeur.

En vérité, pour nos jeunes, la vie n'est pas une occasion d'amusement; elle n'est pas — dirait Pascal — un divertissement; elle est une mission, et la jeunesse est un temps de laborieuse préparation d'un avenir fécond. Puisque le Christ est venu dire son mot sur la vie et, même, vivre notre vie, rien de mieux à faire que d'écouter le Christ, de le considérer et de le suivre. Ainsi font les Jeunes.

Ils vont à la doctrine du Christ. Jamais, me semble-t-il, la religion ne fut mieux étudiée; pas même au XIIIe et au XVIIe siècles. Remplis de respect pour la foi du charbonnier chez le charbonnier, les Jeunes explorent le domaine de la foi, examinant les droits de la foi à leur créance. Tantôt, c'est l'étude personnelle. — Et, en toute hypothèse, l'étude personnelle doit avoir son tour à un moment ou à l'autre. — Tantôt, c'est l'étude en commun. Ici, c'est un cercle d'études; là, ce sont des conférences; ailleurs, c'est une leçon hebdomadaire de théologie donnée à une vingtaine de jeunes gens, sous forme de commentaire de la *Somme* de saint Thomas. Dans un autre ouvrage, il sera question des réunions studieuses fréquentées par les Polytechniciens et les Normaliens. Nombreux sont, au front, les soldats et jeunes officiers, qui continuent, au milieu des risques de la bataille, la lecture approfondie d'un cours complet de religion ou se munissent d'arguments pour défendre telle ou telle question plus débattue.

Un résultat : Lorsqu'on ouvre un livre tombé de la plume de nos jeunes écrivains, on remarque l'étonnante facilité avec laquelle ils se meuvent dans l'exposition d'un point doctrinal. Je pense à Emile Bauman, à François Mauriac, à André de Bavier... Quelle connaissance du dogme transpire aussi chez les jeunes qui composent l'intéressante galerie des convertis présentée par le R. P. Mainage.

Tous l'ont compris : le dogme compose la base sur laquelle s'appuie la morale. Chez ceux-là surtout qui vivent par l'intelligence, il faut faire dans l'intelligence une place à Dieu et à l'œuvre de Dieu. Finalement, le cœur vit des aliments que lui fournit l'esprit. Mais le danger est avant tout pour l'esprit lui-même. Qui développe sa culture philosophique, mathématique, historique, littéraire, artistique et s'en tient pour la science religieuse aux notions, de plus en plus embrumées par le recul du temps de la première communion et du catéchisme de persévérance, marche plus ou moins rapidement, à cause de l'infériorité dans laquelle lui apparaît une religion non étudiée, vers la voie du rationalisme. « Si deux êtres sont enfermés dans un même espace et que l'un s'accroisse pendant que l'autre demeure au même point, il ne sera pas besoin de bataille pour l'élimination du second. » Cependant, en fait, la bataille ne manque guère. Elle s'élève au dedans et au dehors; au dedans, sous forme de doute; au dehors, sous forme d'objection. D'où nécessité de posséder une instruction religieuse approfondie pour se répondre à soi-même et pour répondre aux autres. « Je sais ce que je crois; je connais ce que je crois.»

Une fois que le croyance est ferme, la science divine présente plus d'attraits à l'esprit; elle apparaît ce qu'elle est en réalité, la plus digne et la plus captivante de toutes; ensuite, elle alimente la piété et actionne la vie morale. « J'ai cru, dit le psalmiste, voilà pourquoi j'ai parlé. » J'ai cru, dit pareillement le chrétien éclairé sur sa foi; voilà pourquoi j'ai prié, voilà pourquoi j'ai parlé et écrit; voilà pourquoi j'ai lutté et accompli le bien. Bref, la vie se ressent de la croyance.

Un jeune homme faisait cet aveu : « Je suis chaste parce que Dieu, l'être souverain, le maître absolu, la sainteté substantielle me fait un commandement exprès de la chasteté. Je m'essaie à être humble, charitable, patient, parce que le Christ auquel j'appartiens par le baptême m'a enseigné de bouche et d'exemple l'humilité et la douceur. En cela, je trouve une force de conviction plus grande que dans la lecture de tous les petits livres à couleur — et à ton — guimauve, qui recommandent plus ou moins énergiquement les vertus chrétiennes. » En effet, la raison dernière de la politique du bien est dans l'ordre qui nous en est imposé par Dieu. Toutes les considérations évoquées par ailleurs ne sont que des conséquences.

Aussi, est-ce au chrétien convaincu qu'il est donné de vivre plus conformément à la loi morale. Affirmation autour de laquelle les témoignages abondent. Enumérant les motifs qui ont amené sa conversion, Georges Dumesnil dira : « J'ai remarqué de bonne heure que mes camarades et amis catholiques menaient une conduite meilleure que la nôtre. » Après tout, c'est logique.

Néanmoins, il y a loin souvent de la logique à la pratique. Combien ont une vie différente de leur foi. Dans la génération que nous étudions, ce dualisme était fort combattu. Oui, la génération nouvelle ne servait pas seulement Dieu par l'esprit; elle le servait par la volonté qui travaillait à diriger le cœur et la sensibilité. Un service de Dieu par la foi seule est illusoire. « Vous ne pouvez servir deux maîtres, vous ne pouvez contenter Bélial et Jésus. » Ne vouloir se donner à Dieu que par l'adhésion de l'intelligence, c'est bientôt rendre impossible cette adhésion elle-même. « Il faut vivre comme on pense, sinon, tôt ou tard, on finit par penser comme on a vécu ». Ainsi le veut une loi de cohérence dont nous ne sommes pas maîtres d'arrêter l'action.

Ces notions, élémentaires pour les lecteurs de l'Evangile, sont données sous une autre forme par les maîtres que nos jeunes ont choisis. Tout à l'heure on entendait Bourget. Barrès s'exprime non moins fortement : « Pour un véritable homme, la discipline, c'est toujours de se priver et de maintenir fortement sa pensée sur un objet. Rien de pire que des divertissements et des excitations de hasard. Quand il faut veiller, que toutes nos nourritures profitent au dessein déjà formé (1). » Nous avons distingué que ce n'est pas toujours le moment de jouir des choses et qu'il faut subordonner parfois

(1) Barrès. *Amori et dolori sacrum*, p. 63.

son sentiment à la raison (1). » Il faut le subordonner toujours à la foi. Le christianisme c'est tout l'être vivant de la foi, en vivant toujours.

Principe dont les uns discutent la valeur, les autres la possibilité d'application. Même des catholiques font des distinctions et des séparations entre le savant et le chrétien, entre l'homme du monde et le chrétien, entre l'homme politique et le chrétien. Ils imaginent une maison où il n'y a pas d'escalier de communication entre le rez-de-chaussée et l'étage. Eh bien! nos jeunes ne veulent pas habiter cette maison. Pour eux, il n'y a que le chrétien. De la connaissance de leur foi, de la pratique de leur foi, ils en viennent à la vie intérieure, qui, dans sa plénitude, est l'apanage du catholicisme. « Ce qui me frappe chez les catholiques d'élite que j'ai eu le privilège de rencontrer, avoue André de Bavier au moment où il passe du protestantisme au catholicisme, c'est leur intelligence de la vie intérieure. Il y a dans le catholicisme une véritable science de la vie religieuse. Nous l'ignorons trop. »

Qu'est-ce que la vie intérieure? Celle où la foi a emprise sur la vie. Celle où « le Christ est tout en toutes choses »; celle des « enfants de Dieu qui se laissent conduire par l'Esprit ». Ecoutez aussi l'*Imitation* :

« Le royaume de Dieu est au dedans de vous, dit le Seigneur... Apprenez à mépriser les choses extérieures et à vous donner aux intérieures, et vous verrez le royaume de Dieu en vous... Jésus-Christ viendra en vous, et il vous remplira de ses consolations si vous lui

(1) Barrès. *Les amitiés françaises.*

préparez au dedans de vous une demeure digne de lui... Il visite souvent l'homme intérieur et ses entretiens sont doux, ses consolations ravissantes, sa paix est inépuisable et sa familiarité incompréhensible... Car il a dit : Si quelqu'un m'aime, il gardera ma parole, et nous viendrons à lui, et nous ferons en lui notre demeure. Laissez donc entrer Jésus en vous, et n'y laissez entrer que lui... Si vous écoutiez ce que vous devez être, entièrement libre et détaché, tout contribuerait à votre bien et à votre avancement (1). » « Avoir toujours Dieu présent en soi, et ne tenir à rien en dehors, c'est l'état de l'homme intérieur (2). »

Or, il est des jeunes âmes, dans lesquelles on peut lire comme à livre ouvert l'application de ces maximes dues à saint Paul et à l'*Imitation*. Et ces âmes ne se rencontrent pas seulement dans le sanctuaire ou dans les parvis du temple; elles vivent et s'épanouissent dans nos grandes Ecoles de Normale, Polytechnique, Navale et jusque dans des lycées. Partout là, sous l'influence bienfaisante qui passa sur la jeunesse de France dans les années qui suivirent 1905, il se trouva — nous ne disons pas en nombre considérable — d'ardents serviteurs du Christ, animés de la vie intérieure, et chez qui l'amour de Dieu servait de principe à tous les développements de la vie humaine et produisait en chacun d'eux l'union de l'âme avec Dieu.

Pour développer cette vie intérieure, nos jeunes ont recours à l'ascétisme. L'ascétisme est exercice et méthode; il est mortification intérieure et exté-

(1) *Imitation*, liv. II, ch. Ier.
(2) Id., liv. II, ch. VI.

rieure. Où s'apprend-il? Auprès du directeur de conscience et dans des livres. Non seulement, nos jeunes ont un confesseur qui écoute leurs péchés et les absout; ils ont un directeur qui les aide à se connaître, à remonter à la source de leurs fautes, à en suivre les conséquences, à les guérir; et aussi à développer leurs qualités, à faire valoir les talents confiés par le roi, à donner à leur vie le meilleur emploi.

Aux conseils du directeur, ils ajoutent la lecture de quelque livre spirituel. Dans cette bibliothèque de jeune homme, après les livres classiques et les chefs-d'œuvre des différentes littératures, à côté de l'Evangile et de l'*Imitation*, se suivent parfois *la Vie de sainte Thérèse*, *le Dialogue* de sainte Catherine de Sienne, *les Révélations* de Catherine Emmerich, *l'Introduction à la vie dévote* de saint François de Sales, *les Méditations sur les Evangiles et les élévations sur les mystères*, de Bossuet; quelques volumes du P. Faber, des Vies de saints.

Chaque matin, ils assistent au saint sacrifice et y communient; chaque jour, ils font une courte méditation, ils examinent leur conscience, ils font une visite au Saint-Sacrement, pratiquent quelque mortification. Soulevés par ces aides puissantes qui jalonnent le chemin de leur journée, ils pensent, aiment, conversent, agissent dans le sens et sous l'influence de Celui dont ils sont les disciples, Jésus-Christ.

Le mot mystique lui-même n'a rien qui les effraie.

« La religion, écrit l'un d'eux, est pour nous une vie. Il faudrait longuement y insister. Car c'est là le cœur de notre cœur. L'on a peut-être voulu signaler ce mystère lorsqu'on a dit que nous étions des moralistes. Ne serait-il pas mieux de dire que nous sommes des mystiques ? Non de ces êtres extraordinaires qui vivent dans l'extase et les voies spéciales. Aussi bien nous demeurons dans le monde et les labeurs de chaque jour. Notre profonde et secrète tendance est de nous joindre chaque minute davantage au Dieu qui réjouit notre jeunesse, non pour en jouir mais pour être mieux assurés de le servir... C'est la raison de nos communions : un désir d'union dans le renoncement de soi. »

Les voies spéciales et l'extase ne se méritent pas. Il n'est pas au pouvoir de l'homme de les attirer directement en lui, par quelque moyen que ce soit. On peut s'y disposer par l'ascèse, mais elles demeurent le don de Dieu — la chose gratuite — que le Seigneur accorde à qui il lui plaît.

Etaient-ils éloignés de ce don les deux jeunes dont je veux évoquer rapidement le souvenir ? Le premier : un jeune licencié ès sciences de dix-huit ans, vivant en plein Paris, se confessant avec larmes de n'avoir pas eu assez d'amour pour Notre-Seigneur Jésus-Christ au cours de sa dernière quinzaine. Il n'avait commis que cette faute! Et comme il la pleurait! Le second : Un jeune officier qui, rendant compte de l'état de son âme, avouait avec une candeur surprenante : « Pour vous exprimer ma vie intérieure, je vous dirai qu'il me semble éprouver ce que sœur Thérèse de l'Enfant-Jésus raconte de sa propre vie. »

Si la vie mystique n'est pas le partage de tous, encore faut-il savoir estimer cette vie qui est, tout à la fois, lumière et vie, et sait plus que toute autre, unir la pensée à l'action. Nos grands contemplatifs entièrement soumis à l'impulsion de Celui qui est « esprit et vie », furent les grands actifs. Leur vie et leurs œuvres donnent au catholicisme de la splendeur et un admirable couronnement. En eux, le catholicisme s'achève. Dès lors, il est bon de les étudier. Nos jeunes n'y manquent pas. Ils le constatent :

« Les grands mystiques ont été des interprètes toujours dociles à l'Eglise et n'obtenant que par la force de leur foi traditionnelle, par l'exactitude de leur piété traditionnelle, ces intuitions singulières qui leur permettaient d'instruire avec un relief exceptionnel des vérités incluses dans la doctrine. Ce n'est pas leur vie propre qui se projette en doctrine, c'est la vie de la doctrine qui se projette par eux. Aucun des grands mystiques catholiques, ni un saint Bernard, ni un saint François d'Assise, ni une sainte Gertrude, ni une sainte Catherine de Sienne, ni une sainte Thérèse, n'ont sacrifié l'autorité à la liberté, la tradition à leur intuition. » (René Salomé.)

Ce qui ameuta parfois les critiques contre la mystique, c'est la part qu'y a la sensibilité. Beaux esprits qui oublient si facilement l'union de l'âme et du corps et les mutuelles réactions de l'un des deux éléments sur l'autre. Immédiatement, ils transforment la vie chrétienne en vague et malsaine sentimentalité. C'est par l'âme que l'on rend hommage à Dieu, et le prix du culte réside surtout, avec la grâce de Dieu, dans l'apport de la volonté, mais le Dieu qui exige le service de l'âme, esprit et volonté, commande aussi qu'on l'aime de tout le cœur et de toutes les forces. Souvent un service de froide énergie est seul à notre disposition; mais dans la jeunesse surtout, la dévotion sensible est la bienvenue quand elle visite l'âme. Avec Ozanam, les jeunes aiment la tendresse en dévotion. Ils n'admirent nullement « celui qui a rétréci son esprit et desséché son cœur par de stériles spéculations qui ne peuvent ni le rendre meilleur dès cette vie, ni le préparer pour l'autre (1). » Et j'en sais quelques-uns qui ne méritent pas les reproches que Lacordaire adressait à un jeune correspondant : « Vous n'aimez pas Jésus-Christ avec tendresse, comme votre meilleur ami, vous n'êtes pas prêt à chaque instant à le presser sur votre cœur, à lui donner votre vie, à souffrir dans votre corps tous les opprobres et toutes les douleurs, à être fouetté et crucifié pour lui, comme il l'a été pour vous. » Sommets, cependant, où n'atteint qu'une rare élite.

Une fois arrivée à ce degré d'intensité, la vie chrétienne ne peut pas demeurer enfermée dans l'âme. De toutes ses forces, elle tend à se propager. C'est alors l'apostolat. Comment, en effet, aimer Dieu et aimer le prochain par la charité; comment être convaincu par la foi qu'il n'y a rien de mieux à donner à Dieu que les âmes, et aux âmes que Dieu, et ne pas aussitôt s'employer à cette grande tâche? On sait que volontiers, le Français fait du prosélytisme; il se plaît, par nature, à répandre lumineuses idées et sentiments généreux. Aussi, un nouveau caractère de la jeunesse actuelle est-il de

(1) J. de Maistre, *Les Soirées de Saint-Pétersbourg*, IXe entretien.

pratiquer l'apostolat : apostolat de la prière, apostolat de la parole et de la plume, apostolat de l'exemple.

Les jeunes catholiques écrivent beaucoup; mais leur plume est au service de leur foi. Ayant appris du Christ que la moisson des âmes est d'abord une œuvre de prière : « Priez donc le maître de la maison d'envoyer des ouvriers à la vigne », ils recourent fréquemment à la prière pour l'extension du royaume de Dieu dans les âmes. Avec son chiffre considérable d'adhérents, l'Œuvre de l'Apostolat de la prière témoignerait assez par elle-même du recours des jeunes à la prière pour faire acte d'apôtre. Mais combien prient secrètement dans le même but. Cependant, d'après l'antique adage, l'entraînement est le fait de l'exemple. L'exemple, leçon tranquille et persévérante qui se donne à toute heure, sans dur reproche et sans heurt de volontés.

Si peu qu'on soit mêlé aux préoccupations spirituelles des jeunes, on sait qu'ils tendent vraiment à exercer l'apostolat. Les uns racontent les industries qu'ils emploient; les autres interrogent pour savoir que faire. Celui-ci prête des livres et découpe dans les journaux des articles qu'il fera lire. Cet autre porte chez un camarade les *Chemins de la croyance* de Brunetière, le dépose diplomatiquement sur la table : une conversation part de là. Deux camarades vont de groupe en groupe après s'être donné mission de détourner les conversations légères. D'autres attirent des condisciples dans les Conférences de Saint-Vincent-de-Paul, dans de pieuses ligues... « Dès qu'il y a une voix pour annoncer Dieu, un cœur pour l'aimer, écrivait naguère Louis Veuillot, il se fait des œuvres merveilleuses qui se soutiennent et s'accroissent on ne sait comment. » Ces œuvres se constatent dans tous les groupements où s'allume la flamme catholique. Longtemps cet esprit d'apostolat sommeilla chez les jeunes. On comptait trop facilement ceux en qui il vivait : les Montalembert, les Ozanam, les de Mun, les Harmel... Maintenant il se trouve et agit sur tous les points de l'Église.

Après cela, rien d'étonnant si le respect humain diminue. Des maîtres de la jeunesse : Brunetière, Bazin, Guiraud... affirment même que le respect humain est mort. Non. Mais telle qu'elle, la victoire sur ce point n'en est pas moins un des plus grands triomphes religieux remportés au cours des dernières années. On avait tant dit que la religion était faite pour les femmes et les enfants, et que la foi était condamnée par la science, que les jeunes gens et les hommes ou admettaient cet axiome ou ne le combattaient que dans l'ombre et timidement. Des savants ont paru, ont professé hautement leur foi; la jeunesse elle-même a approfondi l'étude religieuse, et le respect humain, qui est autant ignorance et irréflexion que lâcheté, s'est évanoui en maints endroits. Ses derniers asiles sont dans les écoles secondaires. Dans les grandes écoles et parmi les étudiants, il ne tient plus guère de place.

Une marque encore qui met sa note de beauté et de joie dans la physionomie de la jeunesse actuelle, c'est l'amitié. A vrai dire, l'amitié a toujours existé parmi les jeunes générations. Elle est une des fleurs les plus charmantes du printemps des âmes. Maintenant elle est plus fréquente et d'une nature plus noble. Plus on est pur, généreux, ardent et plus on éprouve le désir de trouver un ami qui ait ces mêmes dons. Dans l'adolescence et dans la jeunesse, l'amitié est née de la parole que Dieu prononça au jardin d'Eden : « Il n'est pas bon que l'homme soit seul. » Ils sont nombreux les directeurs des jeunes qui encouragent leurs disciples à l'amitié. Ils la présentent ainsi : « La rencontre de deux âmes qui sont attirées l'une vers l'autre par de mutuelles sympathies et qui s'unissent pour concevoir et réaliser un même idéal de vertu. » Nombreux aussi sont les jeunes qui écoutent cet appel et se louent d'avoir rencontré dans leur ami un aide vers le bien.

A travers les enquêtes sur « les jeunes gens d'aujourd'hui », une note se retrouve assez fréquemment : ces jeunes iraient plutôt vers l'action que vers la pensée, ils seraient surtout avides d'action. D'après Agathon, le sens de l'action serait la caractéristique essentielle de la mentalité nouvelle. Qu'en est-il?

Notre première remarque sera qu'à l'encontre de Taine, de Renan, d'Amiel, de l'ancien Bourget... il n'y a pas opposition, mais seulement distinction entre penser et agir, entre l'étude et l'action. Bien plus, il y a entre ces deux choses, suite naturelle et interdépendance. Dans l'ordre normal, agir suit penser. Au surplus, il y a une activité de l'intelligence comme il y a une activité de la sensibilité et des muscles, et penser est l'acte de l'intelligence.

Cependant, on observe, d'un autre côté que le renouveau catholique se produit principalement parmi la jeunesse studieuse. Alors?

Cette jeunesse est amie de l'étude. D'une part, elle cherche à mieux posséder la vérité religieuse, à bien établir les bases rationnelles sur lesquelles s'établit la croyance surnaturelle; à déduire logiquement les conséquences de sa foi; à venger, par l'étude de l'histoire, l'Eglise des accusations portées contre elle. D'autre part, par culte du devoir professionnel et pour faire honneur à sa foi, elle étudie avec ardeur les programmes de ses examens et de ses concours et veut posséder la maîtrise intellectuelle qui, au dedans, est requise par la conscience, et, au dehors, rassure les clients intéressés.

De toutes parts lui viennent des invitations à l'étude. Aux pages de la Bible, elle lit la prière du psalmiste : « Donnez-moi l'intelligence et je vivrai. » Dans l'Evangile, elle entend la grande parole de saint Jean : « Au commencement était le Verbe, la Pensée. » Elle recueille sur les livres de saint Augustin ce pressant conseil : « Aime beaucoup l'intelligence. » Elle sait le mot de Pascal : « Travaillons donc à bien penser : voilà le principe de la morale. » Volontiers, je pense, elle prendrait pour devise la parole de saint Thomas d'Aquin : « *Pro acquirendo scientiae thesauro.* Dans l'intention d'acquérir le trésor de la science. »

Fruit du passé, sauvegarde de l'avenir, la pensée est tout à la fois une certitude acquise par l'attestation de l'histoire, par l'expérimentation de la vie et une habitude d'ordre, de lucidité, de discipline qui donne un gage de sécurité dans les partis à prendre. Que de fois les jeunes se sont engagés dans des voies périlleuses par suite d'une mauvaise formation de l'esprit! S'ils avaient réfléchi, pensé, auraient-ils pris une décision condamnée à l'avance par de multiples expériences?

Désireuse d'établir ses convictions, décidée à faire triompher ses principes en soi et devant les autres, notre jeunesse s'instruit des vérités de la foi. Eprise d'ordre et de justice, consciente des responsabilités qui lui incombent, elle ne veut pas se laisser dépasser dans les connaissances techniques de son métier. Aussi, alors qu'autrefois, elle était incertaine dans ses croyances et ballottée par les souffles divers, elle a pris son parti. Sa vie intime se ressent de cette possession sûre et tranquille de sa foi, et le respect humain ne l'asservit plus. Tout monte à la hauteur des principes.

« La jeunesse actuelle veut savoir, écrit un jeune. Elle a été saturée de parti pris, elle entend remonter aux sources, elle demande avec un sens critique averti, une abondance large et précise, une matière de pensée. »

Que ce soit en vue d'agir, je le veux bien. Seul, le labeur de la pensée, l'effort intellectuel peut amener l'action féconde. Ecoutons ce témoignage d'un jeune : « On a dit de la « génération nouvelle » qu'elle était active avant tout. Elle l'est même dans les travaux de l'esprit. Nous pensons pour agir (1). »

Pourquoi y aurait-il contradiction entre la réflexion, le goût de la méditation et la réalisation, l'action, lorsque, au contraire, on passe tout droit de l'un à l'autre, à moins que par tempérament ou habitude, il n'y ait hypertrophie de la faculté d'ana-

(1) *Revue des Jeunes*, 10 oct. 1915. Nous, les Jeunes, P. de Lescure.

lyse aux dépens de la volonté? Pour une intelligence normale, le fait d'agir ne va jamais sans le fait de philosopher, au moins dans une certaine mesure. La pensée n'est pas tout l'homme, l'action non plus. « L'homme total est pensée et action, et si la pensée doit éclairer et guider l'action, elle ne doit pas la paralyser. En fait, pour qui veut interroger la pensée tout entière et la suivre jusqu'au bout de ses conclusions, elle ne paralyse pas l'action, elle ne la contredit pas; elle y conduit, elle y incline; elle s'incline aussi devant elle; à sa limite même, elle se confond avec elle. » (Victor Giraud.)

Une qualité essentielle de cette action, rare dans le jeune âge, est d'être positive. Que de fois, dans l'histoire, la destruction et les ruines se sont entassées sous les pas de la jeunesse! Il n'en va plus ainsi : « On ne répétera jamais assez l'idée des jeunes de notre génération : avant tout, nous sommes épris d'affirmations, nous voulons des disciplines qui nous apprennent à construire (1). »

Etre anti quelque chose ne leur va pas; ils veulent être quelque chose.

En opposant idée et fait dans l'appréciation portée sur nos jeunes, veut-on dire qu'ils ont abandonné l'idéologie creuse, chère à leurs aînés, qu'ils sont plus positifs, qu'ils ne sont pas semeurs de nuées, qu'ils laissent de côté les rêves des poètes? A la bonne heure. Oui, la pensée, telle qu'ils la pratiquent, n'a rien de commun avec le dilettantisme égoïste qui énerve l'action et, même, arrête devant elle. Quand il raconte sa propre conversion,

(1) *Revue des Jeunes*, 25 nov. 1915. p. 224. P. de Lescure.

sous le pseudonyme de Henri Dubois, René Salomé écrit : « Soit qu'il lût, soit qu'il écrivît, il poursuivait plus volontiers le fantôme lugubre de la détresse que l'image alerte de l'action. » Nos jeunes n'en sont plus là. Chez eux, la pensée prépare à l'action, même à une action qui n'est pas dans le sens direct de la pensée. Présentant les lettres de Pierre-Maurice Masson dans l'*Echo de Paris* du 8 janvier 1918, M. Léon Cury dit très bien : « L'intérêt propre et l'originalité de ces lettres, c'est de nous apprendre comment un intellectuel de la valeur de Maurice Masson, pacifique par nature et par profession, s'est acquitté des obligations imprévues que lui imposaient son grade (il était lieutenant) et le péril de la France, comme ce contemplatif a réagi au contact des réalités si blessantes pour son idéal, quel homme d'action s'est levé dans l'homme de pensée. »

Il en va pareillement si l'on considère l'analyse du moi tel qu'il se pratiquait dans l'âge précédent et tel qu'il se présente maintenant. Jadis, ce fut un recroquevillement paresseux de l'esprit sur soi-même, une recherche subtile qui tuait la spontanéité. Ici encore, savoir pour savoir n'est pas le fait de nos jeunes. Ils ont observé la disposition des anciens et ils se mettent en garde contre elle :

> Analyse stérile où l'orgueil s'est logé,
> Tu comptes peu devant le véritable Maître.
> Crois-tu donc suffisant, mon cœur de te connaître.
> Et ne faudrait-il pas aussi te corriger ? (1)

Pour eux, la connaissance de soi serait le plus dangereux des divertissements si elle n'aboutissait

(1) Claude Lefilleul, RÉFLEXIONS ET LECTURES, *Mon pays*.

au redressement de soi. Ils ne sont psychologues que pour devenir moralistes; ils ne s'observent que pour se juger. A l'école de Bossuet, ils apprennent la connaissance de Dieu et la connaissance de soi-même, pour développer en eux la ressemblance divine esquissée par la création et perfectionnée par le baptême.

Mais les jeunes ont le goût de l'action physique; ils se plaisent aux sports. N'y a-t-il pas à craindre qu'ils ne se passionnent pour les exercices corporels et ne négligent la culture intellectuelle? Encore une antinomie qui n'existe que dans l'imagination de ceux qui sont les critiques nés des sports. Qu'on garde seulement la mesure : intellectuellement, moralement, et physiquement, les sports rendront service à la jeunesse. Un merveilleux entrain physique, pleinement constaté dès le début de la guerre, est sorti de la pratique des sports qui s'était répandue dans les divers groupements de jeunesse française. Loin de nuire à l'idéalisme particulier à notre race, les sports l'ont rajeuni et, aussi, en ont éloigné l'excès. Une moralité plus grande en est née, à des titres divers; et l'énergie, la discipline, le « cran » y ont certainement gagné. Nous le dirons plus longuement au chapitre suivant.

Une résultante de toutes ces dispositions est l'optimisme, la joie jaillissant à flots du cœur des jeunes. Encore un progrès sur les générations précédentes. On connaît les deux phrases de Musset : « Alors s'assit sur un monde en ruines une jeunesse soucieuse. » Et : « Aussitôt parut dans le ciel l'astre glacial de la raison, et ses rayons versant de la lumière sans chaleur, enveloppèrent le monde d'un suaire livide. » Le souci et le suaire livide étaient revenus. Dans sa revue au nom peu prétentieux : *les Taches d'encre*, le jeune Barrès, qui n'avait pas encore trouvé son âme enthousiaste, marquait : « L'ennui bâillait sur un monde décoloré par les savants. » Car Barrès et Bourget, première manière, portaient au pessimisme. Après 1870, les théories, les livres, la vie avaient pris la couleur sombre.

Très vite, les jeunes ont abdiqué ces allures déprimantes. L'inquiétude étreint ceux qui sont loin de Dieu, elle quitte ceux qui se reposent en lui. Uni à Dieu par la religion, le vrai chrétien possède la vie la plus pleine, la plus riche. Il trouve dans l'Eglise une mère qui l'encourage et le console, une éducatrice dont les disciplines le satisfont en le développant, plutôt qu'elles ne le contraignent.

Il a confiance; il croit volontiers, sentant la vie bouillonner dans ses veines et toutes les promesses du printemps affluer dans son âme, qu'il a quelque toute-puissance et il s'élance vers l'avenir, impatient et plein d'espoir. D'autant plus qu'il sait son effort fécondé par la grâce. Pourquoi pas toutes ces espérances, si on veut savoir, si on a résolu d'être vertueux, si l'on est prêt à se dévouer, résolu à se sacrifier? Dix-huit ans, vingt ans! L'âge où on conquiert son âme et où on se croit capable de conquérir le monde.

On a souvent dit que, seuls, les optimistes agissent. Pour entreprendre, les pessimistes manquent du premier ressort : la confiance, l'espérance du succès. Ils prennent volontiers pour devise cette parole qui est une sorte d'hérésie : Il n'y a rien à faire. Les jeunes étaient donc optimistes, aimant tout ce qui était acceptable des conditions où ils avaient à vivre. Le couplet sur « le malheur des temps » n'existait pas dans leur chanson de la vie. Ils pensaient d'ailleurs qu'il était en leur pouvoir d'améliorer le temps en s'améliorant eux-mêmes. Ils y tendaient, accomplissant l'effort et laissant à la Providence divine le soin d'amener le résultat, imbus qu'ils étaient de cette vérité toute chrétienne: « Quand on s'est rendu compte de ce qu'est le devoir, on arrive à croire qu'en morale, l'effort vaut le résultat. Le résultat n'a de valeur que dans le temps; l'effort vaut pour l'éternité. »

En somme, le bataillon d'élite, disséminé par toute la France et dont nous nous rappelons la levée toute récente, avait un noble programme, de solides principes et une belle allure pour marcher à la réalisation. Il ne négligeait ni les ressources intérieures, ni les ressources extérieures qui s'offraient pour lui permettre d'atteindre son but. Peut-être eût-il pris volontiers pour mot d'ordre la parole que l'abbé de Tourville se plaisait à répéter à ses pénitents : « Etre une grande et belle nature, non pas selon l'orgueil du monde, mais selon la vérité simple des choses, voilà notre œuvre à tous en ce monde. » Cependant, à une telle profession, il eût ajouté ce qui pour lui était l'essentiel : être des enfants de Dieu, des disciples du Christ, des fils de l'Esprit.

Portant en eux-mêmes tant d'aspirations et, déjà, toute cette plénitude, les jeunes se croyaient volontiers une mission. L'un de ceux qui étaient le plus qualifiés pour être un chef — si peu de temps — dans cette vaillante phalange, et qui, à ce moment, ne faisait encore que commencer l'évolution qui devait le donner à la foi et à la loi du Christ, éprouvait, dès lors, très vif, le pressentiment que quelque chose de grand s'accomplirait par lui et par ceux qui dans sa génération avaient été élus. Moitié historien et moitié prophète ou, tout simplement, observateur perspicace, Ernest Psichari faisait ce pronostic dans une lettre à Agathon :

« Notre génération, celle de ceux qui ont commencé leur vie d'hommes avec le siècle est importante. C'est en elle que sont venus tous les espoirs et nous le savons. C'est d'elle que dépend le salut de la France, donc celui du monde et de la civilisation. Tout se joue sur nos têtes. Il me semble que les jeunes sentent obscurément qu'ils verront de grandes choses, que de grandes choses se feront par eux. Ils ne seront pas des amateurs ni des sceptiques. Ils ne seront pas des touristes à travers la vie. Ils seront ce qu'on attend d'eux. »

Ainsi apparaissaient un peu sur tous les points du pays des germes de choix, des promesses d'avenir, et, déjà, les éléments solides d'une renaissance saluée avec transport.

A ces fils charmants de la France et de l'Eglise, on pourrait appliquer, à part quelques épithètes, la description que le poète fait de sa propre jeunesse :

L'amitié sérieuse et l'étude hautaine
L'Eglise austère et le foyer familial,
L'amour de la beauté, l'amour du sol natal
Ont seul régné sur ma jeunesse puritaine (1).

Loin d'être puritaine, la génération nouvelle tres-

(1) Claude Lefilleul, *Réflexions et lectures*, Mon pays.

saillait sous tous les souffles de poésie et d'enthousiasme, mais d'une poésie et d'un enthousiasme qui, loin de se fondre dans le rêve, étaient conseillers d'action. « Regardez autour de vous, disait heureusement Paul Bourget; c'est d'action, c'est d'espérance, c'est de foi que parlent tous les livres où commence à se révéler la jeunesse d'aujourd'hui qui sera la maturité de demain (2). »

Tout ceci n'est pas la vague religiosité des néo-catholiques, lesquels ne détestaient rien plus que l'Eglise et, malgré de solennelles professions d'admiration pour la morale chrétienne, s'inspiraient, surtout, dans la pratique, de leurs caprices et de leur fantaisie. « Non. C'est à l'intégrité des disciplines catholiques que vont ces jeunes gens. Il semble même que, dans le catholicisme, ce soit la discipline et le dogme qui les séduisent. » Le jugement est de M. Paul Boncour, une ancienne Excellence! (*Le Radical*, 11 février 1913). De son côté, M. Maurice Barrès observait que les meilleurs parmi les jeunes gens reconnaissent la supériorité de l'ordre, la majesté de l'ordre. « Ils sentent, disait-il, la dignité et la nécessité d'une discipline. » Et non d'une discipline quelconque, mais de celle qu'impose l'Eglise catholique.

Au centre même de la morale, et élément si considérable que souvent on l'envisage comme la morale tout entière, réside la chasteté. Ne dit-on pas d'un homme qui est chaste, qu'il a de bonnes mœurs, que sa moralité est irréprochable? La chasteté est une vertu difficile à garder, quoi qu'elle

(1) Paul Bourget, *Revue hebdomadaire*. 18 juillet 1914.

ne soit pas absolument, c'est-à-dire pour tous et toujours, la vertu la plus difficile. Naturellement les efforts des jeunes catholiques tendaient à une observance exacte de cette vertu. Etait-ce en quelque façon le fait de leur influence? Toujours est-il que, même parmi leurs contemporains qui ne partageaient pas la même foi, la chasteté trouvait des admirateurs, des partisans, voire des chevaliers. Pour des sentiments divers, mais qui pouvaient procéder d'une source unique, par le respect de soi, de sa dignité, par la pensée de ses responsabilités, par sentiment de l'honneur, par amour de la netteté, par goût du sport, des jeunes gens non catholiques cherchaient à se conserver chastes et — ce qui devant l'opinion française était quelque peu méritoire — s'en faisaient gloire.

Au simple point de vue naturel, c'était la vigueur et la grâce de la race qui étaient préservées; c'était, comme conséquence immédiate, le mariage contracté dans un âge plus jeune. Observateur expérimentant dans un milieu mondain, le romancier Marcel Prévost observait — avec sympathie, il faut le reconnaître — cet état nouveau. A travers un de ses derniers ouvrages, il donne ces conseils, enregistre ces aveux ou saisit ces bouts de dialogue :

« Puisque tu crois à la joie que donne l'amour, sache qu'elle est interdite à ceux qui dispersent leurs désirs.

« Même par égoïsme, même pour mieux satisfaire cette curiosité sentimentale qui tourmente la jeunesse, n'aime qu'une seule femme.

« Des amis à moi, le jeune Lemolles, par exemple, se font un orgueil de leur sagesse monastique.

« L'idée de me fiancer à dix-huit ans pour me marier cinq ou six ans plus tard ne m'effraie pas.

« Mais alors, questionnai-je, puisque vous êtes au fond si calme dans votre jeune célibat, pourquoi cette alliance prématurée avec une femme ?

« « Oh ! vous sentez bien, répliqua-t-il, que c'est justement pour cela. »

« Oui, il avait raison, je devinais, je comprenais. Un dégoût à l'avance pour la bohême de l'amour; une vague peur de céder tout de même à la tentation; l'idée, commune parmi les jeunes Anglais, qu'une affection sérieuse est une défense.

« Le mariage jeune et, avant le mariage, des fiançailles longues et sérieuses. »

Autre trait encore, tout proche de celui-ci et fraternisant avec lui, une grande indépendance de l'opinion chez les jeunes. Plus on se soumet à l'ordre, à la discipline, plus on s'affranchit. Pas l'ombre d'un paradoxe en ceci. L'ordre est un maître unique, l'opinion un tyran aux cent têtes. Celui qui vit selon l'ordre n'obéit qu'à un seul commandement qu'il sait très sage; celui qui dépend de l'opinion est soumis à une foule de maîtres, aussi despotes que bizarres. En aiguillage sur l'ordre, une existence dirigée d'après des principes solides, entraîne donc l'indépendance, constitue donc une liberté vraiment libératrice. Des plus petites aux plus grandes choses, cette liberté s'affirme.

A propos des merveilles accomplies en août 1914, un écrivain a fait cette remarque : « En redevenant tout à fait française, l'âme nationale se retrouve catholique. »

Et encore : « Le réveil des énergies chez un peuple a d'ordinaire, pour accompagnement, bien plus, pour déterminant, un réveil du sentiment national. C'est parce qu'une nation reprend conscience d'elle-même, de sa valeur, de son caractère, de son idéal, de sa destinée, qu'elle secoue sa torpeur et se remet à vivre. Elle s'est souvenue qu'elle est une nation et elle ne veut pas périr (1). »

On pourrait dire tout aussi bien qu'en redevenant catholique, la France était redevenue vraiment française, et que le réveil national lui-même n'avait été déclenché que par le réveil religieux.

Dès le début du renouveau chrétien, le patriotisme commence à s'affirmer. La France est la mère bien-aimée qu'on sert à toutes les heures de la vie et pour laquelle on se tient prêt à mourir.

Mon pays, n'est-ce pas tous mes amours ensemble (2) ?

« La France est la passion seconde des jeunes, la première allant à l'autre patrie, celle des âmes. « Catholique et Français », cette conjonction marque, dans les persuasions de la génération nouvelle, une sorte d'équivalence. Pas de France solide, prospère, progressive, pas de France tout court, pas de France vraiment française sans le catholicisme accepté comme raison sociale, comme expression de l'histoire, comme maxime pratique pour la vie de notre pays (3). »

Qu'on se rappelle où en étaient, après l'Affaire, « la maudite affaire », le patriotisme, l'amour du drapeau, le service militaire... dans le cœur de beaucoup de Français. Il était temps que se produisît une réaction patriotique. Tout naturellement,

(1) ETUDES, 20 mars, *Patriotisme, Impérialisme, Militarisme.*
(2) Claude Lefilleul, *Réflexions et lectures*, Mon pays.
(3) *Revue des Jeunes*, 10 janvier 1917. Nouvelle étape.

elle jaillit du retour à la foi. Les clartés et les enthousiasmes de la foi resplendissent sur toutes les grandes idées et sur tous les nobles sentiments, les éclairent et les réchauffent. Qui dira ce que la France doit de reconnaissance au catholicisme pour les prodiges qui se sont accomplis au commencement et dans tout le cours de la guerre? Qui dira la puissance du rayonnement qui de tous les jeunes chrétiens, toujours fortement attachés à l'idée de Patrie, se propagea dans toute la jeunesse française, et la conduisit si héroïquement aux plus grands sacrifices?

Chez eux, le sentiment patriotique s'était vite mué en action. Un fait entre autres! Le moyen de ne pas le citer pour quelqu'un qui écrit dans cette Ecole même où il prit naissance et d'où il eut sa répercussion dans toute la France. C'est de la *Ligue des jeunes amis de l'Alsace-Lorraine* que je veux parler. Le fondateur et les trois premiers présidents furent des Postards. Quelle fut l'origine de cette Ligue? Le troisième président, celui qui a fait la fortune de la Ligue — les deux premiers ne firent que passer — la raconte ainsi dans le premier numéro du Bulletin :

« C'était en 1910. L'abbé Weterlé, après deux mois de villégiature forcée dans une prison allemande, éprouva le besoin de venir se retremper à Paris, au contact d'une atmosphère plus libérale. Quelques jeunes gens se groupèrent alors pour lui offrir un guerrier de bronze, en souvenir de sa captivité et, au cours d'une petite réunion, le vaillant lutteur alsacien parla de l'union nécessaire; c'en fut assez pour déterminer presque spontanément chez ses auditeurs l'idée du monôme des étudiants à la statue de Strasbourg, qui se déroule maintenant chaque année dans un imposant silence.

« Un an plus tard, venait le tour de Henri Zislin, le spirituel caricaturiste, coupable d'avoir fait un dessin jugé dangereux pour la sécurité de l'Empire. A sa sortie de prison, il vint également à Paris, où une souscription faite pendant sa captivité, dans quelques lycées et collèges, permit de lui offrir un buste représentant l'Alsace; ce simple geste fut la genèse de notre groupement. »

Quel en fut le but? Donnons encore la parole au jeune président :

« Français, pensons à l'Alsace-Lorraine : il est nécessaire pour notre richesse et notre sécurité nationales de la reconquérir.

Français, pensons à l'Alsace-Lorraine; ce n'est pas seulement l'honneur de nos armes qu'il nous faut venger; il y a autre chose à côté de la question de revanche. Il y a, dans la nouvelle province d'Alsace-Lorraine, deux races en présence trop différentes pour jamais fusionner. Accepterez-vous que le peuple conquis souffre toujours de son contact avec le peuple vainqueur?

Français, pensons à l'Alsace-Lorraine : ne faisons pas preuve d'une fausse générosité en l'abandonnant à la paix de l'Euorpe, c'est sa situation actuelle qui est un obstacle à la paix. Et s'il en est parmi nous qui, plus humanitaires que patriotes, répugnent à l'idée d'ensanglanter l'Europe pour reconquérir notre bien, ils ne se refuseront pas à envisager une échéance qui doit inévitablement se produire, et ils sauront s'y préparer.

Ils ne se refuseront pas non plus à combattre pour

un peuple malheureux, quand ce peuple est français et après que la France a si souvent versé le sang de ses enfants pour la défense de peuples opprimés qui lui étaient totalement étrangers. »

Un appel vibrant fut lancé dans presque toutes les écoles secondaires de France. Parent du comte de Mun, le jeune président annonçait une éloquence qui n'était pas sans rapport avec celle du grand orateur. Il parla dans plusieurs grandes villes de France, cherchant à tourner les yeux et les cœurs vers l'Alsace et la Lorraine.

Au courant de ce qui se préparait par delà les frontières, il connaissait les menaces qui planaient sur la France et il s'étonnait de voir comment nous nous laissions germaniser du haut en bas par l'enseignement universitaire. Avec ses jeunes amis, il projetait de fortifier la France en groupant une fédération de jeunes Français désireux de sauver leur pays et, pour cela, décidés à perfectionner leur être physique et moral. Ce sera leur manière de servir, en attendant la lutte et le sacrifice sur le champ de bataille.

CHAPITRE VII

LES CAUSES DU RENOUVEAU

Après avoir constaté l'existence d'un renouveau catholique et noté ses caractères, notre étude est loin d'être achevée. Il reste, en effet, à rechercher les causes et à observer les résultats.

A connaître les causes, il y a une joie que chantait déjà Virgile dans le vers fréquemment cité :

Felix qui potuit rerum cognoscere causas.

Nous avons le désir de savoir, mais notre science est très bornée aussi longtemps que nous ignorons la source des choses. Tout ce qui existe est tellement dépendant de ses origines, non seulement dans son être même, mais dans ses modalités d'être!

Une remarque préliminaire : dans le mouvement des jeunes, tout ne vient pas des jeunes. Quelle erreur il y aurait à contredire! Et quelle simplicité!

Dans l'enivrement qui les transporte et dans la joie de l'éloge, quelques jeunes ont pu croire que leur génération formait, dans l'océan de l'humanité, un îlot détaché, et qu'aucune barque venue de loin ne leur avait apporté le fond du trésor qu'ils ont fait valoir. Génération spontanée, alors? Les savants n'admettent pas ce phénomène. Ni les historiens, ni les philosophes. De toute nécessité, le présent possède des attaches avec le passé; et la fleur suppose la tige. Quand, dans les champs de l'histoire, éclôt une moisson d'âmes héroïques ou saintes, c'est toute la race, depuis ses moments les plus reculés, qui a contribué à fournir les germes glorieux. En entrant dans la mer pour y perdre ses eaux, le fleuve, malgré une course si longue et tant de péripéties survenues, doit toujours sa vie et sa beauté au flot premier, si modeste qu'à peine on le remarque. Vouloir ignorer la tradition ou prochaine ou ancienne, c'est s'isoler de la vérité qui n'est pas d'aujourd'hui et méconnaître la principale loi de l'existence qui est la transmission.

Saluant l'arrivée au front des jeunes recrues de la classe 1914, « l'étoile de notre destin, le signe du salut national... le bel astre que nous appelions avec la certitude qu'il apparaîtrait sur le bord du ciel nocturne », M. Maurice Barrès écrit : « C'est une jeunesse héritière en même temps que novatrice (1). »

Cette expression nous plaît pour caractériser le mouvement extérieur qui nous intéresse. Nous y voyons d'abord un héritage : « Le grand fleuve d'héroïsme, que l'on croyait perdu et glissé sous la terre de France, coule de nouveau à pleins bords, continue Barrès... La jeune plante n'aime pas l'ombre, la défaite; elle va vers le soleil, se nourrit de lumière et de gloire. » Tel est bien aussi le fait du renouveau catholique: l'antique foi des pères, des apôtres régionaux, des apôtres du Christ et du

(1) *Echo de Paris*, 11 décembre 1914.

Christ lui-même. A certaines époques, son flot se cache sans s'interrompre; mais toujours impatient de se répandre sous la lumière, il jaillit dès que s'offre une issue, avec la force que donne la compression.

« Les jeunes gens d'aujourd'hui s'imaginent volontiers, — ainsi parle M. Edward Montier, — que le mouvement est né d'hier et qu'ils en sont les seuls auteurs (est-ce bien vrai ?). Il faut leur enlever une présomption et leur ménager un refuge; il faut qu'ils sachent bien qu'il n'y a point de générations spontanées dans l'éclosion des idées, pas plus que dans l'éclosion des êtres, que tout se transmet et que la vérité est dans la tradition. Il faut qu'ils prennent conscience de leur solidarité apostolique avec tous les grands catholiques qui les ont précédés, et par eux avec toute la lignée des héros et des saints de l'Eglise universelle, en laquelle habite toujours vivant le Christ, qui est lui-même le Fils de Dieu (1). »

Dans cette lignée glorieuse, M. Edward Montier, nomme Lacordaire, Montalembert, Ozanam. « Ce sont eux, dit-il, qui ont amené la renaissance catholique contemporaine. »

De son côté, M. H. Lavedan fait ces observations:

« Nous savons par expérience que le peu de bien qui subsiste en nous n'a pas une origine locale et spontanée et qu'il n'est pas un effet du hasard... Il arrive d'ailleurs. Il est un don de nos mères, de nos parents, de nos rares amis, la fleur et le fruit d'une éducation spirituelle, le résultat d'un tendre acharnement; il a été fourni par une longue série de sagesse et de bonté, de leçons et de conseils, et surtout d'exemples (2). »

(1) *Revue des Patronages*, Edward Montier, mai 1914, p. 36.
(2) L'ILLUSTRATION, 15 mai 1915, *S'oublier*.

Au commencement était Dieu. Parole de tout début. Au commencement étaient Dieu, Jésus-Christ, la grâce, l'Eglise. Explication première de tous les phénomènes surnaturels qui, à un moment ou à l'autre, sous une forme ou sous une autre, se présentent aux regards. Au commencement était telle ou telle institution, tel ou tel messager de Dieu : raison d'être de l'excellence d'une âme, d'un groupe d'âmes, d'une foule d'âmes, aspirant, comme du même élan, à une action concordante.

Des influences extérieures apparaissent, des hommes s'agitent, des événements passent. Mais tout cela sous l'action de Dieu. Tout l'apport des hommes et des choses ne constitue qu'une préparation éloignée et n'agit que comme cause seconde. Ce n'est l'œuvre ni de celui qui entreprend ni de celui qui court, mais de Dieu qui est miséricordieux. Et, le plus souvent, la grâce divine est attirée par quelques âmes humbles et pures qui vivent cachées, prient, souffrent et s'immolent dans l'ombre.

Pour donner les causes du renouveau catholique, nous nommerons donc, après la grâce de Dieu et la collaboration des jeunes, certaines institutions et certains hommes. Nous sommes, d'ailleurs, bien assurés de ne dresser qu'une liste incomplète. A côté de l'extrême diversité des âmes, il y a encore une diversité plus grande d'influence.

Ils sont aussi complexes que nombreux les motifs d'un pareil mouvement, et ce serait une étrange illusion de vouloir lui assigner une cause unique. Il faut se contenter de suivre le grand courant.

Reconnaissons tout d'abord que la jeunesse qui existait en France immédiatement avant la guerre fut, plus qu'une autre, privilégiée quant aux moyens d'assurer sa formation. Du ciel et de la terre, tous les anges semblaient accourir pour présenter aux enfants et aux adolescents des soutiens et des armes efficaces. S'ils firent mieux que leurs aînés, n'est-ce pas parce que les circonstances leur furent plus favorables?

Vers la fin de l'année scolaire 1912, M. d'Haussonville, présidant la séance de clôture des étudiants qui se réunissent au 104 de la rue de Vaugirard, disait :

« Vous savez que c'est un peu le tort de la vieillesse de parler toujours du passé. Elle dit volontiers : jadis... autrefois... et elle trouve le présent très inférieur au passé. Le vieillard est volontiers *laudator temporis acti*. Je ne crois pas avoir ce tort, et quand je compare la génération dont je faisais partie à la vôtre, je crois que la vôtre lui est infiniment supérieure.

« Quand j'étais jeune (cela ne remonte pas au déluge, mais avant la guerre), il y avait certainement des jeunes gens catholiques; il n'y avait pas de jeunesse catholique, et voici en quoi consiste la distinction. Certainement, il y avait des jeunes gens qui pratiquaient leurs devoirs religieux, qui vivaient d'une vie correcte. Les meilleurs étaient affiliés aux Conférences de Saint-Vincent-de-Paul, modeste institution qui faisait beaucoup de bien et qu'on a peut-être trop abandonnée; mais une jeunesse catholique embrigadée, résolue, défendant ses droits, ne se laissant pas marcher sur le pied, faisant à sa foi les sacrifices qu'il est nécessaire de faire, cette jeunesse catholique n'existait pas de mon temps. Elle existe aujourd'hui, c'est une immense supériorité. »

Le comte d'Haussonville ajoutait ces paroles qui

sont particulièrement intéressantes au milieu des circonstances actuelles :

« Comme je vous le disais il y a un instant, c'est une consolation pour nous de penser que vous serez nos héritiers. La génération à laquelle j'ai appartenu n'a pas été heureuse. En pleine activité, en plein cœur, elle a reçu le coup de la guerre, et, au lendemain de cette guerre, les efforts qu'elle a tentés n'ont pas été couronnés de succès. Plus d'un noble idéal auquel nous nous étions attachés, nous n'avons pas pu le réaliser. Nous espérons que vous serez plus heureux; nous voudrions pouvoir vous léguer des victoires, nous ne vous léguons que des espérances... On lègue ce qu'on peut.

« Vous êtes tous des lettrés, vous connaissez ces admirables vers où Lucrèce parle des hommes qui transmettent aux générations nouvelles les traditions de l'expérience et la science, et où il les compare à ces coureurs antiques qui se transmettent de main en en main un flambeau. Quand ils tombaient épuisés, ils le passaient à un autre, craignant toujours de le voir s'éteindre...

Et quasi cursores vitae lampada tradunt.

« Ce vers est tellement connu que j'éprouve quelque honte à le citer. Je le fais cependant, car nous vous passons ce flambeau que nos mains débiles n'ont peut-être pas porté assez haut. Vos jeunes et fortes mains le prendront, mais vous êtes plus heureux que les coureurs antiques, car eux craignaient toujours de voir s'éteindre cette flamme et cette lumière; et vous, vous n'avez pas cette crainte, car c'est votre dévouement, votre courage qui entretiendront cette flamme, et cette lumière, c'est celle de l'Evangile et de l'Eglise. »

Donc, les jeunes du XIXe siècle n'eurent pendant longtemps pour développer leur volonté et entretenir leur foi que les Conférences de Saint-Vincent-de-Paul. Et encore ces conférences ne leur présentaient-elles pas beaucoup d'attraits à cause de leurs cadres antiques. Peu à peu, on en était arrivé à ce point que d'estimables vieillards, vieillissant sur place dans le noble exercice de la charité, composaient toute l'œuvre qui, initialement, avait été fondée par les jeunes, comme soutien de leurs forces et emploi de leur activité. Aujourd'hui, au contraire, des œuvres s'élèvent partout en faveur de la jeunesse; les mains se tendent de tous côtés pour aider les jeunes à franchir les passages difficiles qui aboutissent à la virilité et conduisent au catholicisme pleinement connu et totalement pratiqué. Très bénévolement, le maître de la moisson a envoyé une armée de travailleurs pour préparer la terre, jeter la semence et empêcher l'homme ennemi de venir jeter la zizanie au milieu du bon grain.

Impossible d'exposer ou même de nommer toutes les institutions qui favorisèrent le renouveau dont nous exposons ici l'histoire; mais comment ne pas citer les Conférences de Saint-Vincent-de-Paul, la Liberté d'enseignement, les Patronages, la Fédération sportive des Jeunes, l'Association catholique de la Jeunesse française, le Sillon, le Rosaire vivant, la Liturgie, les Retraites fermées, les Semaines sociales?...

Quoique ces institutions soient connues des lecteurs, il sera bon peut-être de s'arrêter à considérer l'une ou l'autre d'entre elles.

PREMIERE PARTIE

LES INSTITUTIONS.

I

I. *Les conférences de Saint-Vincent-de-Paul.*

De toutes les œuvres qui, dans le cours du siècle dernier, offrirent aux jeunes une assistance toute bienveillante, l'œuvre des Conférences de Saint-Vincent-de-Paul demeure l'aïeule vénérable. En effet, depuis longtemps toutes celles qui la précédèrent, sont tombées. Tombée, la Congrégation du P. Delpuits; tombée, la *Société des Bonnes Etudes*, tombée l'Œuvre de l'*Avenir*...

C'est juger bien superficiellement des choses que de ne voir dans les Conférences de Saint-Vincent-de-Paul que ces deux aspects : une réunion par semaine dans une salle quelconque et la remise d'un bon de pain dans une famille pauvre. Ozanam et ses premiers compagnons voulurent autre chose et firent autre chose. Leur but — et il n'en est pas de plus grand — fut de rendre gloire à Dieu, par le perfectionnement personnel des membres, d'un côté, et, d'un autre côté, par l'assistance corporelle et spirituelle procurée aux pauvres. Si l'on examine le mécanisme habile et les rouages variés de l'Œuvre, on verra que les moyens employés sont bien de nature à conduire au but. Ainsi ont pensé de bons juges : Lacordaire, qui voyait dans l'exercice de la charité le moyen de conserver la foi et la vertu chrétiennes; Thureau-Dangin qui considère les Conférences de Saint-Vincent-de-Paul « comme la grande école de dévouement envers le peuple, la source de tout le mouvement social catholique du XIXe siècle; »; de Mun qui y voit « le signal de l'action populaire chrétienne. »

Examinons le fonctionnement d'une Conférence :

Il y a tout d'abord une société de jeunes gens faisant profession de catholicisme et s'appliquant à l'apostolat sous une forme spéciale.

Des réunions hebdomadaires ont lieu, dans lesquelles on prie, on fait des lectures de piété, on s'édifie par des échanges de vues charitables. Chaque année, les Confrères sont invités à une retraite; chaque trimestre, à une journée de récollection.

Ceci n'est qu'un premier aspect de l'œuvre. Il faut maintenant l'action à poursuivre vis-à-vis de la famille visitée. Mais visitera-t-on cette famille? Une considération et une enquête préalables s'imposent : la Conférence a-t-elle des ressources suffisantes pour accepter une autre famille? Et la famille en question offre-t-elle les conditions voulues pour être acceptée? Il s'agit de connaître l'état de la caisse. On l'oublie parfois, c'est surtout aux œuvres catholiques que s'applique la leçon incluse dans la parabole, racontée par Notre-Seigneur, qui commença à bâtir et ne put achever. Ici, une interrogation : Faut-il visiter plus de familles pour essayer un plus grand bien, ou en visiter moins, pour agir plus efficacement? Autre interrogation : Sur quoi se baser pour le choix des familles? Sur la constatation des besoins physiques et moraux. Observer que les familles les plus nombreuses présentent un intérêt tout particulier : elles sont plus méritantes et il y a plus de bien à faire au milieu d'elles.

Quand est venu le moment de la visite, il est bon de s'y préparer rapidement par la prière et par quelque courte réflexion. « Ce que vous ferez au plus petit d'entre les miens, c'est à moi-même que vous le faites ». C'est donc Notre-Seigneur Jésus-Christ que l'on va voir. On salue avec bonté, on s'assied, on s'informe de chaque membre de la famille, on sait tous les prénoms. On parle des choses courantes, et aussi des fêtes, et aussi de l'Evangile du dimanche, des événements paroissiaux, depuis les plus simples (qui a prêché? sur quoi? qui a chanté la grand'messe?) jusqu'aux plus importants (la première communion, les missions, les adorations).

On remet les secours matériels : bons de pain, de viande, de lait, de fourneau. Souvent les Conférences ont des bons particuliers : bons de bouillon, de vêtements, de linge, de bain, dons ou prêts de draps, de couvertures.

La visite, le bon, c'est tout et ce n'est rien; c'est l'axe nécessaire; mais que de rayons s'y fixent et en procèdent, que les membres des Conférences appellent : « Les aides de nos œuvres spéciales ». Quelles aides? Quelles œuvres? A propos du secours minime distribué chaque semaine, on a souvent adressé aux confrères de Saint-Vincent-de-Paul le reproche d'éterniser la misère. A ce reproche, ils répondent précisément par les aides qu'ils fournissent aux familles et qui dépassent de beaucoup les simples bons. Impossible de nommer toutes ces aides. Il y a d'abord les institutions propres à la Conférence, puis celles qui existent au dehors mais que la Conférence indique et auprès desquelles elle intervient par le moyen de son Secrétariat. Il y a le Bureau de Bienfaisance, l'Œuvre de la Mutualité maternelle, les patronages, les asiles, les vestiaires, la bibliothèque, les funérailles chrétiennes des indigents. Il y a, sous formes de conseils et d'interventions, l'aide professionnelle et sociale, pour aider les ouvriers à se perfectionner dans leur métier, pour les amener à s'élever dans l'échelle sociale sans brûler d'étape ou du moins à procurer à leurs enfants une situation meilleure.

Aucune question plus importante que celle du logement. Avec un logement stable, spacieux, hygiénique, la santé et la moralité des pauvres sont assurées. Que ce soit de plus un foyer chrétien, par les pensées et les sentiments que l'on s'efforcera d'inculquer aux pauvres, mais d'abord par des images évocatrices de religion : le Crucifix, l'image du Sacré-Cœur, celle de la Sainte Vierge. Les jardins ouvriers sont le complément du foyer, le lien charmant des réunions de famille aux jours de fête. Ils détournent le père du cabaret, et les enfants du danger des fêtes qui en été se renouvellent chaque dimanche et séparent souvent les enfants des parents.

Parce qu'il rend beaucoup de services matériels, le Confrère sera mieux accueilli lorsqu'il en viendra à la partie spécialement surnaturelle de sa mission, lorsqu'il parlera de la prière en commun à faire dans la famille, du devoir dominical, de l'éducation chrétienne des enfants, de la fréquentation des écoles libres, du catéchisme, du patronage, de la première communion, de la confirmation.

Il est d'usage, dans les Conférences, d'inviter les familles à certaines messes, à certains pèlerinages où visiteurs et visités se trouvent au pied de l'autel devant le commun Père des cieux, s'édifiant mutuellement, priant les uns pour les autres.

Si nombreuses qu'elles soient déjà, les œuvres annexées aux Conférences de Saint-Vincent-de-Paul augmentent toujours. D'une part, la charité des Confrères est toujours en éveil, et, d'une autre part, ils cherchent à susciter au milieu des familles qu'ils assistent l'effort et l'initiative vers une vie plus active et plus morale.

De tout ceci, on peut dégager les résultats heureux que donneront les Conférences aux jeunes visiteurs : la conduite de l'enquête les habituera à la réflexion et à la prudence; l'association leur fournira des protecteurs, des camarades, et, peut-être, des amis; l'entrée dans la maison des pauvres les mettra en présence du malheur et les portera à remercier Dieu d'une situation privilégiée; le souci d'une famille à relever contribuera éminemment à faire faire au jeune homme l'apprentissage de la question sociale. La Conférence occupera le jeune homme non pas seulement parce qu'elle prendra chaque semaine une heure de son temps, mais parce qu'elle fixera un but très noble à l'emploi de ses facultés, intelligence, cœur, volonté et ôtera ainsi de son âme cette sensation de vide si terrible pour l'issue des luttes morales; l'exercice de la bienfaisance maintiendra sa vie sur les hauteurs et il voudra observer lui-même les conseils qu'il donnera aux autres. Et ce qui était le désir d'Ozanam, la vue du pauvre lui rappellera qu'un Dieu existe, qu'un Dieu a souffert, qu'un Dieu a été plus malheureux que l'homme qu'il visite. En portant aux déshérités l'aumône matérielle avec le trésor de la foi et de l'amour, le jeune chrétien consacre l'usage de sa fortune et mérite de voir s'augmenter la foi et l'amour qui sont déjà en lui.

Malgré le siècle d'existence qu'elles compteront bientôt, les Conférences gardent toujours la double vertu d'assistance des pauvres et de sanctification du riche, entrevue par ses fondateurs, et elles ont ont contribué, pour une bonne part, à susciter la récente efflorescence chrétienne; surtout depuis que, à côté des groupements de vétérans, se sont élevés d'autres groupements où seuls les jeunes sont admis. De plus, l'antique tige, toujours pleine de vitalité, a poussé des branches nouvelles. En ces derniers temps, des Conférences se sont formées parmi les jeunes ouvriers et dans les patronages, et l'on a vu « ces ligues touchantes de demi-pauvres qui prélevaient sur leur petit salaire de quoi assister et consoler de plus pauvres. »

II

LA LOI SUR LA LIBERTÉ D'ENSEIGNEMENT

Si nous n'avions résolu de suivre un ordre chronologique, nous aurions tout d'abord cité, au nombre des moyens d'action conférés à l'Eglise sur la jeunesse et parmi les causes du renouveau, la liberté d'enseignement. On sait combien difficile fut l'élaboration de cette loi, promulguée le 15 mars 1850, et le trouble, sinon la scission, dont elle fut l'occasion dans les rangs de l'armée catholique. De fait, la liberté dont il s'agit est bien limitée; elle est loin de reconnaître à l'Eglise la plénitude de ses droits. Aussi les « idéalistes », qui ne considéraient que le droit, prirent-ils vivement à partie les « réalistes » qui tenaient surtout compte des possibilités. On parla alors de « diplomates et de soldats »; dans quelles luttes ne faut-il pas des diplomates et des soldats? Le geste du soldat est toujours plus droit; est-il toujours plus décisif? « L'Eglise de France est dans un vrai péril, écrivait Mgr Parisis. Si le monopole triomphe, il est moralement impossible que nous n'arrivions pas à de grands malheurs pour la foi comme pour la paix publique. » Pour éviter ces grands malheurs, les « possibilistes », laissant la maxime du « Tout ou rien » s'efforcèrent de faire attribuer à l'Eglise, en fait de liberté d'enseignement, tout ce que permettaient les hommes et les circonstances d'alors.

Telle que, la loi du 15 mars 1850. met encore entre les mains de l'Eglise un merveilleux instrument pour former, dans la discipline du Christ, les jeunes générations françaises. Ce n'est plus tout à fait le temps dont parlait Montalembert, lors du procès de l'Ecole libre, devant les nobles Pairs, où les jeunes catholiques étaient réduits « à acheter un peu de science au prix de la foi de leurs pères, au prix de tout ce qu'il y aurait de pureté et de fraîcheur dans leurs âmes, d'honneur et de vertu dans leurs cœurs. »

M. Thureau-Dangin n'a rien exagéré, lorsqu'il a écrit dans son *Histoire de la Monarchie de juillet :* « La loi sur la liberté d'enseignement est le plus grand succès des catholiques dans ce siècle. »

D'après M. d'Hulst, cette loi fut en quelque sorte « le Concordat de l'Etat enseignant et de la France libre et croyante ». A peine cette loi est-elle votée que l'on constate de toutes parts un rapide développement de l'enseignement catholique. En moins de deux ans, deux cent cinquante-sept établissements catholiques d'instruction secondaire sont fondés. Déjà, en 1853, les Jésuites comptent, pour leur part, plus de vingt maisons d'éducation. Beaux chiffres, certes! Le résultat moral est-il en proportion? Un règlement, des édifices, des dotations ne suffisent pas à faire une école. Au-dessus de tout cela, il faut une idée inspiratrice, un but élevé, un idéal vivant qui anime les professeurs et les élèves. Faute de quoi, tout le reste n'est rien. De Dieu à Dieu, tel est l'idéal que doivent fixer maîtres et élèves. Cela fut-il toujours dans nos collèges? Non, répondent certains esprits critiques. De ce nombre fut jadis Louis Veuillot. N'aimant pas les catholiques qui avaient contribué à faire voter la loi (Falloux, Montalembert, Dupanloup), il ne pouvait, en bonne logique du cœur, aimer l'œuvre sortie de cette loi. Et quand on n'aime pas, on devient facilement injuste. Il dit dans une de ses lettres, à propos des élèves de nos petits séminaires : « Ils avaient de meilleures mœurs; ils ne savaient pas mieux le latin et pas mieux le chrétien. » (*Correspondance*, t. V, p. 386.)

Cependant les faits tiennent un autre langage. Ce n'est pas en vain que les prêtres et les religieux ont élevé la moitié de la bourgeoisie française. De ce fait, les idées religieuses, qui n'ont jamais cessé d'exister en France, trouvèrent une atmosphère favorable; la jeunesse grandit dans une sorte de familiarité avec la prière, avec les leçons de l'Evangile; Dieu, le Christ, l'Eglise animèrent de leur souffle tous les enseignements des maîtres; l'enfance et l'adolescence s'habituèrent à écouter et à respecter les prêtres et les religieux dont ils recevaient les leçons; peu à peu le catholicisme pénètre dans l'Université; la pratique religieuse est moins timide à Normale, à Polytechnique, à Saint-Cyr; les professeurs de Sorbonne sont obligés de tenir compte de leurs auditeurs catholiques; et, jusque dans les lycées, où l'instruction religieuse était obligatoire, l'attitude du maître est plus bienveillante, le ministère des aumôniers est moins entravé, et les élèves qui ont conservé la foi craignent moins de manifester leurs convictions. Quant aux Conférences de Saint-Vincent-de-Paul, elles se recrutent plus facilement. Enfin, des lueurs d'espérance apparaissent à tous les points de l'horizon.

Est-ce à dire qu'on n'eût pu mieux faire? On

peut toujours mieux faire, et il ne faut jamais cesser de tendre au mieux. Dans nos collèges chrétiens, tout professeur doit se dire : « Je puis faire davantage, tant au point de vue de l'enseignement qu'à celui de l'éducation. Comment m'y prendre pour progresser? » On a dit que le don d'enseigner se compose de trois éléments : « Faire comprendre, faire admirer, faire aimer. » Mais il est d'abord nécessaire de comprendre, d'admirer et d'aimer soi-même. Enseigner ainsi c'est déjà éduquer. Après ces préliminaires, l'éducation se complète en apprenant peu à peu, chaque jour et toujours, aux élèves que le devoir, sous ses différents aspects, est le tout de la vie, et que, pour remplir le devoir, il faut être prêt à tous les sacrifices. Un reproche que l'on fait souvent à l'éducation française, c'est de ne pas habituer les volontés à la discipline, de ne pas leur inculquer suffisamment l'énergie, le « ton ». Cependant, sans discipline et sans énergie, toute l'œuvre de l'éducation fléchit et tombe. Que l'éducateur, pétrisseur d'âmes, mêle le ferment de force à toute son action.

Mais ce reproche n'est-il pas exagéré? Oui, si on regarde le merveilleux spectacle qu'offre, dans la guerre, la jeunesse sortie de nos collèges. Elle sait se dominer et vouloir, agir et s'abstenir, combattre et mourir.

C'est l'endroit de parler de la contribution qu'ont apportée les Humanités au mouvement que nous étudions. Faites sous la direction de maîtres chrétiens, qui savent appliquer le précepte de saint Paul : « *Omnia et in omnibus Christus*, le Christ est toute chose et en tous », les Humanités servent à développer l'homme, lui apprennent à mieux connaître et aimer son semblable et le disposent à s'élever plus près de Dieu. « Devenir classique, c'est devenir plus honnête », observe M. Barrès. Et sur cette base de l'honneur, s'édifie plus solidement le surnaturel. Au souvenir des jeunes Normaliens, morts pour la France, au cours de cette guerre, M. Léon Cury fait cette remarque :

« En tombant comme ils sont tombés, ils ont porté témoignage pour les Humanités, source de force morale, et les simples mêmes qui les voyaient mourir sont devenus en les imitant les débiteurs d'une culture qu'ils ignoraient. N'est-ce pas assez prouver qu'une de nos tâches prochaines sera de restituer leur prestige aux antiques disciplines dont la guerre a si cruellement, mais si glorieusement vérifié la vertu éducatrice et la bienfaisance morale (1). »

Les auteurs et les premiers bénéficiaires de la loi de 1850 se rendaient compte que leur œuvre avait besoin d'un couronnement, qu'elle n'aurait toute son efficacité et que la pensée catholique ne pénétrerait tous les esprits instruits ou populaires qu'avec la liberté de l'enseignement supérieur. Ils eurent le bonheur de voir voter la loi de 1875. Une arme précieuse était mise entre les mains des catholiques.

L'Université catholique donne un enseignement chrétien. Les maîtres, la doctrine, l'esprit, s'inspirent de la révélation que Jésus-Christ nous a donnée; au lieu que, dans les autres chaires, le sectarisme violente trop souvent les programmes, et s'ef-

(1) ECHO DE PARIS, 8 juin 1918, *Unus e paucis.*

force, par des applications et des explications erronées, de faire conspirer les sciences exactes elles-mêmes contre nos dogmes.

Avec la note franchement chrétienne de l'enseignement, les jeunes gens trouvent dans les maîtres des Universités catholiques une compétence et des titres égaux à ceux des professeurs de l'Etat. Et ce n'est pas être injuste à l'égard de ceux-ci d'affirmer que les maîtres chrétiens possèdent un dévouement plus grand, ne serait-ce que parce qu'ils connaissent mieux le prix des âmes.

Un autre avantage des Universités catholiques est de pouvoir offrir aux jeunes étudiants qui s'y présentent des camarades qui ont la même foi, la même éducation, les mêmes pratiques religieuses, les mêmes vues et les mêmes aspirations touchant l'emploi de la vie. Impossible d'ignorer, hélas! quelles chutes lamentables, dans nos grandes villes, parmi la jeunesse des écoles, sont dues aux mauvaises fréquentations. Ils sont nombreux les jeunes gens qui pourraient caractériser leur manière en disant : *Agimur, non agimus*. Puisque beaucoup d'entre eux pensent par les autres, parlent et agissent par les autres, il n'est pas indifférent que ces autres pensent, parlent et agissent bien.

D'ailleurs, l'influence de camarades choisis n'est pas seule à s'exercer. Les maîtres, eux aussi, interviennent dans la formation morale. Ils observent, dirigent, redressent; pères très dévoués et très tendres, plutôt que censeurs moroses et importuns. Une des gloires et un des charmes de nos Universités catholiques consistent dans les relations affectueuses et même amicales qui se nouent souvent entre maîtres et élèves. Des vies ont été totalement orientées vers le bien et même marquées pour la gloire, par la rencontre d'un maître vénéré qui s'est incliné vers un disciple, l'a deviné, l'a révélé à lui-même, l'a aiguillé vers la science et vers le dévouement.

L'Université catholique, c'est encore la proximité du confesseur et du directeur, le voisinage d'une chapelle, la facilité de la communion fréquente, l'accès toujours ouvert d'une bibliothèque, l'initiation aux œuvres, lesquelles sont plus préservatrices encore pour ceux qui s'y dévouent que pour ceux qui en sont l'objet.

Il n'est pas jusqu'au côté matériel, secondaire mais toujours important, surtout pour des jeunes, qui ne soit mieux assuré qu'ailleurs : les maisons de famille, attachées à nos Universités catholiques, fournissent à leurs clients une chambre, une table, des dépendances plus appropriées. C'est bon et peut-être nécessaire, à cet âge plus qu'à aucun autre, de rencontrer la grâce avec la force, les fleurs avec le pain.

A Paris, il y a, en particulier, quatre maisons de famille qui sont fréquentées par les étudiants catholiques : celle de la rue Cassette, celle de la rue du Luxembourg, celle des Francs-Bourgeois, et celle du 104 de la rue de Vaugirard, dite Cercle Montalembert.

Nous avons sous la main les statuts de cette dernière. Nous en détachons ces quelques pages :

« La *Réunion des Etudiants* ouverte à tout jeune homme chrétien, est une association qui s'occupe d'études religieuses, littéraires, scientifiques, philosophiques et sociales.

Elle a été fondée en 1895 par un groupe d'étudiants, qui, animés d'une même pensée, se sont réunis pour s'encourager à une vie sérieuse faite de piété, de travail, d'honnêtes et agréables récréations. Dès le début l'œuvre a été et reste affiliée à l'*Association Catholique de la Jeunesse Française.*

Les résultats obtenus jusqu'à ce jour ont répondu aux espérances de la première heure. Nombre de jeunes gens sortis de l'œuvre occupent déjà des situations élevées et se montrent dans la vie, hommes de convictions profondes et de dévouement absolu à la cause du bien.

Aussi, la réunion des étudiants est-elle considérée par tous ceux qui la connaissent comme une œuvre de haute portée morale, un complément précieux de l'éducation de la famille et du collège.

Ne serait-ce pas pour avoir négligé ce nécessaire complément que tant de parents se désolent et que tant de jeunes gens perdent le droit de vivre à l'heure de commencer leur vie ?

L'étudiant arrive à Paris grisé de sa liberté, plein d'illusions et vide d'expérience. A un entresol ou sous les combles, il se loge. Pour horizon, une cour déplaisante à la vue et à l'odorat ou des toits plantés de cheminées.

Dans sa chambre, peu d'air et de lumière, dans son âme l'ennui; au dehors, sur son palier, la tentation. — La *Réunion des Etudiants* assure à ses membres un logement agréable, un vaste jardin, le calme d'un quartier tranquille comme une ville de province et cependant le voisinage des Ecoles.

L'étudiant arrive à Paris seul, sans camarades, sans amis. Il recrute sa compagnie au hasard du cours, du restaurant et du boulevard. Et c'est merveille si cet inconnu d'hier est le soutien d'aujourd'hui, de demain et de toujours. — A la *Réunion*, il y a foule d'étudiants de même âge, de même partie, de même éducation, ayant tous un air de famille, des souvenirs communs et de communes ambitions.

L'étudiant arrive à Paris pour travailler. Mais pour travailler, il faut des livres et il n'a que les lointaines bibliothèques publiques; il faut des discussions qui développent l'enseignement reçu. et il n'a que les rares exercices de la Sorbonne et de l'école de Droit; il faut des conseillers qui aident à vaincre l'obstacle et il n'a que des examinateurs. — A la *Réunion des Etudiants*, conférences de droit, de médecine, de pharmacie; *Conférence Saint-Paul* qui discute le problème du jour; *Conférence Saint-Thomas* qui étudie la philosophie dans ses rapports avec les autres sciences; *Conférences d'Etudes sociales* dont le nom dit l'objet et dont le président, M. Georges Goyau, fait un foyer unique de saine sociologie. Et comme conseillers, les célébrités des arts, des sciences, de la médecine, du droit et des lettres.

L'étudiant qui arrive à Paris ne sait comment se récréer. Il a la rue et ses spectacles, la brasserie avec ses bocks et ses billards, le théâtre qui aiguise sans se lasser la naturelle sensualité de l'auditeur contre la sensualité recuite de l'auteur. — A la *Réunion*, il y a des jeux de plein air : le tennis, le croquet, et des jeux d'intérieur : le billard, l'escrime, la photographie, la peinture, un théâtre et une symphonie.

L'étudiant qui arrive à Paris perd vite le chemin de l'Eglise, l'intégrité de ses mœurs et l'intégrité de sa foi. — A la *Réunion*, Dieu règne à la chapelle, dans la maison et sur les âmes. Les deux prêtres dévoués qui dirigent cette œuvre sont des conducteurs d'âmes. Ils les veulent libres, hautes et de vie religieuse intense.

Il manquait à cette œuvre un complément, une revue. La revue existe. Elle s'appelle la *Revue Montalembert*, et elle est de tous points digne du grand nom qu'elle porte et de la *Réunion des Etudiants* dont elle est l'organe. »

III

La Fédération gymnastique et sportive des Patronages de France

Un jour de 1899, l'un des plus célèbres médecins de Paris, le docteur Paul Michaux, réfléchissant à la force immense qui était en réserve dans les multiples patronages qui s'élevaient en toute région de France, songea à les fédérer.

Sa pensée ne mit pas longtemps à mûrir et à se préciser. Sans tarder, il fonda la Fédération sportive des Patronages de France.

Croyant et patriote, il voulut faire une association de croyants et de patriotes. A ses yeux, le sport n'était pas un but, mais un moyen. Un moyen de développer la vigueur physique, un moyen de se former à la discipline, un moyen de favoriser une noble émulation en luttant pour le triomphe d'une équipe. Un moyen de fortifier la volonté et la confiance en soi. « Ce que j'estime surtout dans les sports, a écrit M. Bergson, c'est la confiance en soi qu'ils procurent à l'homme qui les cultive. » (*Gaulois*, 14 juin 1912, Réponse à l'enquête de M. Jules Bertaut). Un moyen de conserver la chasteté. De trois façons : un exercice modéré, en activant et régularisant la circulation du sang, éloigne les excitations troublantes de l'organisme; la fréquentation de camarades énergiques et l'activité créent autour du jeune homme une atmosphère plus saine; enfin, le membre de la Fédération tient à garder ses forces intactes pour les employer dans la lutte et concourir à la victoire de son groupe. Ainsi pensait Guynemer dont M. Henry Bordeaux a écrit : « Ce Guynemer intact, va-t-il peu à peu se laisser pénétrer et griser par l'excès incessant des hommages? Son père, un jour, s'en inquiète, mais il a deviné et il rit : « Rassurez-vous. Je garde mes nerfs comme un acrobate ses muscles. Je me suis donné à ma mission. » Et cette pensée aide le chrétien dans la résistance au mal.

C'est déjà à une élite que s'adressait le docteur Michaux lorsqu'il fonda sa Fédération gymnastique et sportive des Patronages de France qu'il appelle aussi tout simplement « les Jeunes ». Il perfectionna encore cette élite par l'entraînement procuré à ses membres; il fit de ceux-ci, autant qu'il le put, des soldats vaillants et des croyants sincères.

Sans doute ne savait-il pas préparer pour une guerre prochaine de splendides guerriers. Mais, depuis quatre ans, « les Jeunes », au nombre de 200.000 environ, se battent en héros. Pleins d'endurance et d'élan, connaissant leur métier, l'ayant en quelque sorte dans le sang, ils sont de plus persuadés qu'il importe de triompher plutôt que de survivre. Là encore et plus que jamais, ils gardent l'amour de la Fédération et savent qu'il faut lui faire honneur. Ajoutez à cela que partout où ils se trouvent, ce sont des entraîneurs.

S'ils désirent vivre, ils sont aussi prêts à mourir, heureux alors d'offrir le sacrifice de leur vie en holocauste, pour la victoire de la France; pleins d'espoir de trouver l'immortalité par delà le tombeau et d'échanger la terre pour le ciel.

Déjà près de 20.000 ont succombé et sont entrés dans la vraie vie.

Quelles belles pages on pourra écrire sur eux, aux heures de la paix!

Leur histoire d'avant-guerre était belle, mais plus belle encore est leur histoire de guerre. Deux courts épisodes de cette double époque, que j'emprunte à Mgr Lavallée, recteur de la Faculté de Lyon :

« Le 19 juillet 1914, treize jours avant la déclaration de guerre... huit mille gymnastes catholiques de cent cinquante Sociétés de préparation étaient réunis à Roanne. Le maire, la municipalité avaient donné toutes les autorisations. Le docteur Michaux était venu présider en personne. Le cardinal Sevin parut quelques heures. Tout d'un coup, ordre de la préfecture : le défilé en masse était interdit, les Sociétés devaient se disjoindre et laisser entre elles une distance de 150 mètres; les prêtres directeurs ne pouvaient y prendre part...

« Le sang français et l'honneur furent les plus forts. A un moment du défilé, l'avant-garde de la « Saint-Michel » de la Saulaie, ayant rejoint l'arrière de la Société précédente, les gendarmes de service, à contre-cœur, voulurent l'arrêter pour rétablir la distance préfectorale. L'abbé Bonnepart, directeur de la Saint-Michel, saisit un clairon et sonna la charge; la Société reprend le contact, les barrages sont partout franchis. Le défilé fut grandiose, avec un air de gymnastique pour de bon, et comme un avant-goût de guerre et de victoire... La journée finit en triomphe. Et chose nouvelle et précieuse, un jeune prêtre était emprisonné pour la cause de la liberté. »

....

Au matin du 24 juillet 1915, à Launois, au cours d'une attaque, le caporal Bonnepart est blessé deux fois. Il continue de marcher à la tête de ses hommes. Sur le bord de la tranchée ennemie, il tombe, mortellement frappé.

IV

L'Association catholique de la Jeunesse française

« Il y a vingt-six ans, quand ils fondèrent l'*Association*, nos Anciens croyaient fortement, ils aimaient ardemment, ils agissaient résolument. Ils croyaient en Dieu, ils croyaient en la patrie, ils croyaient en l'âme populaire, et, pour Dieu, pour la patrie, pour le peuple, ils agissaient, comme on agit quand l'action vient du cœur, en se donnant.

« Ils aimaient Dieu, d'un amour porté jusqu'au sacrifice, ils aimaient la patrie d'un amour exalté par la passion de son relèvement, ils aimaient l'âme populaire, d'un amour dévoué jusqu'au plus rude des apostolats. Et, pressés par ce triple amour, ils agissaient aussitôt en hommes, maîtres de leur volonté; ils agissaient pour Dieu, en s'enrôlant dans son armée, ils agissaient pour la patrie en la servant, chacun selon son état, ils agissaient pour le peuple, en affrontant, pour défendre sa cause, l'amertume des désaveux mondains, et celle, plus dure encore, de ses propres méfiances. »

Ainsi parlait M. de Mun, en avril 1912, aux membres de l'*Association catholique de la Jeunesse Fran-*

çaise. Il s'émouvait au souvenir déjà lointain des jours où avaient été posées les bases de cette œuvre. Si lui-même n'était plus jeune, à cette époque, il avait assez de flamme au cœur pour inspirer et soutenir les jeunes dans les croisades qu'ils entreprenaient « pour Dieu, pour la patrie et pour le peuple (1). »

M. de Mun passe le titre de président à Robert de Roquefeuil, mais il garde le mérite de fondateur. Bien qu'il ait répété plusieurs fois que les « Cercles ouvriers catholiques » étaient « la grande affaire de sa vie », cependant il se rendait bien compte que cette œuvre n'avait pas donné tous les fruits qu'il en espérait et, même, qu'elle avait échoué, dans une certaine mesure. Malgré cela, l'idée inspiratrice de l'œuvre lui semblait très féconde et, plus ou moins consciemment, il se demandait toujours si elle ne pourrait pas avoir une meilleure application. Il cherchait comment. Lors d'un voyage en Suisse, il vit fonctionner la « Société des Etudiants » de ce pays. Son dessein se précisa. A son retour en France, mars 1886, il groupa dans l'ancien appartement de Mgr de Ségur, transformé en chapelle, quelques jeunes gens qui étaient, depuis longtemps, les confidents de sa pensée. Ensemble, ils assistèrent à la sainte messe et firent la sainte communion, sous les auspices du saint prélat qui si longtemps avait été l'apôtre de la jeunesse. Au sortir de ce cénacle, ils se rendirent dans une salle du boulevard Saint-Germain, pour y prendre de solennels engagements et jeter les fondements de l'*Association catholique de la Jeunesse Française*.

(1) A. de Mun, *Vie Nouvelle*, 28 avril 1912, Lettre à l'A. C. I. F.

Quel était le but de la nouvelle création? Restaurer l'ordre social chrétien. Quelle en serait l'organisation? Une multitude de groupements de jeunes et une fédération de tous ces groupements. Quels seraient les moyens? La piété, l'étude et l'action. Quelle la base? Le dévouement total à l'Eglise et l'obéissance sans réserve à ses directions.

En fixant le but de l'Association, M. de Mun était fidèle à la grande détermination qu'il avait prise durant la captivité d'Aix-la-Chapelle et qui orienta toute sa vie : restaurer l'ordre social chrétien. Il veut réconcilier le travail avec le capital, ce qui est toute la question sociale. Il reprend en sous-main l'œuvre des *Cercles* et se propose de former, dans les classes appelées dirigeantes, des jeunes gens qui aillent au milieu des ouvriers, non pour les diriger, mais pour les aimer fraternellement. Ainsi, pense-t-il, se rapprocheront les classes; ainsi il n'y aura qu'une France, au lieu de deux France créées par la Révolution.

Les six jeunes gens qui entouraient M. de Mun, ce matin de mars 1886, ne mirent pas beaucoup de temps entre la résolution et l'action. Leur premier soin fut d'établir un lien fraternel entre tous les groupements de jeunesse qui existaient déjà et qui étaient éparpillés sur les différents points du sol français. Après quoi ils avisèrent à en fonder de nouveaux, suivant le programme donné par M. de Mun.

Quoi de plus fécond que la pensée qui préside à cette œuvre? C'est d'abord la force multiple de l'*Association* : les jeunes gens, qui se réunissent dans une localité, savent qu'ils font partie d'une armée immense, qui marche sous les mêmes drapeaux; que partout où ils iront, ils seront accueillis par des frères, chez lesquels ils trouveront la même consigne et les mêmes préoccupations. Par là les jeunes apprennent l'importance de l'association et profitent de ses avantages. Combien l'on se sent plus fort au milieu d'un groupement! Retirée de l'Océan, la goutte d'eau se dessèche en un instant; mêlée au flot immense, elle résistera jusqu'à la fin des siècles. Les grains de poussière sont vite balayés par le souffle des brises; s'ils forment bloc la tempête même ne les ébranlera pas.

Par là également se forme dans tout le pays une élite qui développe sa valeur en se concentrant, prend conscience de sa force et tend à composer une atmosphère où puissent mieux germer les pensées et les sentiments chrétiens.

Pensées, sentiments, actes chrétiens, tels sont les éléments qui composent la piété demandée aux jeunes, comme le premier point de leur programme. Le but de l'*Association* étant de faire régner Notre-Seigneur Jésus-Christ sur la société française, il est bien nécessaire que les promoteurs du mouvement soient les premiers à reconnaître cette royauté divine par tous leurs actes intérieurs et extérieurs.

Après l'étude de la religion, qui doit demeurer au premier plan de leurs préoccupations, les jeunes se sont délibérément tournés vers l'étude de la question sociale. Prédilection qui s'explique facilement, si on se rappelle les sympathies personnelles du fondateur et si on fait attention au but même de l'œuvre qui est de produire un grand mouvement social chrétien. On a observé que pendant le XIXe siècle, l'idéal poursuivi par la jeunesse avait été tour à tour celui de la gloire militaire, celui de la littérature, celui de la liberté...

« Nous sommes un peuple d'idéologues qui prend les idées pour des réalités. Avec l'idée de Liberté, nous nous laissons opprimer docilement; avec l'idée de Progrès, nous acceptons qu'on nous mène au hasard; l'idée de Démocratie nous fait encourager souvent les instincts les plus bas et les appétits les plus vils; et le peuple croit à sa souveraineté qui se fait chaque jour l'esclave d'ambitieux habiles à le servir. »

Devant la crise ouvrière et sous l'inspiration de Léon XIII, l'attention des jeunes catholiques s'est portée avant tout sur la question sociale, comme sur le point qui renferme le secret de l'avenir. Brisant avec la mentalité française qui est de rester dans le domaine de l'idée, de se lancer dans des déclamations sentimentales et creuses, de rédiger programme sur programme, mais de s'arrêter devant l'action méthodique et tenace, parce que cette action amène les difficultés dont on ne veut pas, les membres de l'A. J. C. passent sans cesse de l'étude à l'action.

L'étude est en vue de l'action, la piété sincère conduit également à l'action. C'est pourquoi on agit dans l'*Association* conformément à la règle fondamentale qui préside à toute action féconde : se tenir sur le terrain pratique. Ceux qui se trouvent déjà dans un milieu agricole ou industriel trouvent là un emploi naturel de leur activité; les autres peuvent déjà se devoir aux œuvres sociales plus générales : patronages, conférences de Saint-Vincent-de-Paul...

Chaque année, des congrès généraux ont lieu. De tous les points du pays, des bataillons de jeunes se dirigent vers la ville qui a été choisie pour les grandes assises de l'*Association*. Une croix de Malte, fièrement arborée sur la poitrine, désigne aux jeunes leurs amis et leurs frères. On étudie, on reçoit le mot d'ordre, on entend des orateurs au verbe puissant, on remplit les églises, on prie, on envahit la table sainte, on se forme en grandioses cortèges. Les cœurs se réchauffent à ces foyers ardents de foi religieuse et d'enthousiasme patriotique; chacun s'en retourne plus ardent vers son groupe, et la France, sillonnée incessamment par les allées et venues de sa meilleure jeunesse, sent bien que le catholicisme, loin de se tarir en elle, l'anime, au contraire, d'une sève plus vigoureuse.

En dehors de ces grandes manifestations, il y a les réunions hebdomadaires, réservées à la prière et à l'étude; il y a l'action quotidienne : exemple et entreprises de zèle. Une revue nouvelle, *les Annales de la Jeunesse catholique*, un journal, *la Vie nouvelle*, fournissent des programmes d'études, stimulent l'activité religieuse, enregistrent les faits, établissent des liens d'intime union entre les individus et les groupes.

Détail à signaler : en beaucoup d'endroits, les membres de l'A. J. C. vendent eux-mêmes leur journal dans les rues ou sur les places publiques, à la sortie des offices; ils se font camelots et chefs de camelots.

A l'action sociale dont nous parlions tout à l'heure, s'unit l'action proprement religieuse. Les membres de l'*Association* sont au sein de la société française de vaillants missionnaires du Christ, « ils exercent dans leur sphère un apostolat voisin du sacerdoce. Ils sont apôtres dans leurs familles, dans leurs paroisses, dans leurs cercles d'étude, dans leurs patronages, dans leurs ateliers; ils sont des apôtres dans leurs universités et leurs collèges catholiques, comme dans toute la floraison de leurs œuvres charitables... Leurs œuvres, faites dans la discipline et dans l'obéissance affectueuse aux évêques et aux aumôniers mandataires des évêques, sont à la fois des réponses et des remèdes : des réponses à l'erreur et à la passion antireligieuse, des remèdes au mal qui envahit de toutes parts (1). »

Qu'un pareil état de choses puisse fonctionner tranquillement pendant un certain nombre d'années et l'on atteindra un résultat considérable. Toute la jeunesse catholique du pays possédera une formation religieuse et sociale en vue d'une action disciplinée : il y aura valeur personnelle des adhérents et pénétration des principes chrétiens dans la masse de la nation.

Quelque chose est commencé, assez subsistant pour autoriser de grands espoirs. « L'*Association Catholique de la Jeunesse Française* sera le salut de la France », disait déjà le Cardinal Rampolla au président Bazire. Quelques années plus tard, le Cardinal Merry del Val écrivait au président et aux membres du Comité général : « Devant la fécondité de votre action et le chevaleresque entrain qui la distingue, le Souverain Pontife salue votre *Association* comme une grande espérance pour l'Eglise et pour votre Pa-

(1) *Lettre* du Cardinal Merry del Val, 24 sept. 1913.

trie. » Tout récemment, Benoît XV confirmait les témoignages précédents : « C'est sur cette *Association* que nous fondons les meilleures espérances pour l'avenir de la noble et généreuse nation qui pour nous est toujours la Fille aînée de l'Eglise. »

De fait, si on regarde la situation religieuse de la France, avant et après l'établissement de l'*Association, quel changement!* Il fut un temps où la jeunesse catholique n'existait pas. Parlant des années où il était écolier, Montalembert demandait : « Combien étions-nous de jeunes chrétiens, même dans les collèges les mieux famés? » Et il fait cette réponse : « A peine un sur vingt. » Grâce à Dieu et à l'*Association*, la proportion a notablement augmenté.

V

Le Sillon

Projeté sur les bancs du catéchisme, commencé dans la crypte de Stanislas, transporté avec deux de ses principaux fondateurs à l'Ecole Polytechnique, le Sillon ne tarda pas d'apparaître dans tous les champs de la France.

A l'époque de leur première communion, cinq enfants dont les plus actifs étaient Sangnier, Renaudin et Isabelle, s'étaient liés d'amitié et avaient conçu un grand rêve. Un jour, l'un d'entre eux s'était écrié : « Il faut sauver la France. » Aussitôt cette résolution fut admise par les cinq amis. Elle fut mûrie, comme les choses peuvent être mûries à cet âge. Au bout d'environ dix ans, un jour de l'année 1893, Marc

Sangnier étant élève du collège Stanislas, demanda au censeur, M. Leber, de réunir trois fois par semaine, dans la crypte de l'école, quelques élèves des différentes divisions.

Dès la première réunion, il traça les grandes lignes du programme qui devrait être l'objet des réunions : Sauver la France et, pour cela, se dévouer au peuple et, pour cela encore, être des catholiques convaincus, lire, méditer et pratiquer l'Evangile.

Se sanctifier et se dévouer, beau programme!

Du lieu où se tenaient les réunions, l'œuvre fut d'abord nommée la *Crypte*, et les élèves qui en faisaient partie furent appelés les membres de la Crypte.

Comment ce premier nom fit-il place à celui de *Sillon*?

Un des amis de Marc Sangnier et l'un des premiers adhérents de la Crypte, Paul Renaudin, avait fondé, alors qu'il était étudiant en droit, une revue qu'il avait appelée le *Sillon*, et à laquelle il avait donné pour devise la maxime de Platon : « Il faut aller au vrai de toute son âme. » Cette appellation, qui marque le labeur et l'espoir, deviendra le nom définitif de la nouvelle œuvre; cette maxime qui invite l'homme à rechercher la sincérité par l'effort de toutes ses facultés, sera la devise des adhérents.

Cependant, Marc Sangnier entrait à Polytechnique, bien décidé à se montrer chrétien dans toutes les circonstances de sa vie nouvelle. Il commença par faire sa prière du soir ostensiblement. Bientôt, profitant des longues heures de liberté de l'après-midi, il réunit quelques camarades dans son *caser*, (Caser est l'abréviation de casernement; mais il n'y a pas d'utilité que les mots soient de quatre syllabes.) A ces réunions, on lit les *Sources*, de Gratry; l'*Evangile*, les *Actes des Apôtres*. On lit et on commente.

Devenu officier, Marc Sangnier continue, avec les modifications demandées par les circonstances, l'œuvre de Stanislas et de Polytechnique. Puis, pour avoir plus de temps et de liberté, il quitte l'armée. Le voilà tout entier à la tâche qu'il s'est fixée.

Trois œuvres se partagent surtout l'activité du *Sillon* : les Cercles d'étude, les Instituts populaires, les réunions publiques.

Les *Cercles d'étude* s'ouvrirent d'abord aux seuls ouvriers. Ils comportaient une réunion hebdomadaire dont l'objet était : la prière, la lecture de l'Evangile, le compte rendu de la dernière séance, la lecture d'un travail, la discussion.

C'est le *Sillon* qui eut le premier, et avant les socialistes, l'idée des *Instituts populaires*. Le fait est reconnu par Deherme, le fondateur des Universités populaires anticléricales. Ces Instituts étaient une sorte de rayonnement des Cercles d'étude et accueillaient des adhérents qui partageaient les opinions les plus diversseé. Ceux-ci apportaient leurs objections. On y répondait. De plus, il y avait des cours de dessin, de musique, de chant, de langues étrangères... Les sections syndicales, les coopératives de consommation... y étaient aussi rattachées. De même, les promenades historiques et artistiques, les visites dans les usines...

Enfin, il y eut les *réunions populaires*. Trop peu d'auditeurs et de travailleurs étaient attirés par les Cercles et par les Instituts; la masse échappait à l'emprise que le *Sillon* voulait avoir sur elle. D'où la pensée de réunions publiques dans lesquelles Marc Sangnier et ses lieutenants adressaient aux auditoires les plus hétéroclites des harangues qui ressemblaient étrangement parfois à des prédications. Très crânement, les orateurs proclamaient leur foi et leur amour pour Notre-Seigneur Jésus-Christ.

Pendant quelques années, le *Sillon* eut trois revues : le *Sillon*, pour la partie littéraire; la *Crypte*, pour la partie sociale, et la *Revue* qui était rédigée par des ouvriers. Ces trois publications finirent par se souder en une seule : le *Sillon*. A ce moment, Marc Sangnier, pour rendre plus significatif le nom du recueil, fit reproduire sur la première page le tableau de Chatran : Saint François d'Assise au labour. Il y eut aussi un journal : l'*Eveil démocratique*, hebdomadaire, auquel succéda la *Démocratie*, quotidienne. Après avoir eu son siège en différents locaux, le *Sillon* finit par se fixer au 4 *bis* du boulevard Raspail.

Un bien considérable s'opérait. Il se levait partout une élite ardente qui resserrait ses rangs et se jetait hardiment dans la mêlée. Les jeunes se mettaient à lire l'Evangile; ils entraient à flots dans les églises pour y prier, pour y chanter leur foi, pour y communier; ils s'efforçaient à pratiquer la morale chrétienne dans toute son étendue; ils aimaient le Christ et glorifiaient son nom.

Vétéran des luttes pour le triomphe de la foi, M. de Mun donnait ce conseil à Marc Sangnier, dans une lettre datée du 13 décembre 1903 : « Il faut parler de Jésus et réveiller les échos de sa voix. Tout le monde a besoin de l'entendre, patrons et ouvriers, riches et pauvres, et nous plus que les autres, qui voulons travailler au bien du peuple. » On parlait donc du Christ au *Sillon;* on écoutait et on propageait les échos de sa voie. On voulait aller à lui de toute son âme.

Les Cercles d'étude, les Salles de travail, les Instituts populaires entretenaient l'enthousiasme chez les Jeunes et satisfaisaient leur immense besoin d'activité. Une fois passionnés pour des idées sérieuses et voués à la pratique du bien, ces Jeunes subissaient moins la loi de la dépression et étaient moins sollicités vers un autre but.

« Il en est, raconte la *Quinzaine*, qui, dominés par la soif de s'instruire et de se donner, ne déposent leurs outils, le soir, que pour ouvrir des livres, assistent à des conférences, se réunissent pour causer ensemble et s'encourager à grandir en générosité. Ils sont pressés d'aller porter la bonne nouvelle à leurs frères du travail, de leur dire qu'il y a des siècles que les paroles de justice et de fraternité ont été jetées au monde par Jésus-Christ et qu'ensemble il faut faire régner un peu plus de justice et d'amour sur la terre (1). »

Il est dans l'histoire du Sillon une page très attachante, celle qui a trait à la *Jeune Garde*. La *Jeune Garde* avait pour mission de maintenir l'ordre dans les réunions publiques organisées par le *Sillon*. Pour en faire partie, il fallait être robuste de corps et faire profession de vie franchement chrétienne. L'admission précédée d'une sorte de noviciat, se faisait dans la basilique de Montmartre, après une nuit de prière. A l'aube du dimanche, après la messe et après la communion, les récipiendaires lisaient au

(1) *L'avenir de l'apostolat*, 1er mars 1903.

pied de l'autel une ardente formule de consécration qui contenait engagements et supplications.

Le nom de *Sillon* évoque l'idée de grain de blé et d'épi. Aussi c'est un épi d'or suspendu à un ruban rouge que les Sillonnistes arboraient comme symbole de ralliement.

Pendant quelques années, le *Sillon* fut une œuvre vivante et une grande espérance. Beaucoup d'enthousiasme, un vif élan intellectuel pour les questions sociales, un amour sincère du peuple, un prosélytisme fervent, un profond attachement et une admiration presque sans bornes pour un chef, une étroite camaraderie, plus que cela, une amitié (« le *Sillon* est une amitié »), une profession franche du christianisme, un dévouement total à la Cause : voilà, entre autres choses, ce que l'on trouvait dans le *Sillon*.

Hélas! l'histoire du *Sillon* qui commence bien, finit mal. Elle commence par la religion qui unit et finit par la politique qui divise. Au début, c'est l'acceptation et la défense de la religion telle que le Christ l'établit et que l'Eglise la propose; mais, peu à peu, des altérations s'introduisent. Malgré les intentions les plus droites et les plus généreuses, on pouvait d'assez bonne heure observer des germes qui allaient devenir fatals.

On l'a dit : le *Sillon*, composé de missionnaires laïques qui entreprenaient des travaux d'approche pour la conquête des âmes et qui s'avançaient pour préparer le terrain aux prêtres là où les prêtres ne pouvaient encore pénétrer, composait une avant-garde qui avait, dès lors, quelques tendances à constituer un groupement séparé. Les commentaires de l'Evangile ne se faisaient pas toujours suivant les règles traditionnelles; on y cherchait trop la confirmation de thèses personnelles et erronées, par exemple : la réprobation des inégalités sociales, la confusion des idées de justice et de charité, la condamnation de la monarchie et la consécration de la démocratie; on forçait le sens du Sermon sur la montagne. Et, parce qu'on ne tenait pas suffisamment compte des normes de l'Eglise, en fait d'interprétation du saint livre, on se rapprochait parfois d'une interprétation à la manière de Tolstoï.

De même, les Sillonnistes s'oubliaient parfois à dire qu'ils n'allaient pas chercher leur mot d'ordre social à Rome. Comme si l'Eglise n'avait pas la garde de la morale, ou comme si l'ordre social n'intéressait pas la morale; comme si l'Encyclique de Léon XIII sur la condition des ouvriers n'avait pas paru et donné précisément le mot d'ordre social de Rome qui est le mot d'ordre social de l'Eglise.

Au fond, le grand tort du *Sillon* fut, puisqu'il s'occupait de questions religieuses et sociales, de n'être pas assez rattaché à la hiérarchie, de ne pas recourir à des théologiens de profession, de n'avoir pas d'aumôniers, ou de ne pas tenir compte suffisamment de leurs avis. La personnalité très accentuée du fondateur laissait trop dans l'ombre toute autre autorité. Par ailleurs, les Sillonnistes avaient trop de confiance dans leurs idées, dans leurs méthodes, dans la Cause plus que légèrement imprécise. On leur a reproché aussi de témoigner trop de sympathie aux sectaires et trop d'indifférence aux catholiques non Sillonnistes...

Depuis longtemps les esprits s'inquiétaient. Bientôt on dit que Rome allait parler. Selon son habitude, Rome ne se pressait pas. D'autant plus que, nous l'avons dit, à côté des dangers certains il y avait encore dans le présent des avantages certains aussi, dans le passé, beaucoup de services rendus. Quelle tristesse pour l'âme du Père des fidèles de dissoudre une œuvre qu'il avait jadis bénie avec tant d'affection, de frapper au cœur tant de jeunes gens qui, imprudents et égarés, n'avaient pas cessé d'être des fils aimants. Mais c'était le moment où, par ailleurs, ici et là, l'erreur dressait la tête ou se cachait perfidement. A l'oreille du Saint-Père retentissait le mot de saint Paul : « Veille sur le dépôt. »

Rome parla donc. Voici d'après Léonard Constant, le biographe d'Henri du Roure, les trois chefs d'erreurs reprochés au Sillon dans la lettre de Pie X :

« Une conception anarchique de la liberté qui exigerait, au nom de la dignité humaine, que l'homme s'affranchisse de toute autorité extérieure; une idée chimérique de la justice qui tendrait au nivellement des classes; enfin et surtout une notion purement naturelle de la fraternité qui effacerait toute distinction de croyances pour unir les hommes dans une sorte d'Eglise toute humaine, sans dogme et sans discipline, sans vérité. »

C'est bien, en effet, le résumé des condamnations pontificales. Le document note d'une façon expresse « une déformation de l'Evangile et du caractère sacré de Notre-Seigneur Jésus-Christ. »

Henri du Roure se rendait mieux compte du danger. Il écrivait dans l'intimité : « Il y a évidemment des accusations qui ne portent pas sur nos idées et nos sentiments véritables; mais, après tout, notre tort est d'avoir laissé entendre que nous pensions ainsi... Si l'on veut le bien de l'Eglise, il faut le vouloir comme elle. » Oui. Il n'y a qu'un moyen de servir l'Eglise, c'est de recevoir et d'exécuter sa consigne.

VI

Les Retraites fermées

Quiconque écrira l'historique du mouvement religieux qui marqua les premières années du XXe siècle, devra mentionner les retraites fermées parmi les causes qui l'ont produit, puis renforcé.

Retraite dit déjà séparation et retrait du monde; *fermée* souligne encore la séparation et marque une solitude plus grande. On est loin de sa famille, de ses affaires, de ses préoccupations et occupations habituelles. Mais ce n'est là que le côté matériel et négatif de la retraite. Si l'on se sépare du monde, c'est pour rentrer dans son âme; si l'on va dans la solitude, c'est pour rencontrer Dieu et mieux entendre sa voix.

Définir ainsi la retraite, c'est déjà indiquer son but qui est de mettre davantage notre âme en présence de Dieu et au service de Dieu.

Deux êtres nous sont surtout inconnus dans l'immense multitude des êtres, et ce sont les deux êtres qui nous sont le plus proches : Dieu et nous. Dieu est tout en lui-même, et il est l'origine de tout ce qui est, de nous en particulier. Il importe souverainement de le connaître et de savoir ce qu'il veut de nous. Après Dieu, ce qu'il y a de plus grand, c'est notre âme; et notre premier devoir est de bien la mettre dans la situation voulue par Dieu, afin qu'elle atteigne sûrement sa destinée : Dieu.

Pour connaître Dieu et pour nous mettre à même d'atteindre Dieu, rien de meilleur que la retraite. « Je conduirai l'âme dans la solitude et je parlerai à son cœur ». Quelle est la grande œuvre, quel est le travail important qui se fait en dehors du recueillement? Mais qu'est-ce qu'il y a de plus important que notre perfectionnement, qui est précisément notre connaissance de Dieu et rapprochement de Dieu?

Donc, la solitude. Où? Dans le désert, dans un cloître lointain? Non, mais dans l'un ou l'autre de ces établissements spéciaux que possède tout diocèse. Combien de temps? Autant que possible, trois jours pleins. Quand? Chaque année.

Il serait trop long d'énumérer tous les avantages de la retraite. Bornons-nous donc à quelques-uns. « Parmi tous les moyens de réforme, disait saint Vincent de Paul, il n'en est aucun qui ait produit des effets plus éclatants, plus multipliés et plus merveilleux que les exercices de la retraite. »

S'agit-il de l'individu? Elle tend vraiment à le transformer en lui faisant mieux connaître tous ses devoirs et en lui communiquant plus de force pour les accomplir.

S'agit-il de la famille? Elle ne peut que profiter grandement de la rénovation de l'un de ses membres, principalement si ce membre est aussi son chef.

S'agit-il des œuvres? Elles ont, dans la retraite, non une rivale, mais l'auxiliaire la plus précieuse.

S'agit-il de la société tout entière? Les retraites lui constituent une élite fervente et active de chrétiens et d'apôtres qui, peu à peu, y feront pénétrer le fermnt rénovateur. « La seule considération de la fin de l'homme suffit à réformer et à reconstituer tout le monde social. » Ainsi parlait Léon XIII aux prêtres de Carpinetto, sa petite patrie.

Pour l'ensemble des hommes comme pour un seul homme, la retraite est un instrument merveilleux de progrès. On sait le mot du cardinal Guibert : « *Tout est assuré* si les chrétiens veulent donner, chaque année, trois jours seulement aux vérités éternelles. » On le verrait promptement si tous les baptisés répondaient à cet appel. Tous? Cela ne sera jamais. Qu'il y ait, du moins, le plus grand nombre possible.

Comment expliquer tous les avantages de la retraite? Certes, une partie de l'explication est le secret de Dieu qui distribue ses grâces suivant une économie connue de lui seul. L'autre partie de l'explication se trouve dans les moyens employés. Dans la solitude qui est, d'après le P. de Ravignan, la patrie des forts. « Là, Dieu parle et agit en eux, il les enfante aux desseins généreux, aux énergiques résolutions. » Dans les différents exercices auxquels se soumt le retraitant.

Il y a, le silence très favorable à la pensée et aux communications divines. Nous sommes entraînés par l'agitation incessante, par la fièvre de l'action. Déjà nos pères se plaignaient d'être emportés par le tourbillon des affaires; mais combien la trépidation de la vie a augmenté; combien sont plus multiples les soucis qui nous absorbent! Dès lors, grande utilité de s'arrêter de temps à autre, au milieu de tout ce qui fuit, pour considérer ce qui est éternel : « La figure de ce monde passe. » « Que sert à l'homme de gagner l'univers, s'il vient à perdre son âme. » « Or, une seule chose est nécessaire. » « Souvenez-vous de vos fins dernières et vous ne pécherez pas. »

Il y a l'observation de son âme par les fréquents retours sur soi, et la confrontation de ses actes à la loi du devoir. Qu'ai-je à faire? Qu'ai-je fait?

Il y a la prière sous tous ses aspects : prière vocale, prière mentale, oraisons jaculatoires, souvenir continuel de la présence de Dieu : visites au Saint-Sacrement, chemin de la Croix... La retraite est vraiment la vie de prière.

Il y a la parole de Dieu sous toutes ses formes : forme dogmatique des conférences, forme plus pratique et plus familière des sermons, forme psychologique et ascétique des examens, forme didactique ou historique des lectures, forme simple et tout intime des notes que l'on prend après chaque sermon, après chaque réflexion et que l'on relira ensuite avec grand profit. Dogme et morale, préceptes et exemples sont présentés à l'esprit du retraitant.

Toutes les facultés de l'âme sont rendues actives : l'intelligence est mise en face de la clarté divine; la volonté est portée vers le bien et se manifeste par de géntreuses résolutions; le cœur, saisi par les témoignages d'amour reçus de Dieu se tourne davantage vers Dieu et vers les choses de Dieu. Aussi le nom d'*Exercices spirituels* convient-il parfaitement à tous ces actes qui composent la retraite.

Les récréations elles-mêmes aident à la sanctification et aux charmes de l'âme par l'échange agréable des pensées et des sentiments. Et parfois, l'on vit commencer, au cours d'une retraite, une amitié destinée à être la joie et la force de toute une vie.

Maintenant, un rapide historique des retraites nous montrera combien ces Exercices sont anciens dans le Christianisme et nous fera constater par l'expérience les heureux résultats que nous voyions tout à l'heure affirmés par les principes.

L'exemple et le commandement de la retraite viennent de haut et de loin. Après son baptême et aavnt d'inaugurer son ministère public, Notre-Seigneur fait une retraite de quarante jours dans les solitudes qui avoisinent le Jourdain. Avant de quitter ses Apôtres, il leur recommande de se renfermer dans le Cénacle et d'y attendre dans la prière la descente de l'Esprit-Saint. A la suite de ce double exemple les retraites sont établies pour toujours dans l'Eglise. Beaucoup de chrétiens voudront même faire de toute leur existence une retraite perpétuelle. Que d'ermites, que d'anachorètes, que de moines, dans les premiers siècles, en attendant nos couvents réguliers !Les déserts fleurissent, et le parfum des fleurs désertiques embaume la chrétienté. Au spectacle de la solitude et des mortifications des moines, les chrétiens du monde raniment leur ferveur et des conversations s'opèrent.

Les pieux laïques se plaisent à passer quelques jours dans le calme des couvents. A partir du XIIIe siècle, les membres des Tiers Ordres sentent le besoin de la retraite pour se rapprocher de l'esprit des grands ordres auxquels ils sont affiliés. Au XVIe siècle, saint Ignace et ses disciples redonnent aux retraites un élan considérable. On sait le nom qui chez les P.P. Jésuites sert à désigner les retraites. On les appelle *Exercices spirituels* d'après le titre donné par saint Ignace à un bref mais précieux écrit. Ce sont, en effet, des exercices très propres à former des hommes et des chrétiens.

Sous Louis XIV, avec l'abbé de Rancé, avec saint Vincent de Paul surtout, les retraites entrent davantage dans les habitudes des gens du monde : de là cette connaissance du cœur humain, cette ampleur de vue, ce calme et cette sérénité qui des âmes s'étend aux œuvres du grand siècle. C'est alors que Bourdaloue dira que la retraite est une nécessité pour tous ceux qui veulent être dignes du nom de chrétien.

Pendant que, dans la capitale et aux environs, des gens de toutes les classes se recueillent et prient huit jours chaque année, on voit, pour ainsi dire, toute la Bretagne entrer en retraite et se presser autour de deux saints missionnaires, le P. Michel le Nobletz et le P. Maunoir. C'est à cette pratique que remonte et qu'est due la légendaire fidélité de la Bretagne.

Une cause et une conséquence de la décadence religieuse du XVIIIe siècle est l'oubli des retraites. Seule la Vendée continue la tradition, grâce aux disciples du Bienheureux Grignon de Montfort. Aussi de quelle foi et de quelle vaillance elle témoigne quand arrivent les jours sombres de la Terreur.

Au cours du XIXe siècle, l'usage des retraites a repris sur plusieurs points de la France et dans d'autres régions de l'Europe. Avec les retraites, la vie chrétienne s'est réveillée. Nulle part, plus qu'en Belgique, la corrélation entre ces deux faits n'a été facile à constater. Dans ce petit pays, un très grand nombre de chrétiens, depuis les ouvriers jusqu'aux ministres, ont l'habitude de la retraite annuelle. N'est-ce pas là l'une des principales sources de la grande vitalité qui s'est manifestée en ce pays, non seulement au point de vue religieux, mais aussi au point de vue industriel et politique?

En France, les plus vaillants organisateurs des retraites furent les PP. Jésuites. Ils y appelaient tout d'abord leurs anciens élèves. D'autres venaient à la suite. Ecoutons M. de Mun, qui fut de bonne heure conquis par ce pieux usage, nous donner un chapitre de l'histoire des retraites : « Le château d'Athis servait de maison de retraite aux anciens élèves des collèges des Jésuites. Chaque année, au printemps, un bon nombre de ces jeunes gens s'y enfermaient pendant trois jours pour y méditer, sous la direction d'un Père, suivant la méthode célèbre des « Exercices de saint Ignace ». Au commencement de 1874... la résolution de fonder une retraite analogue pour les membres de l'Œuvre des Cercles ouvriers fut aussitôt arrêtée dans nos esprits. »

C'était donc au château d'Athis, entouré de son beau parc.

« Nous étions pleins d'une saine gaieté; on aurait dit un joyeux bivouac. La verdure nouvelle pointait aux arbres de la charmille et du bosquet; la prairie agitait mollement ses longues herbes; les violettes et les muguets fleurissaient sous les pas; les oiseaux chantaient : une paix immense épanouissait les cœurs.

« Le règlement était sévère; nous le suivions avec une ponctualité militaire. Une cloche, à laquelle nous obéissions comme à un appel de trompette, annonçait les exercices. Hors des récréations, le silence était absolu; pendant les repas, on lisait à haute voix, et les lecteurs de bonne volonté se succédaient au pupitre.

« Aux heures où rien ne les appelait à la chapelle, les retraitants erraient dans le parc, pensifs et rceueillis : on voyait là des hommes de tous les âges, des militaires, des magistrats, des industriels, des propriétaires ruraux, marchatn à pas lents, tantôt les yeux fixés sur un livre, tantôt perdus dans un songe profond.

« Nul, s'il n'en a fait l'expérience, ne sait ce que valent trois jours ainsi passés dans la méditation, arrachés au bruit, à l'agitation, au souci des affaires, donnés à la réflexion et à l'examen loyal de soi-même. J'ose affirmer qu'il n'y a pas, pour la vie privée comme pour la vie publique, pour les devoirs de la famille comme pour les fonctions sociales, pour les hommes d'Etat comme pour les simples particuliers, de plus forte et plus salutaire préparation.

« La retraite devient pour nous une véritable école d'application. Tous ceux qui prirent dans nos cadres une place vraiment active, qui furent dans notre secrétariat général les agents dévoués de notre propagande, se formèrent à Athis.

« Là furent trempés dans la robuste éducation de l'âme et de l'esprit, des caractères que rien ne put ensuite ébranler; là, dans l'élan d'une piété chevaleresque, de généreuses résolutions changèrent des chrétiens timides en apôtres ardents; là, se conclurent dans l'intimité des longues causeries, des amitiés fécondes, dont l'étroite communauté des idées fut le lien indestructible... Et nous retournions vers le tumulte intérieur, armés d'un courage renouvelé... Que de fois, quittant ainsi à midi la sainte maison, je me suis retrouvé deux heures plus tard, en pleine lutte parlementaire avec un cœur affermi et une confiante sérénité !...

« L'exemple donné à Athis se propagea rapidement en province. Des retraites de membres de l'Œuvre s'organisèrent peu à peu de toutes parts; il s'en tient aujourd'hui plus de quarante. C'est une des plus belles créations de l'Œuvre des Cercles (1). »

Les catholiques du Nord se sont distingués entre tous par leurs empressement à fréquenter les retraites. Il est surtout deux établissements qui sont devenus parmi eux des foyers intenses de vie chrétienne. De là cette floraison de piété individuelle et d'œuvres qui signalent cette région à l'admiration de toute la France. Grande est l'action, chez nos compatriotes du Nord, grand aussi est le recueillement. Et celui-ci influe toujours sur celle-là.

A la suite de M. de Mun et de ses confrères de l'Œuvre, beaucoup d'hommes du monde prirent l'habitude des retraites et tinrent à méditer chaque année ou, du moins, de temps à autre sur leurs obligations à l'égard de Dieu, d'eux-mêmes et du prochain. C'est dans la retraite que ceux qu'on appelle les militants allument et renouvellent la flamme de leur enthousiasme.

Depuis plusieurs années la coutume s'est introduite dans la plupart des collèges de convoquer, chaque année, les plus grands élèves à une retraite de fin d'études, faite en dehors du collège. Un double avantage en résulte : ceux qui prennent part à ces exercices et qui sont appelés à réfléchir sur les pensées les plus hautes, à un moment décisif de leur vie, préparent leur esprit et leur volonté pour les luttes prochaines, et les plus jeunes retirent

(1) A. de Mun, *Ma vocation sociale*, ch. VII.

une grande édification du renouveau de piété qui s'est produit chez leurs anciens.

Des retraites ont été tentées et ont réussi dans les milieux qui semblaient les plus réfractaires à ce genre d'apostolat : par exemple, dans les arsenaux maritimes de Brest et de Lorient.

Il n'est pas jusqu'à l'Université elle-même qui n'ait été partiellement informée de tout ce mouvement des retraites. A la date du 20 février 1914, le *Bulletin des professeurs catholiques de l'Université* donnait en supplément un rapport du docteur Lefur, lu au Congrès de Bayeux, et relatant l'histoire, le but et les résultats des retraites. Le but qui est « d'arriver au plus haut degré possible de présence de Dieu dans notre âme », le résultat qui est de nous fournir l'aide et la direction pour atteindre ce but.

VII

LA LITURGIE

Cependant un chemin antique, depuis longtemps déserté, ou moins suivi, s'ouvrait de nouveau pour accéder à la vie chrétienne. Des abbayes de l'ordre bénéditcin, voué avant tout à « l'*œuvre de Dieu* », à la liturgie, s'élevaient sur divers points de la France; des revues et des livres en sortaient, destinés à faire connaître la prière officielle de l'Eglise; des écrivains qui vivaient au milieu du monde, dont les uns avaient gardé la foi et dont les autres l'avaient retrouvée, montraient ce qu'il y avait de beauté, de poésie, d'art, de force d'émotion dans les cérémonies de l'Eglise. Conviés par toutes ces voix à regarder de plus près les richesses contenues dans le trésor liturgique, chrétiens fidèles et indifférents curieux trouvaient là, pour leur piété et leur besoin d'admiration, un aliment insoupçonné : c'était, dans les rites et dans les chants, le beau qui attire, captive et enthousiasme; c'était dans les formules de prière, tout l'ensemble de la doctrine qui se révélait jour par jour, dogme et morale, et éclairait l'esprit, en l'émerveillant; c'étaient, pour ceux qui allaient plus avant, jusqu'à la réception des sacrements, une vigueur pour la volonté et une flamme pour le cœur. Par là, un peu de la vitalité chrétienne qui avait circulé dans la chrétienté au temps des catacombes et au moyen âge quand les chrétiens ne connaissaient de prière que la prière de l'Église, animait de nouveau les âmes. On revenait à l'étude et à l'estime de la liturgie et, du même coup, les âmes bénéficiaient de cette rentrée en faveur d'une science « longtemps négligée ». Cette liturgie si dédaignée et qui est pourtant la moelle de l'Eglise, écrivait Huysmans. Le dédain cessant, la moelle se reprenait à fortifier l'organisme spirituel.

Il est à remarquer qu'il s'est produit, aux deux extrémités du XIXe siècle, une vigoureuse poussée liturgique. La première eut lieu en 1802, au moment de la promulgation du Concordat, grâce au *Génie du Christianisme* de Chateaubriand. Le Concordat rouvrait les églises; la lecture du *Génie du Christianisme* les fit se remplir. Œuvre d'un laïque récemment converti, approprié aux goûts du jour, plus poétique qeu doctrinal, le Génie du Christianisme entremêlait l'exposé de la croyance à la description des beautés de la nature : son résultat fut plus grand que son mérite. Il rappela que le christianisme était la beauté : c'était le premier pas pour amener à faire voir qu'il était aussi la vérité. On a dit que ce livre donnait l'impression d' « une croix ornée de fleurs ». La seconde poussée liturgique s'est produite à la fin du siècle, quand il était question de rompre le Concordat et de fermer les églises. Les auteurs de ce mouvement eurent peut-être moins de talent naturel, mais ils creusèrent à des profondeurs plus grandes et toute la source d'eau vive jaillit, telle que le Christ l'a mise dans l'Eglise. On avait sur le même plan : beauté, vérité, bonté. C'était encore la croix avec ses fleurs, mais, de plus, avec ses fruits.

Puisque notre dessein est d'étudier les principaux courants qui ont entraîné les jeunes âmes vers l'Eglise, nous ne pouvons manquer de nous arrêter un instant à considérer ce qu'est la liturgie, les livres où elle s'enclôt, le lieu où elle s'exprime, la fin qu'elle poursuit, l'objet ou les moyens qu'elle emploie, la personne du Christ qui l'a fondée et qui la remplit tout entière de sa présence et de son action.

La liturgie est le culte extérieur — d'autres disent : public — rendu à Dieu par l'Eglise. Il y a un culte intérieur, il n'y a pas de liturgie intérieure. Bien entendu, le mot « extérieur » ne saurait être pris par opposition au mot « intérieur ». Ici, l'extérieur n'est que l'expression de l'intérieur. Quel hommage pourraient rendre à Dieu des cérémonies et des paroles, si sous ce qui frappe les regards et les oreilles, il n'y avait pas, au fond des âmes, les pensées et les sentiments d'adoration correspondants? L'âme manquerait et, par conséquent la vie : gestes et formules ne seraient plus que choses mortes. Donc, arrière toute piété formaliste ou purement extérieure; la piété de ceux qui prétendent honorer Dieu des lèvres, tout en ayant le cœur loin de lui. Mais Dieu veut que l'adoration intime ait une manifestation extérieure, parce qu'il veut l'hommage de tout l'homme, qui est esprit et sens. Et non seulement il veut l'hommage de l'homme en tant qu'être individuel, il veut l'hommage de l'homme en tant qu'être social et il veut l'hommage de la société. Mais cet hommage ne peut se rendre que par le moyen de la liturgie qui groupe les hommes et les fait communier entre eux et participer aux mêmes rites. Car la liturgie est le culte que l'Eglise rend au nom de tout le peuple chrétien avec tout le peuple chrétien et pour tout le peuple chrétien. Aucun acte extérieur de piété, émané d'un simple fidèle, ne peut recevoir ce nom.

Par la liturgie, un échange incessant se fait entre le ciel et la terre : Dieu descend vers l'homme et l'homme monte vers Dieu.

Tous les documents liturgiques sont renfermés dans les six livres suivants : le missel, le bréviaire, le pontifical, le rituel, le cérémonial des évêques et le martyrologe.

Le missel contient l'ordinaire de la messe et toutes les messes de l'année, tant celles qui se disent dans le Propre du temps que pour les fêtes de Notre-Seigneur et des saints. C'est proprement le livre des prêtres, mais aussi celui des fidèles, puisque le sacrifice que célèbre le prêtre est aussi offert par les fidèles, *meum ac vestrum sacrificium*.

Le bréviaire renferme l'office qui se récite aux différentes fêtes et féries de l'année. Entre le missel et le bréviaire il existe la plus grande harmonie, l'office correspond à la messe. Le bréviaire est le livre des clercs dans les ordres sacrés et des religieux et religieuses.

Le pontifical et le cérémonial des évêques sont les livres liturgiques de l'évêque; le rituel renferme les prières qui accompagnent l'administration des sacrements qui appartiennent aux prêtres, les prières des funérailles, et de nombreuses bénédictions.

Le martyrologe, qui a plus d'extension que son titre ne semble l'indiquer au premier abord, renferme le nom de tous saints que l'Eglise a inscrits officiellement dans son catalogue.

La Sainte Ecriture se retrouve abondamment dans la liturgie. Elle est un des trois affluents qui forment ce beau fleuve de louanges, destiné à réjouir toutes les contrées de la chrétienté et toutes les âmes catholiques. Ici, la parole de Dieu est le fond même de l'enseignement. A elle se joignent comme dans une même trame les plus belles pages des Pères qui commentent la Sainte Ecriture, les prières de l'Eglise et la vie des saints, où l'Ecriture paraît encore, non plus seulement commentée avec toute l'éloquence de la foi et du talent, mais traduite en actes sublimes de vertu.

Comme en un écrin le joaillier renferme des perles et des pierres de prix, l'Eglise dans les gestes et les paroles de sa liturgie, enclôt les actes et les enseignements du Sauveur, les mystères de la Vierge et des Saints. A sa manière toute vivante et toute poétique, elle fait repasser sous les yeux des fidèles tout ce que Dieu a révélé pour eux : les beautés du dogme, les préceptes de la morale, les grandes scènes de l'histoire, la vie merveilleuse du Christ, avec les essais d'imitation qu'en font les âmes les plus héroïques.

Si, au XIIIe et au XVIIe siècle, les fidèles étaient plus instruits de leur religion que ceux de nos jours, ils étaient surtout redevables de leur science à la lecture des Livres saints et à la fréquentation plus assidue des offices, auxquels, d'ailleurs, ils prenaient souvent une part directe et active.

Quoique la liturgie soit une de sa nature, on peut la considérer sous un triple aspect : la liturgie sacrificielle, la liturgie de la louange et la liturgie sacramentelle. De ces trois parties qui composent la liturgie, la plus importante est la liturgie sacrificielle : c'est le sacrifice de la messe. Jadis la messe portait seule le nom de liturgie. Elle continue et renouvelle sans cesse le sacrifice de la Croix qui est le sommet de la Rédemption. A elle seule, elle rend à Dieu un culte complet; à elle seule, elle sauve l'homme; à elle seule elle adore, elle expie, elle supplie, elle rend grâces. Elle est le sacrifice de Jésus. Elle l'est doublement, en quelque sorte, puisque c'est Jésus qui est la victime et Jésus qui est le prêtre. Elle demeure le grand événement du monde, puisqu'elle rappelle et reproduit le grand fait de la Rédemption, la mémorable histoire qui va de la Crèche à l'Ascension ou, plutôt, de l'Eden jusqu'à nos jours. Pour celui qui cherche à voir et à comprendre, le saint sacrifice est l'acte sublime par excellence, la révélation la plus manifeste des perfections divines, le plus grand hommage du plus grand amour qu'il y ait eu au ciel et sur la terre. *Majorem caritatem nemo habet.* « L'éternité de la Passion s'accomplissait dans la série des heures par cette infatigable perpétuité des holocaustes; toute la terre était ceinte d'un seul torrent sacré; le sang du Christ courait dans ses veines... ». Aucun rite qui ne soit émouvant : « Ce geste effacé du célébrant, touchant de ses lèvres le bord de l'autel, Daniel y apercevait une magnificence égale à tout l'enivrement du *Gloria* et aux pompes du *Credo*. L'autel touchait la terre, et, par elle, le monde mystérieux des défunts, les reliques des saints, et les prémices de la communion sans termes des élus (1). »

Aussi la liturgie sacrificielle est-elle le foyer d'où partent et où aboutissent les deux autres : la liturgie de louange et la liturgie sacramentelle. Celles-ci sont en dépendance ou en fonction de la première.

Autour du sacrifice réel qui se consomme sur l'autel, pour le préparer ou pour rendre grâces, il y a « le sacrifice de louange, le fruit de nos lèvres qui glorifient le nom divin. » Depuis dix-neuf siècles, l'Eglise, par l'entremise de ses ministres, rend ainsi hommage au Dieu du tabernacle. Si Jésus ne s'immolait pas sur l'autel et ne se fixait pas ensuite dans le tabernacle, le sacrifice de louange n'aurait plus sa raison d'être : aussi le Protestant, qui n'a pas la messe, n'a pas non plus le bréviaire. D'ailleurs, l'office et la messe concordent dans leurs parties mobiles, et manifestent ainsi, une fois de plus, en quelle dépendance ils se trouvent.

(1) Emile Baumann, *L'Immolé*, p. 274-275.

L'Office est la prière de l'Eglise, parce qu'elle en a la garde, parce qu'elle la récite et aussi parce qu'elle l'a composée. Sur ce dernier point, il faut du moins remarquer que le Christ, fondateur de l'Eglise, époux de l'Eglise, a fourni le thème et les éléments de la liturgie de louange.

Le Christ a commencé par sanctifier les anciennes formules de prière, il en a créé de nouvelles, il a établi des rites; bref, il a dit comment prier : *Sic ergo vos orabitis*. La liturgie de louange se compose surtout des passages scripturaires, empruntés à l'Ancien Testament et au Nouveau. Or, l'Ancien Testament prophétisait le Christ, et le Nouveau le raconte.

Chacun des soixante-treize livres de la Bible apporte son tribut. Et, contribuant tous, dans l'agencement du Bréviaire, à représenter la physionomie morale de Jésus, ils arrivent plus facilement par cette nouvelle disposition à former un tout plus harmonieux que dans la suite telle que de la Bible.

Ensuite viennent les homélies des Pères et des Docteurs qui commentent l'Ecriture, et font *écho* à la parole de Moïse, de Jésus, de Paul et des autres; ensuite le récit de la vie des saints, autre commentaire, en action cette fois, de l'Ecriture. Parce qu'ils reparaissent chaque semaine dans leur ensemble et par la place considérable qu'ils occupent chaque jour, les psaumes constituent le fonds de la prière de l'Eglise Dès le IVe siècle, saint Jean Chrysostome en faisait la remarque sous cette forme typique : *Et primus, et medius, et novissimus David*. Le commencement, le milieu et la fin, ce sont les psaumes de David.

Et les psaumes eux-mêmes ne racontent que le Christ, soit qu'il s'agisse des psaumes messianiques qui prophétisent le Messie et son royaume, soit qu'il s'agisse de tous ces autres psaumes qui expriment les états d'âme futurs du Christ comme individu et comme chef de l'humanité. Comme individu, il éprouvera des joies, des douleurs, des craintes et des espérances, des deuils et des allégresses, toutes nos grandeurs et toutes nos misères, une seule exceptée : le péché. Comme chef de l'humanité, et « premier-né de beaucoup de frères », il ressentira de nouveau ces mêmes émotions, et, en plus, nos combats, nos chutes, nos repentirs, nos châtiments.

Comment ne pas remarquer que la prière de l'Eglise ne se parle pas, mais se chante? Le chant est l'expression de l'enthousiasme et de l'amour. *Cantat amor*, disait saint Augustin. Et en écrivant ce mot, il pensait sans doute au chant sacré, lui qui s'écriait un autre jour : « Mon Dieu, que j'ai pleuré au son de tes hymnes et de tes cantiques et que j'étais profondément troublé des suaves accents de ton Eglise! » Qui dira le rôle du chant sacré, dans la conversion d'Augustin?

Emotion profonde, larmes saintes, retour à Dieu n'ont pas cessé de se renouveler à l'audition des psaumes. La longue histoire des conversions en fait foi. Recueillons, entre autres, cet aveu de Paul Claudel :

« Tel était le malheureux enfant qui, le 25 décembre 1886, se rendit à Notre-Dame de Paris pour y suivre les offices de Noël. Je commençais alors à écrire et il me semblait que dans les cérémonies catholiques, considérées avec un dilettantisme supérieur, je trouverais un excitant approprié et la matière de quelques exercices décadents. C'est dans ces dispositions que, coudoyé et bousculé par la foule, j'assistai, avec un plaisir médiocre, à la grand'messe. Puis, n'ayant rien de mieux à faire, je revins aux vêpres. Les enfants de la maîtrise, en robes blanches et les élèves du Petit Séminaire de Saint-Nicolas-du-Chardonnet qui les assistaient, étaient en train de chanter ce que je sus plus tard être le *Magnificat*...

« Et c'est alors que se produisit l'événement qui domine toute ma vie. En un instant, mon cœur fut touché et je crus. Je crus, d'une telle force d'adhésion, d'un tel soulèvement de tout mon être, d'une conviction si puissante, d'une telle certitude, ne laissant place à aucune espèce de doute, que, depuis, tous les livres, tous les raisonnements, tous les hasards d'une vie agitée n'ont pu ébranler ma foi, ni, à vrai dire, la toucher. J'avais eu tout à coup le sentiment déchirant de l'innocence, de l'éternelle enfance de Dieu, une révélation ineffable... « Que les gens qui croient sont heureux ! (pensais-je). — Si c'était vrai pourtant ? — *C'est vrai !* — Dieu existe, il est là. C'est quelqu'un, c'est un être aussi personnel que moi ! — Il m'aime, il m'appelle. »

« L'étude de la religion était devenue mon intérêt dominant... Mais le grand livre qui m'était ouvert et où je fis mes classes, c'était l'Eglise. Louée soit à jamais cette grande Mère majestueuse aux genoux de qui j'ai tout appris. Je passais tous mes dimanches à Notre-Dame et j'y allais le plus souvent possible en semaine. J'étais alors aussi ignorant de ma religion qu'on peut l'être du bouddhisme, et voilà que le drame sacré se déployait devant moi avec une magnificence qui surpassait toutes mes imaginations ! Ah ! ce n'était plus le pauvre langage des livres de dévotion ! C'était la plus profonde et la plus grandiose poésie, les gestes les plus augustes qui aient jamais été confiés à des êtres humains. Je ne pouvais me rassasier du spectacle de la messe et chaque mouvement du prêtre s'inscrivait profondément dans mon esprit et dans mon cœur. La lecture de l'Office des Morts, de celui de Noël, le spectacle des jours de la Semaine Sainte, le sublime chant de l'*Exultet*, auprès duquel les accents les plus enivrés de Sophocle et de Pindare me paraissaient fades, tout cela m'écrasait de respect, de joie, de reconnaissance, de repentir et d'adoration ! Peu à peu, lentement et péniblement, se faisait jour dans mon cœur cette idée que l'art et la poésie sont aussi des choses divines, et que les plaisirs de la chair, loin de leur être indispensables, leur sont au contraire un détriment. (Revue des Jeunes, *Ma conversion*, Paul Claudel.)

Sans vouloir m'étendre sur la liturgie sacramentelle, comment ne pas dire, au moins, qu'elle aussi dépend du sacrifice? Tantôt elle purifie les fidèles qui doivent participer au sacrifice, et tantôt elle leur applique les fruits du sacrifice. Mais, ici encore, le Christ domine tout et commande tout : car les sacrements donnent la grâce du Christ ou donnent le Christ lui-même.

A qui la liturgie doit-elle son unité et, plus que son unité, son existence? Au Christ. Dans son sens le plus général, la liturgie est le culte rendu à Dieu par les hommes. Mais le culte catholique tire toute son origine et toute la force de Jésus. Il n'y a qu'un seul médiateur entre Dieu et les hommes. « Le Verbe s'est fait chair » : Voilà tout le résumé du Christianisme; et nous confessons n'aller à Dieu que « par Jésus-Christ, avec lui et en lui ». *Per ipsum et cum ipso et in ipso.* Jésus est le principe, le centre et la fin de la liturgie. Nous lui devons le sacrifice et la prière, autour de lui gravitent toutes les formules de louanges et tous les rites; à lui nous conduisent les paroles et les choses saintes. Au fond, il n'y a que lui dans la liturgie. Les saints, même les plus grands et la reine des saints, n'y paraissent qu'à titre accessoire, comme des satellites autour du soleil; comme des disciples et des imitateurs, dont le mérite est de l'avoir approché de plus près et d'avoir eu avec lui des relations plus intimes.

Quoique passé par la mort et disparu du milieu de nous, quant à sa présence sensible, le Christ est un éternel vivant, et il habite toujours parmi les hommes. Il y habite avec « délices ». De même que saint Paul l'a vu au ciel « toujours vivant et intercédant pour nous », de même est-il sur la terre. Toujours vivant au milieu de nous, il prie pour nous, il s'immole pour nous, il s'offre en nourriture à nous, il nous enseigne, il nous édifie. Que signifierait l'Eglise sans cette présence? Que pourrait l'homme sans cette action? Cette présence et cette action sont hautement rappelées et illustrées par le triple aspect de la liturgie. Nous avons déjà dit que la liturgie sacrificielle le fait venir et demeurer au milieu de nous; la liturgie sacramentelle le met à notre disposition, nous applique les mérites de sa vie et de sa mort, et nous le donne réellement et substantiellement dans l'Eucharistie; la liturgie de louange nous prête la puissance et le charme de ses accents pour rendre à Dieu des hommages qui, autrement, seraient si imparfaits.

De la liturgie ainsi considérée, on peut dire ce que Lacordaire disait à son Emmanuel de « l'Evangile, qui est Jésus-Christ vivant. Là, dans sa chaire, expression de son âme et voile transparent de sa divinité, vous le verrez lui-même. C'est sa propre bouche qui vous dira sa pensée, ses regards qui vous diront son amour, sa main qui pressera la vôtre pour vous encourager en vous bénissant (1). » Changez également un mot dans cette phrase de Bossuet, mettez *Liturgie* à la place d'*Evangile* : « Ce Jésus qui a conversé avec les apôtres, vit encore pour nous (et au milieu de nous) dans son évangile; et il répand encore pour notre salut la parole de la Vie éternelle (2). »

Fixée dans ses formes séculaires la liturgie sacramentelle demeure la même à toutes les époques de l'année; mais les deux autres liturgies, en se combinant ensemble nous donnent cette merveille de prière et d'instruction qu'est l'*Année liturgique* et qui, grâce à la succession des fêtes, renouvelle mystiquement, dans la chrétienté, les diverses phases de la vie de Jésus, telle qu'elle se déploya jadis au pays de Judée.

L' « année liturgique » se divise en deux parties. La première a trait à la personne même de Jésus; la seconde, à son œuvre, l'Eglise. La première rappelle et reproduit en quelque sorte, l'existence terrestre de Jésus: Jésus est attendu pendant les qua-

(1) *Lettre à un jeune homme sur la vie chrétienne.*
(2) *Panégyrique de saint Paul*, 2e p.

tre semaines de l'*Avent* comme il le fut jadis avant sa naissance, par l'humanité; il vient à Noël. Alors l'histoire, tracée dans l'Evangile recommence : Circoncision, Epiphanie, Présentation au temple... Chaque dimanche, chaque fête est un pas nouveau dans la marche de Jésus au milieu du monde. Jésus passe, il enseigne, il ordonne, il persuade, il relève et il guérit. Les paroles et les actes anciens reparaissent : « Je suis avec vous; suivez-moi; je vous referai. Après sa vie, sa mort, sa résurrection, son ascension.

Ensuite vient la vie de l'Eglise, avec ses luttes et ses triomphes. Mais la liturgie s'occupe toujours de Jésus. Si elle ne parcourt plus les phases de sa vie terrestre, elle nous le montre toujours parlant et agissant, et, par là, travaillant au salut des âmes.

Dans l'une et dans l'autre partie de l'Année liturgique, Jésus s'avance escorté de ses saints qui nous redisent, sous une forme plus accessible, les enseignements du commun maître. Fleurs délicates, cueillies dans toutes les fractions de l'humanité; cortège glorieux, qui, mieux que dans la fresque d'Hippolyte Flandrin, rend gloire à Dieu et appelle sur ses traces les faibles êtres que nous sommes. « Pense que chaque jour est dédié à un saint qui s'avance sur le thème de l'*Introït* avec son lis, son épée ou sa rose, au chant des hymnes et des antiennes; que sa gloire illumine et parfume la terre tant que dure la course du soleil (1). »

Sont-ce seulement des paroles et des symboles que l'Eglise emploie pour reconstituer la vie terres-

(1) A. Vallery-Radot, *L'homme de désir*, p. 22

tre de Jésus? Non. Elle recourt encore, pour rendre plus saisissantes et plus présentes les vérités qu'elle rappelle, à des manifestations dramatiques. A Noël, elle célèbre les saints mystères à minuit, qui est l'heure de la Nativité de Jésus; à la Purification, elle met en marche une procession qui représente le pieux cortège formé jadis dans le temple par Jésus, sa mère, Joseph, Siméon et Anne; au premier jour du Carême, elle verse des cendres sur le front de l'homme, poussière qui retournera en poussière... Et dans les trois derniers jours de la Semaine Sainte, quel art du drame ne révèle-t-elle pas, dans toutes ses admirables cérémonies?

L'Eglise sait tout ce que peut une sensibilité frappée et émue pour intensifier et prolonger la clarté autour d'une idée, pour rendre la volonté ardente et forte; elle sait qu'il faut saisir l'homme tout entier pour l'arracher plus facilement aux emprises mauvaises et le soulever en haut, dans la contemplation des hautes pensées, pour l'accomplissement des actes nobles. Toujours elle se souvient de la maxime que saint Paul lui donnait, au commencement, pour mettre les âmes sur le chemin qui conduit à Dieu : *Invisibilia enim ipsius, a creatura mundi, per ea quæ facta sunt, intellecta, conspiciuntur* (1). Création, rédemption, liturgie : choses visibles qui nous révèlent l'invisible et nous font monter vers lui.

Un des écrivains les plus qualifiés pour traiter le sujet qui nous intéresse dans ces pages a écrit :

« Dans la liturgie, il y a de la vérité, et elle fait vi-

(1) Rom., I, 20.

vre notre intelligence; il y a un pouvoir de moralisation, et elle contribue à l'éducation de notre volonté; il y a des biens précieux, des objets et des motifs d'amour, et elle alimente d'une façon très réelle nos besoins d'affection; il y a, à profusion, de la beauté, et elle se sert des âmes pour conduire les âmes à l'idéal évangélique; il y a une haute sagesse pratique, et, grâce à ce don, elle devient la modératrice de notre péché; il y a enfin une admirable méthode d'ascèse, et elle trace aux chrétiens l'itinéraire annuel de leur rénovation morale et spirituelle (1). »

Ajoutez que toutes ces paroles, toutes ces cérémonies, tous ces symboles, ont leur demeure particulière qui est vraiment faite pour eux, qui est inspirée par eux et qui leur ressemble : l'église, M. Barrès a décrit merveilleusement l'aspect et le rôle intérieurs de l'église; il a même essayé d'en exprimer l'âme, lorsqu'il a parlé de « cette maison qui, par sa porte ouverte à toute heure au milieu du village, crée une communication avec le divin et le mêle à la réalité quotidienne ». L'église est le « lieu de notre formation, le bel endroit qui contente notre âme. Sous le porche de l'église, chacun laisse le fardeau que la vie lui inspire. Ici, le plus pauvre homme s'élève au rang des grands intellectuels, des poètes, que dis-je? au rang des esprits... Rien de fastidieux ni de bas n'ose plus l'approcher, et tant qu'il demeure sous cette voûte, il jouit des plus magnifiques loisirs de l'humanité. Même la douleur s'efface dans le cœur des mères en deuil et fait place aux enchantements de l'espérance (2). »

Voilà ce qu'est l'église pour une âme qui n'a pas

(1) Dom Festugière.
(2) *Revue des Deux Mondes*, 1er février 1914.

encore confessé le Christ; et cependant il y a dans ces sentiments de quoi confondre plus d'un chrétien qui vient nonchalamment à l'église, y demeure distraitement, s'en éloigne rapidement. C'est à l'église que le Christ nous a communiqué sa vie par le baptême; à l'église qu'il a entretenu, fortifié et réparé cette vie, au moyen des sacrements; à l'Eglise qu'il l'a nommée directement, par l'Eucharistie; à l'église qu'il nous a parlé et exhortés; à l'église qu'il a reçu nos serments et accueilli nos larmes...

Un autre service que nous rend une église catholique, c'est que, en aucun pays, nous ne nous y sentons étrangers. C'est ce qu'éprouvait un ancien élève de Polytechnique durant un séjour en Amérique.

« Je suis en contact intime avec la civilisation nouvelle qui est en train de conquérir un nouveau et immense débouché à la race blanche... et quelles que soient les qualités d'énergie que cette civilisation met en jeu, je ne l'aime pas. Elle est trop inesthétique, trop brutale. Je contraste trop étrangement avec les gens d'ici. Je le sens. Je me sens irrémédiablement ÉTRANGER parmi eux. Tout me sépare d'eux, et ma propre nature et le fait que je ne poursuis pas ici le but unique et commun à tous : faire de l'argent, âprement, rudement, inlassablement.

Mon genre de travail est, en somme, un peu un travail d'amateur, et cela détonne dans le milieu!... Alors je me sens vraiment très *seul.*

Dans cette solitude, j'ai découvert une nouvelle face de la religion catholique, et j'ai contracté une nouvelle dette de reconnaissance vis-à-vis d'elle. L'Eglise catholique est pour moi un endroit où chaque dimanche je me retrouve dans une *communauté*. Les autres assistants sont des inconnus pour moi... Irlandais ou Américains, pas plus sympathiques en eux-mêmes que les Anglais, ou Ecossais, ou Chinois... Mais le prêtre dit : *Introibo ad altare Dei.* Et les cohristes répondent au : *Credo in unum Deum*... et l'esprit catholique universel, éternel, passe au-dessus de nous.

J'ai compris la nécessité d'une langue *morte* pour la religion... non *morte* mais *vivante* d'une vie spirituelle comme le dogme lui-même. J'avais souvent méconnu cette vérité, et accusé l'Eglise de s'accrocher à des formules, de ne pas traduire *l'esprit* en langue vulgaire, accessible à tous. Mais je *sais* maintenant qu'il faut garder l'unité de langage dans l'ossature du dogme. A l'évangile, le prêtre prêche en anglais, et je me sens de nouveau un étranger parmi ces gens qui l'écoutent. Mais quand il dit : *Pater noster*, je sens de nouveau que je prie comme eux le même Dieu. Grâce au latin, en toute partie du monde, dans une église catholique, je peux atteindre l'*humanité* profonde de notre religion, aussi bien que sa divinité et en profiter. »

Tant il est vrai que dans tous les pays et dans toutes les circonstances de la vie, la liturgie tient en réserve, pour les âmes, son enseignement, sa beauté et ses consolations.

Il est une de ces églises qui, au point de vue liturgique, a exercé une influence plus considérable sur les jeunes âmes, à cause de la perfection du chant et de la psalmodie : c'est la chapelle des bénédictines de la rue Monsieur.

« Dans une rue calme, à l'aspect un peu roide, des façades très honnêtes semblent nous dire : « Comme nous, recueillez-vous, passants ! Ecoutez. Vous entendrez des tintements de cloches qui, timidement, annoncent à Paris oublieux quelque heure canoniale. » Je suis entré souvent par la grand'porte et si modeste, par la cour minuscule où des pépiements de moineaux accompagnent les *Gloria*, en cette chapelle de la rue Monsieur, que fréquentèrent Coppée et Brunetière, et qui révéla à Huysmans, par les cantiques de ses moniales, les ampleurs de la théologie catholique. J'y fus prier. C'est là que j'ai médité l'enseignement des Pères, la sublime épopée du Catéchisme de Trente, et Moelher et Newman et d'autres maîtres aimés. C'est là que j'ai commencé à concevoir, devant Dieu, que l'Eglise n'est point une théorie appliquée, mais une Réalité vivante communiquant à l'homme, en « lui donnant le jour », comme une mère, la lumière de vie. Je compris la divinité de cette mère par la pleine humanité de son grand geste séculaire, qui relie tout l'homme, et tous les hommes, à travers les espaces et les temps, au Père commun dont elle fait notre Père en commun. (*Revue des Jeunes*, Pierre de Lescure).

« Dans Paris se cache un modeste sanctuaire, où je sais que bien des âmes commencèrent à prier. Je dois un souvenir ému à la chapelle bénédictine de la rue Monsieur, qui, du chant de ses voix pures, m'appela patiemment, — sans contrainte, mais longuement — vers sa table de communion. » (*Revue des Jeunes*, Lucien-Paul de Lobel).

VIII

Le Rosaire vivant

Il arrive souvent que les enfants instruits dans nos écoles libres et formés dans nos patronages voient vaciller leurs croyances et sombrer leurs pratiques religieuses, lorsque, devenus jeunes gens, ils entrent à la caserne.

Pas de doute que la caserne, en séparant de la famille et des relations habituelles de la vie, ne constitue l'homme dans un état anormal. Du fait qu'il se trouve seulement avec des jeunes hommes comme lui, le soldat est porté à moins de retenue. D'un autre côté, il est victime de ce phénomène que l'on appelle l'âme des foules, en vertu duquel la résultante d'une agglomération est d'ordinaire pire que ne le serait la totalité des individus composants, si elle se calculait de façon abstraite, les hommes remis en masse mettant surtout en commun leurs qualités mauvaises, et les entraîneurs, les audacieux, étant souvent, en pareille circonstance, les moins vertueux.

En tout cas, le passage à la caserne, est pour bon nombre de nos jeunes gens l'occasion d'une forte dépression morale. On voit les redoutables conséquences qui s'ensuivent pour la famille future et pour la société tout entière. C'est pourquoi une vigilance attentive a-t-elle cherché toujours à remédier dans la mesure du possible à des inconvénients aussi considérables. Il y a eu des cercles pour les soldats, des maisons, des foyers du soldat. Ajoutez l'Association générale des Pères de famille chrétiens (1). L'entrée des séminaristes à la caserne n'a pas laissé d'améliorer la situation : Dieu a reçu des honneurs dans la chambrée; la prière y a été dite ostensiblement; les attaques à la religion, dogme et morale, ont été relevées. A côté des séminaristes,

(1) Demander renseignements à M. le général Bonnet, président de l'Association, 8, avenue Debasseux, Versailles.

beaucoup d'étudiants de nos grandes écoles, beaucoup de jeunes munis de hauts diplômes, beaucoup de jeunes gens sortis de nos patronages, ont élevé la voix pour défendre les droits de Dieu et des âmes. L'on peut dire que l'atmosphère morale des chambrées s'en est trouvée quelque peu purifiée.

A ce résultat a contribué une pratique de piété que je n'ai pas nommée encore : le Rosaire vivant.

J'avouerai que j'ignorais cette pratique, il y a quelques années encore, et son efficacité me fut révélée par un jeune soldat. Ce dernier, fils d'un gros industriel de Paris, s'était converti au catholicisme, quelques mois avant son départ pour le régiment. A la caserne, il vécut dans l'état d'âme d'un novice fervent. Ecoutez plutôt :

« Quand je regarde en arrière et que je compare ce que j'étais à ce que je suis, j'éprouve, à constater l'ascension parcourue, une immense gratitude à l'égard de Dieu... Le régiment n'a porté aucune atteinte à ma vie intérieure. Au contraire. J'offre en esprit de sacrifice, comme autant de petites offrandes, les mille ennuis du métier. Avec le règlement que je me suis imposé, j'espère mener à bien mes deux ans de service militaire et faire amende honorable pour toutes les fautes que j'ai commises. Voici ce règlement : Prières du matin et du soir, à genoux; deux dizaines de chapelet chaque jour, communion tous les dimanches, cercle tous les soirs, choix de mes camarades... Pour augmenter en moi la résistance et l'esprit de sacrifice, je pousse l'effort jusque dans les plus petites choses, comme, par exemple, de ne pas fumer. De plus, je me dévoue à une œuvre catholique pour militaires et j'essaie, par tous les moyens, d'arracher mes camarades de chambrée aux dangers qui les menacent, collaborant dans une faible mesure à l'action de l'aumônier militaire... Je veux continuer dans la voie commencée, monter toujours plus haut, et, l'année prochaine, nous reverrons ensemble sous le regard de Dieu, auteur de tout bien, le chemin parcouru. En attendant, je remercie Dieu d'avoir bien voulu me faire voir la Lumière, de m'avoir instruit, de m'avoir pardonné et, maintenant, d'augmenter ma foi et de me faire son infime apôtre.

« Une chose m'a aidé comme elle aide mes camaradee : c'est le Rosaire Vivant... »

J'ai déjà avoué, à ma confusion, que je ne connaissais pas cette dévotion. Avec quelque précaution, pour ne pas scandaliser mon jeune ami, je m'enquis de l'œuvre et de son fonctionnement.

A quelques jours de là, je reçus une lettre et une notice. La lettre disait seulement :

« Vous me demandez comment nous pratiquons le Rosaire Vivant à la caserne. Nous sommes classés par l'aumônier, par compagnies et par quinze hommes. Il s'agit de ceux qui fréquentent le Cercle. Chacun de nous dit une dizaine de chapelet tous les soirs. Les trois meilleurs de chaque section de quinze hommes sont respectivement chefs et sous-chefs de Rosaire. Voilà le simple fonctionnement. »

La notice était plus explicite. J'en donnerai la teneur générale :

AUX SOLDATS CATHOLIQUES

C'est à vous que nous adressons ces lignes, à vous, chers jeunes gens, qui réunis sous les drapeaux pour servir et défendre votre Patrie, voulez conserver intactes et votre foi et vos mœurs. Vous avez, sans nul doute, appris dans votre enfance à aimer, honorer et prier votre mère du Ciel, la Très Sainte Vierge Marie. Nous allons, dans une courte notice, vous montrer comment vous pouvez le faire par la très facile pratique du Rosaire Vivant et comment, par cette pratique, vous pouvez exercer un apostolat très fructueux auprès de vos camarades.

I. — NOTIONS SOMMAIRES SUR LE ROSAIRE VIVANT

Qu'est-ce que le Rosaire? — Vous le savez déjà : Une dévotion révélée par la Très Sainte Vierge à S. Dominique, au XIIIe *siècle.* — Elle consiste à réciter 15 dizaines d'*Ave Maria* précédées chacune d'un *Pater* et suivies d'un *Gloria,* en méditant successivement sur les 15 principaux Mystères de la Rédemption : 5 joyeux (ce sont ceux de l'Enfance de N.-S.), 5 douloureux (ceux de sa Passion), 5 glorieux (ceux de sa Résurrection, de son Ascension, de la Glorification de Marie). Chaque série de 5 Mystères forme un chapelet. — Il n'y a qu'un seul Rosaire, mais il y a plusieurs manières de le réciter, de là : la *Confrérie,* le *Rosaire Perpétuel,* le *Rosaire Vivant.* — Nous ne nous occupons ici que de ce dernier.

Qu'est-ce que le Rosaire Vivant? — C'est une association composée de groupes de 15 personnes réunies sous la direction de l'une d'entre elles nommée Zélateur et Zélatrice, et qui se partagent les 15 dizaines du Saint Rosaire. — Au commencement de chaque mois, les 15 associés tirent au sort les 15 Mystères, puis chacun récite tous les jours une dizaine de chapelet en pensant au Mystère qui lui est échu. — Le mois suivant, nouveau tirage au sort ou nouveau changement de mystère.

NOTA. — 1° Au lieu de tirer au sort, il est permis de changer les 15 mystères dans leur ordre successif en prenant le Mystère suivant.

2° Si un associé disparaît, le Zélateur doit le remplacer dans le délai d'un mois.

3° Si un associé oublie la récitation, les autres ne perdent pas les Indulgences.

Quand et comment le Rosaire Vivant a-t-il commencé? — Le Rosaire Vivant a pris naissance à Lyon, vers 1825, grâce à Mlle Pauline-Marie Jaricot, de sainte mémoire, la vraie fondatrice de l'Œuvre de la *Propagation de la Foi*, dont la cause de béatification est introduite à Rome. Cette grande âme voulut par cette pratique réveiller la dévotion au Rosaire fort déchue depuis la Révolution.

Le Pape Grégoire XVI approuva solennellement, par Bref du 27 janvier 1832, la nouvelle association, et l'enrichit d'indulgences.

Mais comment peut-on se rappeler le Mystère à méditer? — Les Zélateurs distribuent chaque mois de petits billets-images rappelant les 15 Mystères et portant les numéros 1 à 15. Chaque associé garde toujours le même numéro qui est transposé chaque mois sur le Mystère suivant. Ces billets-images (*Petites Fleurs du Rosaire*) sont publiés par les Dominicains français.

II. — Le rosaire vivant des soldats et futurs soldats chrétiens

A l'origine du Rosaire Vivant, la sainte Fondatrice n'avait pas négligé de le propager dans l'armée. Nous en trouvons la preuve dans une lettre où elle raconte la merveilleuse protection de Marie Immaculée sur la ville de Lyon, pendant et après l'insurrection de 1831. Une armée de 30.000 hommes, sous les ordres de Soult et du duc d'Orléans, avait été envoyée par Casimir-Périer pour réduire les insurgés. Après une vive résistance, les troupes entrèrent dans Lyon, exaspérées : des représailles étaient à craindre. Mais bientôt un grand apaisement s'opéra, grâce à une large profusion de médailles miraculeuses semées sur le passage des troupes avec d'innombrables petits billets portant ces mots : « Marie a été conçue sans péché. » Un mouvement extraordinaire de piété se manifesta parmi les soldats et plusieurs organisèrent parmi eux des sections du Rosaire Vivant. « *Cela vaut gros*, disaient-ils, *et c'est vite fait; bien bête qui n'en profite pas* » ! (1)

Ce ne fut pas le seul essai d'organisation du Rosaire Vivant parmi les soldats à cette époque; il fut, pendant assez longtemps, florissant dans plusieurs Œuvres militaires. — Mais venons à sa toute récente résurrection.

Résurrection. — Pendant l'hiver de 1908-1909, un prêtre d'une paroisse importante de l'Est avait, en plus de son ministère très surchargé, la direction d'une Œuvre militaire dans une garnison d'environ neuf mille hommes.

Se sentant débordé, il pria ses meilleurs soldats de grouper, chacun dans son régiment, bataillon, puis unité, tous les soldats connus comme catholiques.

Ces groupements une fois constitués, il leur donna leur forme définitive, en proposant l'organisation simple, pratique, surnaturelle, du Rosaire Vivant. L'idée fut accueillie avec enthousiasme, réalisée avec une extrême facilité.

Quinze hommes, c'est une escouade. — Sans tarder, le Rosaire Vivant a permis de former, pour commencer, une escouade de la Sainte Vierge dans chaque bataillon de cinq cents hommes.

Cinq hommes font une patrouille; le chapelet en fait une patrouille de la Sainte Vierge. Les trois patrouilles réunies forment la quinzaine du Rosaire Vivant avec son Zélateur (chef de Rosaire), et deux Sous-Zélateurs (chefs de chapelet).

Présentée sous cet aspect militaire, l'Œuvre du Rosaire Vivant qui met entre les mains de nos braves,

(1) *Vie de Pauline-Marie Jaricot*, par L. Masson.

comme une arme perfectionnée contre Satan, le chapelet, — a déjà séduit et séduira toujours nos soldats catholiques.

Le 11 février 1909, une circulaire adressée à tous les aumôniers des différentes garnisons, faisait appel à leur dévouement pour l'organisation de l'Œuvre et bientôt, de presque tous les corps d'armées, arrivaient de précieux encouragements:

Après sept années d'efforts persévérants, le Rosaire Vivant des Soldats chrétiens compte aujourd'hui (janvier 1916) 551 *groupes* formant environ 3291 *quinzaines* réparties dans tous les corps d'armée.

Prière de combat, le Rosaire s'est développé pendant la grande guerre d'une manière prodigieuse, non seulement dans l'armée française, mais dans l'armée belge et italienne, opérant partout des merveilles d'héroïsme, de conversion, de zèle, de protection.

Ce sont 50.000 *chrétiens fidèles* qui font monter, chaque jour, 500.000 *Ave Maria* vers le trône de Marie, *Mère du Bon Conseil, Notre-Dame des Armées.* — Sans méconnaître l'action de MM. les Aumôniers, Directeurs officiels des groupes, nous devons dire que ces premiers résultats sont le fruit de l'initiative et de la propagande des soldats eux-mêmes. Si l'on songe aux difficultés de cet apostolat, on ne peut s'empêcher de les trouver admirables et consolants. « *Une quinzaine de chapelet à la caserne,* a dit une pieuse fille de sainte Thérèse, *c'est plus que le Rosaire d'une Carmélite.* »

L'œuvre est féconde en résultats, le mécanisme en est simple, et tous ceux qui l'ont entreprise avec quelque persévérance ont eu à se féliciter du bien accompli par elle. Que faut-il de plus pour amener à la tenter?

Dans le courrier du Rosaire vivant, je détache encore cette page qui, tout en revenant sur l'organisation, et en montrant les modifications qu'elle peut recevoir, indique la variété de ses conséquences heureuses :

« Voulez-vous me permettre de vous entretenir de notre œuvre du Rosaire? Vous pouvez constater qu'à mon groupe de brancardiers, le Rosaire Vivant est excessivement prospère. Il a été accueilli avec enthousiasme pas nos nouveaux braves (vieux territoriaux), comme il le fut par nos « anciens » et qui restent, eux aussi, fidèles à l'œuvre. Le Rosaire Vivant que j'ai connu par un simple soldat est vraiment l'œuvre qu'il faut à l'armée, toutes les autres se grefferont naturellement sur celle-là, *ad Jesum per Mariam;* les résultats obtenus sont merveilleux ou tout au moins très consolants, quand l'œuvre est menée sérieusement, chose facile, *sérieusement*, c'est-à-dire quand on en a fait ce qu'elle doit être, une œuvre *surnaturelle*. J'ai cru devoir donner à mes rosaristes un règlement que nous suivons rigoureusement, et je me fais un devoir de vous le signaler maintenant qu'il a fait ses preuves :

1. L'œuvre du Rosaire Vivant s'est placée sous le patronage de la Très Sainte Vierge, invoquée sous le titre de *Notre-Dame des Armées*.

2. Le Rosaire Vivant se propose de fournir aux hommes de bonne volonté une occasion de *prier* et il est *une œuvre d'apostolat*.

3. Chaque groupe de 15 membres constitue un rosaire, ayant à sa tête un chef de rosaire : chaque groupe de 5 membres forme un chapelet ayant à sa tête un chef de chapelet.

4. Les *sous-officiers*, à quelque groupe qu'ils appartiennent, ont le titre de chefs de rosaire *honoraires*. — Les *officiers* membres de l'œuvre ont le titre de présidents *honoraires de l'œuvre* : les uns et les autres auront la faculté d'assister aux réunions du groupe.

5. L'aumônier divisionnaire est le président en titre de l'œuvre, avec un prêtre adjoint.

6. Les *chefs* du Rosaire Vivant doivent être une *élite* et seront toujours choisis parmi les meilleurs catholiques pratiquants.

7. Les *chefs* du Rosaire Vivant se réuniront *chaque quinzaine*, dans l'intérêt de l'œuvre; *chaque mois*, réunion de tous les membres du Rosaire Vivant.

8. Seul un « motif de service » peut expliquer l'absence d'un *chef* de rosaire ou de chapelet à une réunion soit des chefs, soit de tous les membres du Rosaire Vivant.

9. Un chef de rosaire ou de chapelet qui cesse de se rendre digne du choix qu'on a fait de lui doit être averti et devient susceptible d'être remplacé par un plus digne.

10. Chaque samedi, les chefs de rosaire s'enquièrent du lieu et de l'heure de la *messe du dimanche* et des *offices de la semaine*, ils le font savoir aux chefs de chapelet, lesquels en avertissent leurs hommes.

11. Dans e G. B. D., les membres du Rosaire Vivant sont une *élite* : la *pureté de vie*, l'*obéissance facile et joyeuse* à l'autorité militaire, l'*esprit de bonne camaraderie*, c'est ce à quoi on les reconnaîtra.

12. Les rosaristes seront unis entre eux par le lien d'une constante charité, comme les enfants d'une même famille, sous le regard tutélaire de la Reine des Cieux.

13. Les rosaristes auront la sainte ambition de conquérir beaucoup de camarades au Rosaire Vivant. Pour

assurer leur persévérance, ils seront fidèles à la confession fréquente et à la communion très fréquente.

Notre groupe du Rosaire a même son *Cantique* propre, les hommes tiennent à ces petites choses.

Voilà notre œuvre telle qu'elle fonctionne et telle qu'elle est établie ailleurs, par ceux des nôtres qui nous ont quittés... Pour être plus complet, je devrais ajouter que nous faisons de nos réunions de quinzaine un véritable *cercle d'études*, et que le Rosaire Vivant a donné naissance à une *chorale* excellente, ce qui est bien précieux aussi. »

Un Aumônier Militaire.

A lui seul, le Billet rosarien est une petite merveille. Sorte de lettre mensuelle qu'adresserait au soldat la Mère du ciel, il redit d'abord, en exergue, la fière devise de l'Œuvre : *Dieu, Honneur, Patrie.* Ensuite il porte, sur le blanc du drapeau tricolore, l'image du Sacré-Cœur, d'un cœur d'où s'échappent des flammes, que surmonte une croix, qu'entoure une guirlande d'épines. Puis, le soldat est invité à réciter chaque jour du mois une dizaine de chapelet en pensant à un mystère représenté par une gravure qui, si elle n'a pas de prétention artistique, n'en est pas moins évocatrice de pensers et de sentiments chrétiens par l'événement qu'elle représente. D'ailleurs, au bas de l'image, quelques lignes rapides rappellent le mystère dont il s'agit, proposent quelques invocations, donnent l'indication des indulgences et le nom du patron du mois, ordinairement un soldat.

Au verso de la feuille, autres renseignements utiles : l'intention générale que doit se proposer chaque mois le Rosariste, un bouquet spirituel, composé de plusieurs pieuses pensées, tout le calendrier du mois, la statistique du Rosaire vivant avec les progrès réalisés depuis l'apparition du dernier billet.

Il me semble que cette petite feuille est souvent considérée par le soldat, qu'elle le porte souvent à réfléchir, qu'elle l'aide à élever son âme vers Dieu, qu'elle lui est un viatique lumineux et cordial, un compagnon céleste qui occupe quelques instants sa journée, peuple sa solitude et lui ramène quotidiennement le pieux cortège de tous ses bien-aimés (1).

IX

Les « Semaines sociales »

Encore une institution qui a servi à faire connaître et apprécier l'Eglise et, par conséquent, à fortifier le courant qui se dirigeait vers elle.

Qu'est-ce qu'une « Semaine sociale »? Pour le savoir, il suffit de définir chacun de ces deux mots. Le premier mot indique la durée; le second désigne le genre d'occupation qui est l'étude des questions sociales. La « Semaine sociale » est un cours de sociologie théorique et pratique qui dure l'espace de sept jours. Rien ici qui ressemble à un congrès, rien qui rappelle les brillantes manifestations où l'on vient applaudir un orateur de renom, former un cortège à travers les rues d'une ville, émettre des vœux qui demeurent stériles sur la dernière page d'un cahier

(1) S'adresser au Secrétariat, 83, rue de l'Université, Paris, VII°.

de procès-verbaux; mais l'étude consciencieuse, l'attentive réflexion. Maîtres et élèves se réunissent pour enseigner et écouter sous l'autorité et le contrôle de l'Eglise, reconnue par tous comme la maîtresse des intelligences et des volontés.

Les maîtres viennent exposer les connaissances qu'ils ont puisées dans leurs études spéculatives ou dans leur expérience quotidienne; les élèves eux-mêmes, ou les auditeurs, ont cherché à pénétrer par une longue étude personnelle, dans la connaissance des sujets qui doivent être traités. Après chaque leçon, il y a un échange de vues très profitable à chacun. Souvent, en dehors des conférences faites par des hommes éminents sur les sujets indiqués pour chaque « Semaine », on a entendu des discours remarquables faits par les évêques présents, soit sur la question sociale en général (Mgr Dadole et Mgr Touchet), soit sur un point précis (Mgr Gibier).

Ces « Semaines » ont lieu périodiquement à travers la France. On en compte dix. La dernière s'est tenue à Versailles, l'année même de la guerre, du 28 juillet au 3 août. Le sujet traité fut la « responsabilité ». « L'idée de responsabilité envisgaée du point de vue chrétien, disait le programme, formera le thème central de l'enseignement des divers professeurs et donnera lieu à de fortes études dans lesquelles cette idée sera successivement examinée au point de vue philosophique et théologique, au point de vue juriqidue et historique, ainsi que dans l'ordre pratique. »

Si à une certaine époque, quand on se scandalisait à chaque fois que le mot social était prononcé, les esprits ombrageux purent concevoir des inquiétudes au sujet des « Semaines sociales », cette disposition ne dura guère. De bonne heure, les hommes réfléchis y virent un moyen de réintégrer les disciplines morales chrétiennes contre le flot désordonné des égoïsmes humains et des concurrences brutales. M. de Mun, qui consacra une si grande partie de sa vie à élucider le problème social, les jugeait ainsi :

« Me reportant aux jours lointains où naquit l'œuvre des Cercles catholiques d'ouvriers, je reconnais dans celle que poursuivent aujourd'hui les « Semaines Sociales » une semblable inspiration. Elle se peut résumer en une seule pensée : chercher dans les enseignements de l'Eglise catholique la règle des sociétés humaines et travailler ainsi à reconstruire un ordre social pénétré de l'esprit chrétien. »

D'année en année, ces « Semaines » étaient plus suivies. Placées au moment des vacances pour favoriser l'élément étudiant, elles attiraient de tous les points de la France la jeunesse désireuse d'étudier, à la lumière des principes chrétiens et des enseignements de l'Eglise, les problèmes sociaux de l'heure présente. Ceux qui y avaient assisté une première fois devenaient des abonnés fidèles et recrutaient de nouveaux auditeurs : c'était une occasion de voir et d'admirer des maîtres renommés, pleins de sympathie pour les jeunes, et de rencontrer des camarades érudits, charmants et forts qui devinrent parfois des amis. Ensemble, on s'encourageait à l'étude et à l'action; ensemble on promettait de travailler à glorifier l'Eglise et à avoir pitié de la foule.

« Catholiques et pratiquants, disait naguère le fondateur des Semaines, M. Henri Lorin, nous voulons prendre la conscience nette de ce que postule et de ce qu'entraîne le catholicisme au point de vue social, faire pénétrer les exigences de la justice, telles que les impliquent les affirmations de notre foi, dans le détail des rapports sociaux. »

Cependant beaucoup de circonstances n'étaient pas favorables à ces assises. Elles se tenaient au moment de la canicule, après de longs mois d'efforts et de travail, à l'heure où l'on pouvait enfin rejoindre la famille ou quand on venait d'y arriver et lorsque tant d'autres prenaient le chemin de la mer, de la forêt, de la montagne. Mais un intérêt supérieur était en action et faisait surmonter les difficultés.

Une preuve incontestable de l'importance de ces « Semaines » est que leur nom et leurs méthodes ont été adoptés par les catholiques d'Italie, d'Espagne, de Belgique, de Suisse, de Hollande, de Pologne.

Que d'œuvres et d'institutions, il y aurait encore à citer pour faire le dénombrement complet des causes qui déterminèrent un renouveau ou bien contribuèrent à le promouvoir une fois qu'il fut commencé.

X

La Société Saint-Benoit-Joseph-Labre

A côté des œuvres générales de jeunes, à ramifications innombrables, s'en élèvent d'autres qui, pour être particulières et jusqu'ici, sans essaims, ne méritent pas moins de retenir l'attention de celui qui, sous la surface mouvante et ondoyante des choses, cherche à deviner les courants profonds qui déterminent au dehors les événements accessibles à tous.

Parmi ces œuvres locales, se classe au premier rang la Société de Saint-Benoît-Joseph-Labre.

Mais, tout d'abord, pourquoi cette œuvre s'est-elle placée sous le vocable de ce saint?

Tout simplement parce que, lors de sa fondation, on était aux jours qui suivaient la canonisation du pieux pèlerin, et aussi, raconte un témoin des origines, parce que ce saint était un Français, un fervent adorateur du Saint-Sacrement, un serviteur très dévot de la Vierge et que, en dehors du cloître et du sacerdoce, il fut, au milieu même du monde, un contempteur héroïque de l'esprit du monde.

Voyons maintenant la date, le fondateur, les circonstances, le but, les moyens, les résultats.

La date : 1882.

La personne du fondateur est chose plus importante qu'il ne peut paraître au premier moment. Car l'œuvre ressemble à l'homme. Elle est son image comme elle est sa descendance. Ici, le fondateur fut le Frère Exupérien, assistant du supérieur général des Frères des Ecoles chrétiennes, religieux d'un grand esprit de foi et rempli, à un haut degré, du zèle qui fait les apôtres. Ajoutez qu'il avait un sens profond de la nécessité des œuvres et du surnaturel dans les œuvres.

Les circonstances jouent aussi leur rôle dans l'histoire d'une œuvre. On sait que les Frères des

Ecoles chrétiennes se trouvent à la naissance même des Patronages. Autant d'écoles dirigées par les Frères, autant de patronages. Cependant les patronages tenus par les Frères étaient surtout florissants à Paris. A l'époque de la laïcisation, ils comptaient près de 4.000 enfants ou adolescents. Chaque année, les patronnés se réunissaient au pensionnat des Frères, à Passy. Or, pendant l'assemblée générale de 1882, le 21 mai, le Frère Exupérien, tout en écoutant la lecture des rapports et les périodes des discours, prenait la résolution de fonder, sans plus tarder, un groupement auquel il songeait depuis cinq ans. Il y a sûrement dans cet auditoire, pensait-il équivalemment, en regardant les rangs pressés de la jeune assemblée, des enfants et des adolescents que transformerait en apôtres une éducation plus forte que l'éducation ordinaire des patronages. Devenus, sous une direction particulière, plus pieux et plus ardents que les autres, ils seront à même d'exercer sur leurs camarades une influence décisive. Il faut les découvrir, les grouper, les former et s'en servir pour améliorer nos œuvres.

Idée précieuse qui indique le but de l'Œuvre : grouper les membres les mieux doués des patronages, pour en faire des chrétiens convaincus, courageux, zélés, véritables cadres de formation pour toute une armée, ferments actifs de bien. Idée toute simple aussi, si simple qu'on se demande pourquoi elle ne s'était pas fait jour, dès le début des patronages. Mais, ce qui, une fois trouvé, paraît très simple, à cause de son utilité et de ses avantages, a parfois été longtemps cherché par la réflexion et par la prière.

Après l'idée, l'organisation. Le 9 juin de la même année, le Frère Exupérien avait convoqué, à la Maison mère des Frères, deux prêtres, anciens disciples de Mgr de Ségur et neuf jeunes gens des patronages. Il s'agissait d'élaborer le règlement de la nouvelle association, de lui donner un directeur spirituel et de lui choisir un patron. Nous avons déjà dit quel est le patron. L'abbé Gabiler, un des deux prêtres ci-dessus mentionnés, fut appelé à la direction. Puis, quelques idées essentielles furent échangées relativement au règlement qui ne devait être établi définitivement que plus tard.

Fait pour une élite, ce règlement suppose, tout d'abord, comme admis et pratiqués par ses membres, les moyens généraux de sanctification qui assurent la vie spirituelle de tout chrétien. Comme tout règlement, il renferme des pratiques annuelles, d'autres mensuelles, d'autres hebdomadaires et, enfin, d'autres quotidiennes.

Comme pratique annuelle, il y a une retraite fermée au milieu de la merveilleuse solitude d'Athis. Nous avons déjà dit l'efficacité des retraites. Dans le recueillement, en face de Dieu et de son âme, « l'exercitant » se pénètre du prix de la vie. Sous l'action combinée de la prière, de la prédication, de la lecture, de la méditation, de l'exemple que lui donnent ses compagnons, il s'examine, se juge, se décide, se transforme.

Mais, comme la provision des âmes pourrait s'épuiser dans toute l'étendue d'une année à l'autre, les membres de Saint-Labre sont invités à faire, tous les deux mois, dans la même solitude d'Athis, une journée de récollection. C'est une retraite d'un jour. A part la durée, elle a tout de la grande retraite : confession, communion, prières plus recueillies, instructions, conseils, visite plus longue au Saint-Sacrement, examens, résolutions, compagnie de camarades fervents.

N'est-ce pas encore une sorte de retraite ou de récollection, cette réunion de sections, qui a lieu chaque mois et qui réunit, en nombreux groupements, pendant une heure de la soirée, sur les différents points de Paris et de la banlieue, les membres de Saint-Labre. Du moins, y renouvelle-t-on, après avoir prié et entendu des avis, les résolutions anciennes.

Chaque semaine, il y a la confession. Quant à la communion, elle n'a d'autre règle que les décisions et les appels contenus dans le décret de Pie X, en date du 20 décembre 1905, et les possibilités que donnent aux jeunes associés des occupations diverses, laissant plus ou moins de liberté pour accéder à la Table sainte. On comprend d'ailleurs aisément que l'esprit de l'Œuvre porte tout entier à la communion aussi fréquente que possible.

Quant à la partie quotidienne du règlement, elle demande : outre les prières du matin et du soir, une invocation à saint Joseph-Benoît Labre; une courte lecture, suivie de quelques minutes de méditation et d'une résolution; l'assistance à la sainte messe et la visite au Saint-Sacrement; quand elles sont possibles, la récitation d'une dizaine de chapelet; la fréquente élévation du cœur vers Dieu; le support des croix quotidiennes et l'accomplissement de quelque sacrifice volontaire; l'examen de conscience.

On n'entre pas de plain-pied dans l'Association; le candidat doit préalablement passer par une sorte de noviciat à deux degrés. Il est d'abord reçu à titre d'aspirant et, comme tel, autorisé à assister aux réunions. Si l'aspirant est âgé de quinze ans au moins, s'il a six mois de présence et si, de plus, il a témoigné de beaucoup de régularité et d'esprit chrétien, il passe au rang d'admissible et en reçoit le diplôme.

Ce n'est qu'à l'âge de dix-sept ans qu'a lieu l'admission, lorsque, par ailleurs, le candidat a donné toute satisfaction, au point de vue régularité et piété. L'entrée définitive dans la Société se consomme par un acte de consécration prononcé en présence du Saint-Sacrement. Par cet acte de consécration le nouveau membre de Saint-Labre promet de « se dévouer tout entier à l'œuvre de la jeunesse dont il fait désormais partie et de s'employer courageusement au bien de tous ceux qui la composent. »

Quels sont maintenant les résultats produits? Les résultats c'est ce qu'on aime surtout à connaître dans l'étude et la vie d'une œuvre. A bon droit, d'ailleurs. Tant valent les résultats, tant vaut l'œuvre. L'Evangile ne dit-il pas qu' « aux fruits on reconnaît l'arbre? »

Les fruits de Saint-Labre se moissonnent dans deux champs divers. Et, dans ces deux champs, le bien déjà accompli est grand, malgré la jeunesse de l'œuvre.

Il y a d'abord « la section des mariés » qui renferme près de deux cents chefs de famille. Dire qu'ils sont fidèles à l'esprit de l'Œuvre, c'est assez dire ce qu'ils sont comme chrétiens et comme apôtres, au foyer et à l'atelier. Puis, il y a aussi ceux que le Christ s'est choisis pour son service spécial. De ceux-ci on compte plus de cent vingt. Certes, Saint-Labre n'achemine pas nécessairement vers le sacerdoce ou vers la vie religieuse, mais il y incline par deux poids puissants, en donnant au jeune homme le souci de son perfectionnement intérieur et le zèle pour le salut des âmes. Aussi ceux qui franchissent le seuil du séminaire ou du noviciat s'aperçoivent-ils promptement qu'ils ont déjà un peu l'âme d'un lévite ou d'un religieux.

Mais, au milieu même du monde, dans le domaine varié du laebur quotidien, le « Benoît-Labre », par son amour du devoir professionnel, par sa charité, sa gaieté... apporte constamment l'édification et répand largement, autour de lui, la semence du bien, la parole qui fait réfléchir, l'exemple persévérant qui frappe l'attention, amène à remonter aux sources et, parfois, décide les changements de vie.

Association de piété, la Société de Saint-Labre a eu le bonheur de voir s'ouvrir en sa faveur le trésor de l'Eglise. De précieuses indulgences sont offertes à ses membres.

Est-ce cette communion toute spirituelle des saints qui a donné à quelques-uns des sociétaires la pensée de former une communion professionnelle ou Syndicat? Je ne sais. En tout cas, il s'est formé par leurs soins, il y a vingt-cinq ans déjà, un *syndicat des Employés du Commerce et de l'Industrie* qui ne compte pas moins de 7.000 membres.

Se syndiquer! La force est là. Il importe que les

catholiques le sachent. Que peut la goutte d'eau? Que peut le grain de sable? Mais quelle force de résistance et d'action n'ont pas le fleuve et la montagne! Tous les syndiqués du Commerce et de l'Industrie ne sont pas des catholiques, mais ils sont en présence de catholiques qu'ils voient actifs, entreprenants, probes, dévoués : c'est déjà une révélation du Christianisme, révélation qui pourra devenir plus grande et se terminer par la conversion.

Comment taire maintenant le charme qui naquit pour moi d'une rencontre avec un membre de Saint-Labre.

Joseph avait été élevé dans un milieu indiffrent, était devenu élève interne dans un lycée, puis employé de bureau à Paris. Combien loin de Dieu! Un jour, par je ne sais plus quel concours de circonstances extraordinaires dont il est tout surpris le premier, il entre à Saint-Labre. Ce fut bientôt une transformation. Et si grande! Quand il vint me voir, je me trouvai en présence d'une âme que je qualifierai volontiers d'angélique, tant étaient élevées ses pensées, hautes ses amours, nobles ses aspirations.

Il semblait tout entier du ciel.

Cependant, il ne rêvait que de se dévouer à la terre, en actes de bonté, de sacrifice, de tendresse, pour communiquer aux hommes, aux enfants et aux jeunes gens surtout les dons du ciel, la prière, les sacrements, le culte de Jésus et de sa Mère, les joies, les apaisements, les consolations divines.

Quand on était près de lui et qu'il parlait, révélant son âme, exposant ses projets d'avenir, on croyait voir s'étendre devant soi toute une moisson de lis et entendre des bruissements d'ailes d'anges.

Aujourd'hui, il est mort... pour la France.

Quand sonna le tocsin de la Patrie, ce pacifique sentit s'allumer en lui une âme belliqueuse, il devina dans la mort héroïque du combattant une force singulière d'inspiration, une gloire d'holocauste. Alors, il s'offrit à Dieu pour mourir en victime; et, une fois aux tranchées, on le vit se proposer sans cesse pour les missions les plus périlleuses.

Longtemps il passa comme invulnérable à travers les dangers. Autour de lui, on croyait à une protection miraculeuse.

Un jour, cependant, il tomba sur le sol, ou, plutôt, il s'élança jusqu'au ciel, achevant une ascension toujours poursuivie depuis que Saint-Labre avait changé sa vie.

Quel amour il avait pour Saint-Labre! Comme il savait en parler! C'est lui qui m'a remis la petite notice à l'aide de laquelle j'ai tracé ces lignes. Que n'ai-je pu transcrire le commentaire qu'il m'en donna!

XI

LA MÈRE, LE PRÊTRE, L'AMI.

Enfin, on ne saurait omettre, dans l'exposé des causes qui ont influé sur le mouvement catholique de la jeunesse, la triple action des mères, des prêtres et de l'amitié.

Depuis une cinquantaine d'années, beaucoup de mères françaises sont aussi instruites que celles du XVIIe siècle. Quant à leur dévouement, s'il n'est pas plus grand qu'aux âges précédents, il est, chez un grand nombre du moins, plus éclairé.

Etant plus instruite, la mère peut suivre et guider dans leurs études, ses jeunes enfants. Par là, elle leur inspire tout à la fois plus d'estime et plus de reconnaissance. Pour ce qui est de l'éducation elle-même, les mères y sont plus préparées qu'elles ne le furent souvent. A quoi l'attribuer? A ce qu'il s'est trouvé des directeurs d'âmes plus éclairés qui ont attiré l'attention des mères sur ce point particulièrement essentiel de leur tâche et leur ont donné conseils, méthodes et programmes pour leur œuvre d'éducatrice. A quoi attribuer encore cette influence plus considérable des mères? A ce que de nombreux ouvrages ont été édités qui rappelaient le même but et proposaient des moyens adaptés. Comment ne pas rappeler l'admirable traité de Mgr Dupanloup sur l'*Education* qui donne les principes et jusqu'aux moindres détails, pour aboutir à une éducation profondément virile et chrétienne. En extrayant l'essentiel de cet ouvrage et des autres livres de Mgr Dupanloup, adressés aux femmes chrétiennes, on ferait un manuel parfait à l'usage des mères qui veulent dignement s'occuper de leur tâche d'éducatrice. Cependant, Mgr Bougaud, alors vicaire général de Mgr Dupanloup, faisait paraître un beau travail sur sainte Monique, dont la préface est si réconfortante et a été baignée tant de fois des larmes des mères; et un autre vicaire général de Mgr Dupanloup composait la vie de sainte Paule, une éducatrice, et donnait une édition des Lettres de saint Jérôme, un éducateur de grand talent et de grande vertu.

Une autre cause encore a contribué à donner aux

mères une plus haute et plus juste idée de leur rôle, c'est l'Archiconfrérie des Mères chrétiennes. Cette association fut fondée à Lille, au premier jour de mai 1850, et placée aussitôt sous le patronage de Notre-Dame des Douleurs. Dans la pensée des premiers membres, cette Association ne devait pas s'étendre au delà de Lille; cependant, six ans plus tard, elle comptait déjà quatre cents Confréries. Une fois érigée en Archiconfrérie, le siège de l'Association fut placé dans la chapelle de Notre-Dame-de-Sion à Paris et le Directeur général fut le P. Ratisbonne, fondateur de Notre-Dame-de-Sion.

Chaque mois, les mères chrétiennes se réunissent pour prier, pour assister à la sainte messe et pour entendre une instruction qui se rapporte à leur propre sanctification aussi bien qu'au salut de leurs enfants. On entrevoit, du même coup, toute la force qui provient de cette Confrérie : force de la prière, force de l'exhortation, force de l'Association, force des indulgences.

« Inspirée d'en haut, cette œuvre est parfaitement appropriée à la situation actuelle, écrivait Mgr Guibert, archevêque de Paris; elle peut devenir le remède le plus efficace aux maux que souffre la religion. Il n'y a pas seulement ici les fruits de la prière qui se répandent sur ceux pour qui l'on prie; mais les mères de famille elles-mêmes deviennent par l'association, plus fortes, plus ferventes, plus chrétiennes. Quand l'œuvre sera entièrement développée sur tous les points de la France, la religion aura, dans ces pieuses femmes, une armée sainte, qui défendra les principes de la foi et de la morale par les armes pacifiques mais irrésistibles, de la prière, de l'exemple et de la charité. »

Pendant plus de vingt ans, le P. Ratisbonne fut, à Paris, le prédicateur des réunions qui se faisaient aux pieds de Notre-Dame-de-Sion. Or, il avait hérité de Dieu une merveilleuse intelligence des besoins de la mère, en même temps qu'une grâce spéciale pour instruire, encourager, surnaturaliser. Un jour, cédant à de vives et persévérantes instances, il rédigea, en utilisant les souvenirs de ses instructions, le *Manuel des Mères chrétiennes*. Trois parties dans ce livre destiné « à nourrir la piété des mères, à fortifier leur bon vouloir, à stimuler leur confiance » : la première se compose d'instructions et d'exemples qui montrent l'influence réservée aux mères, tant à leur foyer que dans le monde; la deuxième et la troisième contiennent les documents relatifs à l'Archiconfrérie, plus des exercices et des prières.

« Dans cet enseignement, si touchant, que renferme le *Manuel*, dit le vicomte de Melun, l'auteur ne dissimule rien des devoirs et des efforts qu'impose la maternité selon l'Evangile; il dit combien est difficile le chemin qu'il faut parcourir, pour en atteindre la perfection. Mais une pensée se rencontre à chaque page et peut servir de devise à l'Archiconfrérie : « Dieu récompense, même ici-bas, la peine que se donne une mère pour devenir meilleure, en accordant une plus grande puissance à la prière qu'elle fait pour ses enfants. »

A côté du *Manuel*, l'Archiconfrérie des Mères chrétiennes eut son bulletin périodique, les *Annales*. Le P. Ratisbonne en indique ainsi l'idée dominante:

« Le temps où nous sommes est plein de périls, car l'esprit du mal a envahi, sous tant de formes, les sociétés modernes que, dans les doctrines comme dans les mœurs, on ne voit plus que confusion. L'esprit public distingue à peine la lumière et les ténèbres, le bien et le mal, la vérité et le mensonge; on a perdu de vue les doctrines immortelles; on ne vit que pour la terre; et afin de mieux donner le change, le monde lui-même se transfigure; il se couvre d'un masque qui rajeunit sa vieillesse; et pour lui, la civilisation consiste à transformer cette terre de passage et de pénitence en paradis de délices.

« A la mère est dévolue la tâche de redresser les perspectives chrétiennes. Sa force est dans sa patience. Son arme, c'est la prière. Il faut que par sa fermeté autant que par sa piété attrayante, elle combattre l'entraînement du luxe, des mauvais livres, des mauvais journaux, des mauvais spectacles, et de toutes les séductions qui se multiplient autour d'elle...La mère, si elle est véritablement chrétienne, sera l'ange de salut pour ses enfants. »

Il ne faut pas se lasser de rappeler l'immense pouvoir de la mère. Les hommes font les grandes choses extérieures, mais ce sont les femmes qui font et qui forment les hommes; les hommes font les lois, mais les femmes font les mœurs qui influent sur les lois. Elles font les mœurs dans la famille, mais de la famille, les mœurs passent au dehors. A elles appartienent la tendresse, le savoir et même la force pour pétrir l'âme de l'enfant, pour diriger l'âme de l'adolescent, pour soutenir l'âme du jeune homme.

Si la mère est l'agent choisi de la Providence pour marquer la première empreinte sur l'âme de l'enfant naissant, le prêtre a bientôt son rôle où nul ne peut le suppléer. « Les cœurs de mère sont faits de pureté, de tendresse et de force; et cependant, oserai-je le dire, ils ne sont ni assez forts, ni même assez purs pour que les enfants puissent y renaître à la lumière d'en haut. A cette âme toute divine, il faut des âmes qui aient puisé, dans une consolation plus haute, une plus grande puissance de vie et de résurrection. Ce que la mère commence avec ses larmes, le prêtre l'achève avec l'autorité et le sang de Jésus-Christ. » (Mgr Bougaud, *Vie de sainte Monique*, ch. IX.) Cette influence ne fait que grandir à mesure que l'enfant grandit lui-même.

« Fort comme le diamant, tendre comme une mère », a dit le P. Lacordaire d'un prêtre. Cette parole a été souvent appliquée à Lacordaire lui-même. On devrait pouvoir la dire de tout prêtre qui s'occupe de l'enfance et de la jeunesse. Lumineux et fort comme le diamant, tendre comme une mère, détaché de soi : telles sont les qualités requises pour le prêtre, directeur d'œuvres ou directeur de conscience. Si on ne fait de bien que quand on est aimé, il ne faut se faire aimer que par ses vertus et par un dévouement désintéressé.

Il y eût toujours des prêtres qui s'occupèrent des jeunes âmes. Il y en eut d'incomparables au siècle dernier. Auprès de tout jeune homme qui mieux que ses contemporains a compris le prix de la vie et s'est élevé plus haut que les autres dans la vertu et dans le don de soi, on est assuré de rencontrer un prêtre qui lui a montré le chemin et l'a soutenu dans la route. Ainsi en fut-il pour Montalembert : « Dieu a été bon pour moi, écrit-il à son ami Léon Cornudet, il m'a donné des consolations bien précieuses dans l'abbé Busson, mon excellent confesseur. » Ainsi en fut-il pour Ozanam. « Quel excellent ami que ce bon M. Noirot, écrit-il. A lui reconnaissance éternelle! » Ainsi en fut-il pour Henry Perreyve et le futur cardinal Perraud qui tous deux firent la rencontre du P. Gratry. A ces deux jeunes et à tant d'autres, Gratry « inspira le besoin de contenter de plus près et de posséder plus intimement Celui qui est tout à la fois la souveraine vérité, la beauté idéale et le souverain bien. » « Mon cœur déborde quand j'évoque ces souvenirs si intimement mêlés à la substance même de mon être, écrit le cardinal Perraud. Aussi ne manqué-je pas de payer tous les jours ma dette de reconnaissance par l'action de grâces qui monte vers Dieu et par la fidélité d'une prière qui ne se lasse pas de monter en sa présence et de recommander à son infinie miséricorde cet insigne bienfaiteur de ma jeunesse. » Ainsi en fut-il pour les nombreux jeunes gens auxquels le P. Lacordaire communiqua l'étincelle sacrée. Il disait à l'un d'eux :

« Tant que vous vous ouvrirez à moi, tant que je ne vous rebuterai pas par la franchise avec laquelle je vous montrerai vos défauts et vos vices, rien ne sera perdu. Mais le jour où vous sentirez que je vous pèse, ce seront l'orgueil et la volupté qui seront vos maîtres et vous deviendrez capable de tout, sauf peut-être de manquer à l'honneur selon le monde. Je dis peut-être parce que l'abîme d'une âme séparée de Dieu et qui n'a pas pour frein la nécessité du travail quotidien est un abîme qui n'a pas de fond. » Pendant les trente dernières années, la jeunesse parisienne a connu des directeurs qui n'étaient pas trop indignes de ceux que je viens de nommer. Il y eut, en particulier, Mgr d'Hulst et l'abbé Huvelin. Mais ce qui est le propre de notre âge, c'est qu'un plus grand nombre de prêtres se sont occupés des jeunes, mettant à leur service plus de dévouement suivi avec une plus grande compréhension de leurs besoins. Sans doute ceux de ma génération eurent des maîtres et des confesseurs instruits et bons, mais ils manquèrent souvent de directeurs. On ne les habitua pas à fixer le but unique de la vie, on ne les stimula pas assez à l'emploi des moyens généreux. On ne les révéla pas assez à eux-mêmes, on ne leur révéla pas assez leurs devoirs, et la recherche du Christ et le sacrifice de l'apostolat. De nos jours, au contraire, il y a dans les collèges, dans les patronages, des prêtres qui ont en quelque sorte la vocation spéciale d'être des éveilleurs d'âmes. Ce sont ces prêtres que les jeunes gens appellent et attendent. Souvent nous sommes trop timides, nous ne parlons pas assez, nous ne demandons pas assez. Des âmes se perdent, parce que nous n'osons pas; des âmes végètent, parce que nous ne leur montrons pas assez les hauteurs et la nécessité d'y parvenir. Parfois des jeunes ont formulé ce regret ou ce reproche devant nous.

« Donnons-leur tout, à ces jeunes, dit M. l'abbé Petit de Juleville, comblons-les de bienfaits. Ils ne nous rendront souvent que de l'ingratitude. Mais si nous leur parlons intimement, nous leur donnons ce que ni leurs parents ni leurs amis ne peuvent leur donner; et c'est de cela qu'ils se souviendront, de cette rencontre avec le prêtre, dans laquelle ils auront compris l'Eglise et rencontré Dieu même. »

« Attirons-les, mais pour les conduire à Dieu », selon

l'admirable expression de saint Augustin : *Eos rape tecum ad Deum.* (*Confessions*, IV, XII.)

Une sainte mère, un saint prêtre, un noble ami : voilà pour le jeune homme les trois grands trésors. S'il les possède, il montera de degré en degré dans la vie, en connaissant mieux la grandeur, en accomplissant mieux les devoirs, en franchissant mieux les obstacles, en cueillant mieux les plus hautes joies.

Une correspondance entre deux élèves de Polytechnique commençait par ces mots : « Pourquoi m'appelles-tu bon? S'il y a quelque bonté en moi, c'est à toi que je le dois. » Tel est le rôle de l'amitié : mettre ou développer la bonté dans celui qui est aimé.

Nous avons défini l'amitié : « La rencontre de deux âmes attirées l'une vers l'autre par de mutuelles sympathies et s'unissant pour concevoir et réaliser le même idéal de beauté et de vertu. » Souvent les deux amis ont même noblesse, même générosité, même amour du bien, même vaillance dans la lutte; ils s'aident mutuellement à s'avancer d'un pas rapide sur le chemin. D'autres fois, l'un d'eux est plus faible et il demande à s'appuyer sur le plus fort pour devenir plus énergique à son tour.

Il n'est pas rare que des âmes se convertissent par la douce influence de l'amitié. Ouvrons la *Revue des Jeunes*.

Francis Jammes proclame la part qu'a prise Paul Claudel dans le fait de son retour à Dieu :

« L'Eglise catholique, apostolique et romaine qu'avait recommencé de m'enseigner, malgré la séparation des mers, mon deuxième ange gardien, Paul Claudel. »

Désormais Francis Jammes sera pour plusieurs l'ange visible qui conduit à Dieu :

« Vous devez à Dieu et à Paul Claudel votre conversion, avez-vous écrit, mon bien cher Jammes. Je dois à Dieu et à vous la mienne. Je me rappelle, — j'en fus assez frappé ! — le ton dont vous m'avez dit, il y a déjà des années, pendant que nous bouclions nos houseaux pour aller à la chasse, un matin d'hiver gris et mouillé : « Comme elle m'attire, cette figure du Christ ! Que j'en suis préoccupé ! Je ne fais qu'y penser... » Peu de mois après, j'admirais, un peu déconcerté, votre ferveur... Car je n'entendais pas du tout vous suivre. Je me plaisais assez dans mon état d'esprit, indulgent et subtil...

« Néanmoins, l'ébranlement fut salutaire. La conversion de quelqu'un qu'on aime est un appel. C'est le trouble porté dans la quiétude, un doute impérieux jeté de haut sur nos doutes et une sommation d'avoir à regarder en soi, sans complaisance et à fond. Pour tant qu'on s'en défende, il faut céder. Et lorsque l'on y va de bonne foi, cela vous mène loin (1).

« A dix-sept ans, Henri Dubois, — lisez : René Salomé — cessa de pratiquer, à dix-huit, de prier... Il eût peut-être suffi alors, pour attacher Henri à l'Eglise, qu'un ami croyant, intelligent et renseigné, lui en montrât la vie intérieure... » Cet ami parut dans la suite : « Péguy lu et fréquenté plus assidûment, de plus en plus aimé, de mieux en mieux compris, l'aidait à s'explorer lui-même, à se rendre compte de ce qui se passait autour de lui. »

« Sans avoir moi-même la foi, je dus la donner, raconte Lucien Puel de Lobel. J'emmenai à l'Eglise l'être

(1) Revue des Jeunes, 25 déc. 1913. Ch. de Bordeu, *Ma Conversion.*

cher (André de Bavier, peut-être) pour qui je voulais toute la beauté intérieure, toute la foi apaisante, tout le réconfort qui serait le mien. Et cela agissait grandement sur moi. »

Impossible de s'occuper longtemps des jeunes sans constater la force de persuasion de l'amitié, sans être témoin de conversions dues à l'amitié. Plus fréquemment encore, c'est le perfectionnement intérieur qui est entrepris et poursuivi chaque jour.

« Après d'autres, avant d'autres, je suis revenu, écrit Joseph Lotte. D'autres m'ont précédé, amis fraternels qui m'ont tiré à eux; d'autres me suivent, amis fraternels que je tirerai à moi. C'est la chaîne du commun salut : l'un tirant l'autre, on se hisse au ciel. C'est la loi de la vie, la dure et sainte loi de l'effort. Tous ne sont pas au même point : les uns sont déjà entrés que les autres sont encore aux portes, hésitants, partagés, retenus par de vieilles habitudes, le plus souvent empoisonnés par un reste d'orgueil. Mais tous sont amis. » (*Bulletin des Professeurs catholiques de l'Université*, 20 janvier 1913.)

Toute amitié comporte un apostolat. L'apostolat se rencontre fréquemment sans être accompagné d'un sentiment du cœur assez grand pour qu'il y ait amitié. De quelle utilité peut être un camarade zélé, épris de la gloire de Dieu, épris du salut des hommes, pour un camarade négligent, infidèle à la grâce, sans réflexion, sans idéal? Un des grands soucis du prêtre devrait être de susciter partout dans les âmes bien préparées cette flamme de l'apostolat qui lui créerait autant de collaborateurs. Et c'est précisément un des caractères de notre époque d'avoir vu se lever dans les collèges, dans les ateliers, dans les casernes... de jeunes laïques qui portent partout la parole et l'exemple chrétiens et qui, peu à peu, révèlent, au milieu des ténèbres, la vérité et le bien, et amènent au prêtre les conquêtes de leur apostolat. A leur tour, les convertis deviennent apôtres et le terrain gagné par la moisson du bien s'étend toujours.

XII

Les influences provenant de l'Étranger

Enfin, dans la recherche des causes qui ont contribué à un réveil catholique des jeunes âmes en France, il faut compter ce que j'appellerai les influences extérieures, c'est-à-dire l'exemple donné par les catholiques dans les pays qui avoisinent la France.

Dans aucun pays, le Catholicisme n'a fait plus de progrès qu'en Angleterre, au cours du siècle dernier. Soit que l'on considère le nombre et la qualité des conversions, soit que l'on tienne compte de l'heureuse transformation opérée au sein même du Protestantisme, sous l'influence du mouvement d'Oxford, on s'aperçoit que l'Angleterre a fixé l'attention du monde entier sur le Christianisme et fourni en faveur de la divinité du Catholicisme une preuve très convaincante.

En effet, à partir de 1830, la patrie du déterminisme de Stuart Mill et de l'évolutionisme de Darwin, voit se produire dans son sein un mouvement ininterrompu vers le Catholicisme. Jusque-là, pendant trois siècles, il n'y avait, en Angleterre et en Ecosse qu'une faible minorité de catholiques : cent vingt mille. Entre eux, aucun élan. Aucune action non plus sur la vie nationale. On les dédaignait ou les méprisait, et eux semblaient se résigner à l'effacement et à l'isolement. Quantité et qualité allaient de pair. Dans cette obscurité et dans cette inaction, on aurait pu croire que la lampe s'éteignait.

Soudain, la lumière et le mouvement font irruption. Des esprits de tout premier ordre passent au Catholicisme. Ce sont : Manning, Newman, Faber, Ward, Robert Wilberforce... Ils portent la double auréole du savoir et de la sainteté.

Nombreux sont les résultats de cette renaissance : accroissement considérable du contingent catholique; crédit accordé au Catholicisme; inoculation de foi et de piété dans l'Eglise épiscopalienne; et, à l'extérieur, rejaillissement d'honneur sur l'Eglise catholique.

« Aujourd'hui, il y a des catholiques dans toutes les assemblées anglaises : au début de 1915, trente-trois catholiques avaient des pairies leur donnant droit de siéger à la Chambre des Lords; il y avait quatre-vingt-six députés à la Chambre des Communes et sept au conseil privé du roi. Les catholiques ont donné un vice-roi aux Indes, un premier amiral, un premier juge, un président de conseil colonial, plusieurs lords-maires de Londres et d'autres grandes cités, des ambassadeurs et des généraux distingués... » (*Annales de la Propagation de la Foi*, mai 1918.)

C'est l'aristocratie qui a pris la tête du mouvement, sans doute pour expier les lamentables défections qui se produisirent parmi elle au XVIe siècle.

Sans doute, il y a en tout ceci « choc en retour ». Comme le cardinal Vauhgan le reconnaît lui-même, le progrès catholique en Angleterre doit en grande partie son origine aux exemples de piété, de foi, de désintéressement donnés par les milliers d'émigrés, prêtres et laïques, qui, de chez nous, allèrent se réfugier en Angleterre, à la fin du XVIIIe siècle. Mais les Français n'en sont que plus intéressés à suivre et à favoriser ce mouvement. On ne saurait, dès lors, s'étonner des graves ouvrages qui ont été composés en France sur la *Crise religieuse en Angleterre* et l'*Anglo-Catholicisme*, du P. Ragey; la *Renaissance catholique en Angleterre au XIXe siècle*, de Thureau-Dangin; l'*Inquiétude religieuse*, du P. Brémond.

Plus près de nous encore que l'Angleterre, la Belgique donnait l'exemple d'une singulière vitalité religieuse qu'accompagnait un mouvement social profond. En Belgique, un seul homme, M. Henry Carton de Wiart, commença d'entreprendre un mouvement national des idées et de l'action.

Né à Bruxelles, Henry Carton de Wiart vient achever ses études à Paris où il est admis dans l'intimité de Mgr d'Hulst. De retour dans son pays, il fonde, dès 1891, une revue, le *Drapeau*, à laquelle il donne, comme devise : *Ne crains! Fors Dieu!* et, comme programme, la lutte contre le naturalisme qui a envahi la littérature et les arts. Il ne fait pas que lutter contre symbolisme, impressionisme, dilettantisme et cosmopolitisme, il se montre accueillant pour toute tentative généreuse ou utile. Homme des traditions familiales et religieuses, il est aussi l'homme des innovations fécondes :

« Tout autour de nous, écrit-il, apparaissent des formes et des idées nouvelles, où fermentent des germes inconnus. Les jeunes catholiques que nous sommes ne doivent ni s'effrayer, ni même s'étonner de cette germination incessante de l'humanité. Elle est dans l'ordre. Ils doivent en pénétrer le mystère et utiliser les énergies. Aucune tendance de leur temps ne doit leur demeurer indifférente, puisqu'il leur appartient, selon leur pouvoir, de diriger ces tendances dans le sens de l'éternelle vérité. »

Il écrit, il parle aussi. Un thème magnifique lui est offert. Léon XIII vient de publier l'encyclique sur la *Condition des ouvriers*. Grande émotion chez tous ceux que préoccupe la question sociale. Plus que toute autre nation la Belgique se montre attentive à la parole du Pape. M. Carton de Wiart fait partie de ces « démocrates qui invoquent la doctrine scolastique du droit à la vie et en réclament l'application à la société moderne où l'égoïsme des hommes, aidé par le régime du libéralisme économique, expose à une « misère imméritée » tant de travailleurs isolés et sans défense. Ils veulent, selon une autre formule, que « la loi devienne la conscience de ceux qui n'en ont pas ». Education morale et religieuse, organisation professionnelle, législation sociale, tel est le programme nouveau qu'ils arborent au grand effroi de leurs aînés. »

Avec deux de ses amis, comme lui anciens élèves des Jésuites, il fonde l'*Avenir social* qui sera plus tard la *Justice sociale* dont la devise est cette parole évangélique : « Cherchez d'abord le royaume de Dieu et sa justice, et le reste vous sera donné par surcroît. » Les trois journalistes deviendront ministres et rallieront autour d'eux des disciples enthousiastes pris dans le clergé, dans les carrières libérales et dans les professions manuelles. C'est la « jeune droite » dont les idées deviendront peu à peu celles de la droite tout entière. C'est le point de départ d'un ordre social entièrement pénétré de l'esprit chrétien.

Dans des tracts, dans des articles, dans des discours, M. Carton de Wiart et ses amis recommandent nettement l'étude religieuse. Il écrit très justement : « Le progrès des connaissances religieuses doit accompagner le développement de l'esprit. Sinon leur pauvreté, trahissant nos aspirations et nos besoins, provoquera une rupture d'équilibre dans la pensée humaine. Sinon, bien loin de conduire notre volonté, nos croyances se traînent à sa suite dans le bagage des vieux souvenirs. »

Sur le terrain politique, la « jeune droite » se prononce clairement en faveur de la revision constitutionnelle, préconise la politique coloniale, demande et obtient la représentation proportionnelle, le service militaire personnel, l'instruction obligatoire avec le respect de la liberté d'enseignement, le suffrage universel plural. Des meetings continuent la campagne de presse : des cours d'études sociales et politiques se fondent où le soir des employés et des ouvriers, des membres du clergé et des jeunes gens de la bourgeoisie, viennent, après leur travail, s'initier aux problèmes les plus variés : mutualités, syndicats, coopératives...

Quel travail s'accomplit! Tous les regards, tous les esprits sont attentifs. Et comme les améliorations sociales s'accompagnent et s'inspirent de l'idée religieuse, la religion bénéficie de toute la sympathie qui va aux progrès matériels réalisés (1).

Il est une institution très curieuse dont je veux dire un mot : les « jeunes gardes ». « Les jeunes gardes sont à la fois les aides de camp et les gardes du corps des candidats. Les communications urgentes, les mots d'ordre sont transmis par eux; c'est à eux qu'il appartient de maintenir la tranquillité dans les réunions électorales, de réduire au silence ou d'expulser les perturbateurs, de faire au besoin le coup de poing pour protéger leur candidat contre les violences de ses adversaires; c'est eux qui escortent et défendent les manifestations et les défilés des catholiques dans les rues. Ils n'ont pas encore eu à intervenir pour assurer la libre circulation des processions ou le libre exercice du culte dans les églises; mais le jour où cela deviendrait nécessaire, on peut être certain qu'ils sauraient agir avec vigueur et discipline (2). »

Quant à l'Allemagne, on sait le rôle considérable qu'y a joué, pendant près d'un demi-siècle, le parti catholique ou centre du Reichstag. En même temps qu'un instrument de défense religieuse, il fut une organisation sociale. Avant même qu'il existât un Reichstag et, dans ce Reichstag, un centre, le Catholicisme s'était déjà épanoui en Allemagne comme un parti social. Et précisément, ce furent les masses

(1) Cf. *Correspondant* du 10 mars 1917.
(2) *Correspondant*, 25 juillet 1903, *Chez nos voisins les Belges.*

populaires qui, au moment où il fallait composer le Reichstag, se souvinrent de ceux qui s'étaient dévoués si complètement à leurs intérêts, les envoyèrent au parlement où ils purent défendre la cause du Catholicisme. Pendant de longues années, la vigueur développée par le Centre pour l'affranchissement de l'Eglise en Allemagne fut admirable. Témoins de cet élan et des avantages qui en étaient la conséquence, les catholiques des autres pays se trouvaient enhardis dans leurs revendications et ils se prenaient eux-mêmes à donner plus d'estime et plus de soins à leur religion dans leur propre pays.

De temps en temps, des conversions se produisaient dans les milieux intellectuels qui servaient encore à nimber le front de l'Eglise. Telle la conversion de Ruville qui a raconté les mystères de la grâce en lui dans deux ouvrages traduits en français : *Retour à la sainte Eglise* et *La marque du véritable anneau.*

En Hollande, en Italie, avait également lieu une renaissance catholique. Toute une moisson de piété se préparait assez forte pour pouvoir porter et soutenir des fleurs précieuses destinées à embaumer toute l'Eglise : ici Johannès Ioergensen, le chantre inspiré des pèlerinages italiens; là, Iosue Borsi, l'Ernest Psichari d'au delà les Alpes.

XIII

La persécution contre l'Église

Un autre fait amena les jeunes âmes à l'Eglise : la persécution. Inutile de dire que là n'était pas le but des persécuteurs. Mais quand on poursuit l'Eglise, quand on la dépouille, quand on l'enchaîne, on la retrempe dans l'air natal et on renouvelle sa vigueur. Dès qu'elle vit le jour, l'Eglise fut attaquée. Son fondateur lui a prédit la persécution; en même temps il lui a promis qu'elle en sortirait victorieuse. Toujours depuis, les deux termes de la prophétie se sont fidèlement accomplis.

Les ennemis de l'Eglise avaient donc annoncé sa ruine prochaine. Nous l'avons vu au premier chapitre de ce livre. Cependant comme l'Eglise ne semblait pas vouloir abandonner la vie d'elle-même, ses adversaires cherchèrent à lui porter le coup fatal. Depuis 1880, la lutte était commencée, il s'agissait donc seulement de la rendre plus aiguë.

Les Congrégations, avant-garde de l'armée de l'Eglise, furent les premières frappées. On pensait sans doute qu'une fois les bataillons d'élite décimés, le gros de l'armée aurait moins de vigueur pour résister. Ces mesures furent donc prises contre les Congrégations : droit d'accroissement, interdiction du droit d'enseigner, titre III de la loi sur les Associations, nouvelle défense concernant l'enseignement. Dans un discours prononcé à Toulouse, en octobre 1900, M. Waldeck-Rousseau avait déploré l'existence en France de deux jeunesses hostiles l'une à l'autre : la jeunesse catholique et la jeunesse athée. Ce dualisme devait cesser, et il cesserait par l'uniformité de l'enseignement laïque.

Mais le grand coup devait être la Séparation. On s'y achemina par diverses mesures : suppression de la messe du Saint-Esprit lors de l'ouverture des tribunaux; enlèvement des Crucifix suspendus aux murs des palais de justice, des écoles et des hôpitaux; suppression du deuil du Vendredi-Saint dans la marine, suppression des aumôniers dans l'armée et dans la flotte; inventaire du mobilier appartenant aux églises et aux évêchés.

Cette dernière étape de la lutte ne se fit pas sans une active résistance. Les jeunes s'y distinguèrent tout particulièrement. Il fallait empêcher l'agent du gouvernement de pénétrer dans les églises et dans les sacristies et de dresser la liste des objets appartnant au culte et dont l'Etat pensait s'emparer avec plus d'assurance au moment voulu. C'est pourquoi on barricada les églises; une garde vigilante fut exercée de jour et de nuit, parfois des semaines entières; des veilleurs étaient placés dans les tours et sonnaient les cloches à toute volée, quand paraissait l'exécuteur de la loi. Dans certaines localités, toute la population fut debout pour protester contre les mesures de spoliation; les esprits s'échauffaient, parfois même le sang coula. A quelles extrémités, mais aussi à quel arrêt de la persécution, n'en serait-on pas venu en Bretagne si la voix de quelques chefs ne s'était pas fait entendre pour demander la cessation de la lutte?

Quelque temps après eut lieu la rupture diplomatique de la France avec le Vatican. Dix-huit mois se passent. Cette fois, — 9 décembre 1905, — c'est la loi de séparation par l'abrogation du Concordat de 1802. Qu'était-ce que ce fait de la part de ceux qui en étaient les auteurs, sinon l'abrogation en France de l'Eglise? Plus de budget des cultes, plus aucun culte reconnu, plus aucun bien laissé à l'Eglise. Eglises, évêchés, grands et petits séminaires, presbytères... tout cela est déclaré propriété de l'Etat, des départements ou des communes... L'Eglise ne possède plus rien, elle n'a plus que d'immenses charges.

Pour arriver à ce dépouillement total, la progression avait été habile. On avait ôté à l'Eglise deux fonctions qui lui donnaient une raison d'être aux yeux des populations, lesquelles considèrent surtout les institutions au point de vue des services rendus; on lui avait ôté l'enseignement et la bienfaisance; on l'avait détournée du grand courant de la vie nationale, on l'avait isolée du peuple. De plus, on l'avait découronnée du prestige que donne, aux yeux de la foule, la reconnaissance officielle.

Que pouvait l'Eglise ainsi ruinée et déconsidérée? N'était-ce pas cette fois l'anéantissement si souvent prédit? Cela se pensait et se proclamait. Du fait que l'Eglise serait privée de l'appui de l'Etat, elle s'effondrerait; du fait que ses ressources lui seraient enlevées, elle ne subsisterait plus. « Ce n'est pas à nous, s'écriait M. Deville, qu'il appartient de donner la richesse, c'est-à-dire le pouvoir à l'Eglise. L'occasion s'offre à nous aujourd'hui de lui retirer ce qu'elle détient indûment. » De son côté, M. Maurice Allard faisait, à la tribune de la Chambre, l'oraison funèbre du Catholicisme : « Quoi qu'on en dise, l'esprit religieux diminue tous les jours et sera bientôt réduit à néant... Lorsqu'on a fait ces lois si imparfaites sur les Congrégations, lorsque plus tard on a enlevé les crucifix des tribunaux, beaucoup prétendaient que ces mesures jetteraient la population dans un désarroi qu'on annonçait et qu'on désirait, comme une véritable révolte des consciences.

Personne n'a bougé, parce qu'en réalité, en matière de religion, il n'y a plus qu'indifférence. »

Il est vrai, les catholiques n'avaient guère protesté quand on leur enlevait, les unes après les autres, toutes leurs libertés; mais il faut dire que souvent ce fut la crainte de compromettre le Concordat qui comprima les révoltes qui s'ébauchaient çà et là. Le Concordat rompu, ces craintes n'existaient plus et les catholiques allaient montrer qu'ils sont toujours prêts à se sacrifier pour leur foi. De plus, l'injustice et les bassesses de la persécution allaient révolter les cœurs honnêtes. Enfin, l'attitude pleine de noblesse et de courage de l'Eglise allait lui attirer de vives sympathies et faire briller sur son front les preuves de son origine divine. L'Eglise n'est pas fondée sur l'or, elle n'est pas fondée sur l'appui que lui donne le pouvoir séculier : ces deux bases une fois écroulées, l'Eglise subsiste toujours aussi forte, plus radieuse. Il est alors visible pour tous qu'elle n'est pas de la terre.

Au moment donc où l'Etat prenait congé de l'Eglise, d'admirables recrues venaient se ranger autour d'elle. Il y a joie et fierté pour les grandes âmes à servir les causes combattues, à être fidèles parmi les défections et dévouées au milieu des lâchetés. « Je me suis cramponné à vous, mon Dieu, écrit Claude Lefilleul, parce que je suis fier et que je répugne à emboîter le pas à la masse, et qu'il est doux, à certaines heures, d'être de la minorité. » (*Réflexions et lectures*, p. 215.)

Voici le témoignage de Joseph Lotte, fondateur et directeur du *Bulletin des Professeurs catholiques de l'Université* : « Les actes forcenés d'injustice que l'Etat dirigeait contre l'Eglise dissipaient notre ancienne méfiance; son attitude forçait notre admiration et notre sympathie. Rien n'était mieux fait pour nous conquérir que cette patience dans l'épreuve, cette dignité, cette fermeté, ce *non possumus* impassible, inflexible, opposé aux tyrannies radicales. Ce parti du bloc (bloc en effet de toutes les bassesses et de toutes les grossièretés), ce parti, honte de la République et de la France, en plein milieu de ses triomphes trouvait enfin un maître. Un rempart se dressait sur lequel sa rage se brisait impuissante. Lorsque, en 1905 ou 1906, nos académiciens cathoques supplièrent le pape d'accepter la loi de Séparation, je me souviens avec quelle joie nous vîmes Pie X repousser dédaigneusement l'ourson de Briand et de Grünebaum. Dès ce moment, l'Eglise nous apparut victorieuse. Nous l'avions crue morte, elle ressuscitait. » (*Bulletin*, 20 janvier 1913.)

« Entre temps, la guerre imbécile et inique s'exaspérait, que l'on fait en France, depuis près de quarante ans, à l'Eglise, et la méchanceté m'en devenait odieuse. Devant tant d'impiété, j'avais honte d'en avoir partagé le bassesse. Dans ces méfaits, presque tous encore, et alors même que nous n'y avons pas trempé positivement, par le fait d'avoir été hors de la foi, nous avons notre part... Je ne voulais plus de cette complicité dans le mal. Il fallait prendre parti !... La loi de séparation m'a grandement troublé. Cette apostasie d'un peuple, l'insolence de déclarer à Dieu qu'on ne le connaît pas, il y a bien de quoi en avoir peur ! J'ai assisté à côté de mon curé et avec un serrement de cœur qui me revient encore, à l'inventaire fait dans l'église de la paroisse. Le fonctionnaire qui en eut l'humiliation, y était, je crois, sensible... De le voir compter, évaluer, inscrire sur son état, sans y toucher d'ailleurs, les vases sacrés, croix, chandeliers, chapes et ornements, toutes ces choses que la pauvreté du métal ou la grossièreté du tissu ne sauraient rendre méprisables à Dieu et qu'on ne saurait pour lui vouloir assez belles, me fit peine et révolte (1) »

(1) *Revue des Jeunes*, 25 déc. 1913, Ch. de Bordeu. Ma conversion.

DEUXIÈME PARTIE

LES LIVRES ET LES HOMMES

I. — *Les livres.*

Avec les institutions, il y eut comme facteurs d'influence, dans le courant qui entraînait les jeunes vers une compréhension et un service plus généreux de l'Eglise, les livres et les écrivains.

Mais n'y a-t-il pas quelque témérité ou, du moins, quelque subtilité à vouloir établir une distinction entre l'influence causée par les livres et celle exercée par certains auteurs? Je justifierai ainsi cette distinction : Il est des livres qui, par leur portée, dépassent la personnalité de leurs auteurs, tandis qu'il est des hommes qui, par leur vie et leur action, sont supérieurs à leurs livres; ils ont plus agi par eux-mêmes que par leurs ouvrages.

C'est bien, m'a-t-il semblé, le cas de l'*Imitation*, des *Pensées* de Pascal, des *Soirées de Saint-Pétersbourg*, par Joseph de Maistre, du *Prix de la Vie* par Ollé-Laprune. Pour l'*Imitation* surtout, la chose s'impose, puisque, comme on le sait, l'auteur de ce livre n'est même pas connu de nom.

Au nombre des livres qui furent un foyer de clarté et de force pour l'âme chercheuse et avide de la jeune génération, faut-il compter l'Evangile et l'*Imitation*, comme si ces livres, depuis qu'ils ont paru, n'étaient pas de tous les temps? Il est vrai, ils sont de tous les temps, éternelle leçon, éternel exemple. Mais furent-ils jamais plus lus? Et leur inspiration fut-elle jamais plus féconde? Parce qu'ils sont de tous les temps, il n'entre pas dans le plan de cet ouvrage d'en parler longuement; mais aussi, parce qu'ils furent agents puissants dans le récent mouvement, ils ont droit d'être mentionnés. Que l'on considère l'écrivain, qui est le Saint-Esprit, par la plume de Jean, de Matthieu, de Luc et de Marc, ou que l'on considère le héros qui n'est autre que le Fils de Dieu, l'Evangile est au sommet des livres. Il raconte les plus grandes choses qui soient : la paternité de Dieu, la fraternité humaine, la divinité de Jésus, la mission de l'Esprit, la fondation de l'Eglise.

« L'évangile... est Jésus vivant. Là, dans sa chair, expression de son âme et voile transparent de sa divinité, vous le verrez lui-même. Ce n'est point Moïse, ni David, ni le prophète Isaie, si grands qu'ils soient, qui vous parleront de lui; c'est sa propre bouche qui vous dira sa pensée, ses regards qui vous diront son amour, sa main qui pressera la vôtre pour vous encourager en vous bénissant... L'homme voit ce qu'il n'avait jamais vu, la souveraine bonté dans la souveraine puissance, et la plus haute lumière dans la plus populaire simplicité. L'Evangile est au monde, immortel désormais, plus profond que les sages, plus pur que les vierges, plus fort que les rois... Oh! qu'écrirai-je de l'Evangile, puisque l'Evangile est écrit! Ouvrez-le, vous qu'il a fait, mon fils, et après y avoir imprimé vos lèvres rassurées, livrez-vous à lui comme à l'âme de votre mère... C'est le seul livre qui ait reçu le don d'aimer (1). »

A cause de tout cela, l'Evangile est redevenu, comme aux belles époques, le livre à qui on demande la voie, la vérité et la vie, où l'on va chercher la lumière et le sel, c'est-à-dire la doctrine infaillible et la morale surhumaine. On le lit et on le relit, afin qu'il prenne des cœurs qui songent à se dévouer « une immortelle possession ».

Si l'Evangile est le plus beau livre qui soit sorti de la main de Dieu, l'*Imitation* est le plus beau livre qui soit sorti de la main de l'homme. A cause de cela, bien qu'il y ait entre eux l'infini, on rapproche souvent ces deux livres.

Comme s'il était, en effet, le livre de l'humanité et non de tel ou tel écrivain en particulier, comme s'il était la fleur qui a poussé sur toute la littérature humaine, contenant et exprimant tout ce que celle-ci peut produire de plus profond et de plus suave, de plus fort et de plus doux, le livre de l'*Imitation* paraît toujours sans nom d'auteur. Livre plein de psychologie qui offre à toute âme, dans ses pages attachantes, sa propre physionomie, qui lui fait épeler au dehors, dans ses chapitres, ce qu'elle peut constater en elle-même, qui lui révèle un à un ses traits, l'Imitation est bien un ouvrage unique. C'est le livre de ceux qui souffrent. Chacun de ses versets est comme un bercement qui endort l'âme apaisée aux

(1) Lacordaire, II *Lettre à un jeune homme sur la vie chrétienne.*

pieds de Jésus, comme une goutte d'un baume salutaire qui la panse et la fortifie pour le combat. « Livre unique, écrit un converti, où la misère humaine a été décrite jusqu'en ses dessous les plus troubles avec une si extraordinaire fidélité, ce manuel par excellence de l'hygiène morale et de la consolation intérieure par l'esprit de Jésus, devrait être le bréviaire quotidien de tous ceux et de toutes celles qui souffrent et se désespèrent (1). »

On l'a parfois considéré comme un ferment de pessimisme. Comme ce n'est pas cela! Mais il tend sans cesse à détacher de soi pour conduire à Dieu, et à chaque attache qu'il brise, il apporte une joie, prélude de la joie complète que l'âme trouvera quand elle sera pleinement entrée dans l'amour de Jésus.

Il existe un groupement assez considérable de jeunes qui se plaît au *Dialogue de sainte Catherine de Sienne* et qui s'efforce de conduire les âmes à cette source.

Catherine vécut au XIVe siècle. Son existence est prodigieuse. Cette pauvre femme joue un rôle considérable dans l'Eglise, un rôle considérable dans la cité siennoise. Elle fait revenir d'Avignon à Rome le pape Grégoire XI; elle est la conseillère d'Urbain VI. Au milieu des conflits incessants de l'époque, elle s'en va, répétant un message de paix : « Pace, Pace, Pace! » Suivant l'expression de l'un de ses biographes, elle est « affamée d'âmes ». Elle appelle au service du Christ et elle promet la joie. *Una exulta-*

(1) REVUE DES JEUNES, 25 janvier 1914, *Retour à Dieu.*

zione, una giocundità, uno giubilo, una allegrezza. Elle « vécut toujours au milieu du monde et toujours loin de lui », habitant « un cloître intérieur, précieux refuge pour les amants de la vérité et les disciples de l'amour. » Son amour allait surtout à Jésus et à son précieux sang. Toutes ses lettres se terminaient par ces mots : « *Dolce Jesu, Jesu amore!* Doux Jésus, Jésus amour », ses dernières paroles furent : « *Sangue, Sangue,* le sang de Jésus-Christ. »

On la suit. *Bella brigata :* tel est le nom qu'elle aime à donner au cercle qui se forme autour d'elle, cercle composé de religieuses et de femmes du monde. Bientôt s'ajoutent des jeunes hommes : Matteo di Cenni Fazi, Francesco di Lando, Neri di Landoccio, qui supplie la sainte de l'adopter pour son fils, Francesco Malavolti...

« Catherine se sentait pour ses nombreux disciples une âme et un cœur de mère... « Jusqu'à la mort, je veux continuer dans les larmes à mettre au monde des disciples », écrit-elle dans une de ses lettres. Comme nourriture, elle veut leur donner, non du lait, mais du feu, et sans cesse elle les appelle auprès d'elle, « ainsi qu'une mère appelle son enfant pour le presser contre son sein ». C'est avec *una sancta piccola tenerezza* qu'elle se sépare d'eux, et dans ses lettres elle leur affirme qu'ils lui sont plus chers que la vie. » « Ne saistu pas que mon regard suit continuellement mes enfants dans les voies où ils s'engagent ? Vous ne pouvez rien faire, rien dire, sans que j'en sois aussitôt informée. » (Cf. Johannès Joergensen. *Vie de sainte Catherine de Sienne.*)

Quant aux jeunes disciples, ils aiment à se souvenir et à parler entre eux de leur *venerabile e gio-*

cunda e dolcissima Mamma. « Elle est sur la terre, mais sa vie se passe dans le ciel, et j'ai le vertige quand j'y songe », disait un jour Francesco Malavolti.

Maintenant une autre *bella brigata* s'est formée autour de Catherine. La sainte fait entendre à ses nouveaux disciples les leçons qu'elle donnait aux premiers et que l'on retrouve dans le *Dialogue*. Elle leur rappelle leurs devoirs à l'égard de Dieu, du prochain, d'eux-mêmes :

« Dieu est amour. Il s'est passionné d'amour pour sa créature. Il est l'infinie bonté et beauté qui peut seule contenter l'infini du cœur humain. Si quelqu'un veut voir et posséder la Beauté suprême, si quelqu'un désire la Bonté, je suis l'éternelle bonté... Je suis aimable surtout, et je conserve dans une grande joie l'âme qui s'est rebêtue de ma volonté... Toute vertu et tout défaut se développent par l'amour du prochain... A qui fait-on du mal, si ce n'est à soi-même et au prochain ? Ce n'est pas à Dieu, car nul mal ne peut l'atteindre... Comme on s'aime soi-même, on aime aussi les autres.. »

Pour elle, l'intention et le désir de prier sont l'âme de la vie chrétienne : ce désir uni au travail et à l'exercice de la vertu est une prière parfaite. Elle recommande sans cesse « la connaissance de soi-même », la cellule de la connaissance de soi-même, qui est plus que l'examen de ses actes et l'habitude de la vie réfléchie, mais le recueillement intime, total et jusqu'au fond de l'âme dans le sentiment de son néant, et dans l'humble et paisible attente de la parole de Dieu. « Sais-tu, ma fille, qui tu es et qui je suis? Si tu apprends ces deux choses, tu seras bienheureuse. Tu es celle qui n'est pas, et moi je suis celui qui suis. »

Après l'*Imitation*, beaucoup veulent placer immédiatement les *Pensées* de Pascal.

Prodigieuse est l'influence des *Pensées* de Pascal, en France, sur les esprits cultivés, depuis un demi-siècle surtout. A vrai dire, l'écrivain le plus profond du XVIIe siècle exerça toujours une grande emprise sur les âmes. Dans son livre inachevé et cependant sublime, il s'efforce de conduire l'homme à Jésus-Christ comme au Sauveur, comme à la seule lumière capable de révéler la cause de nos grandeurs, de nos misères et de nos luttes. Pour lui, la religion catholique est la seule vraie par cela qu'elle est la seule à professer le dogme du péché originel. Toutes les âmes qui sont en quête de clarté et qui demandent, avec l'explication de ce monde, le secret des contradictions qui sont en eux, se plaisent à entendre l'enseignement lumineux des *Pensées*. Leur esprit s'ouvre à la clarté qui en jaillit et souvent ils s'acheminent vers celui qui est l'auteur de la clarté qui illumine tout homme venant en ce monde.

Déjà, vers la moitié du siècle dernier, un normalien sceptique, disciple indiscipliné de Cousin, fut foudroyé par la grâce en pleine crise d'orgueil et instruit du catholicisme à l'école de Pascal. C'était Pierre Hernsheim. Il devait devenir l'un des fils spirituels les plus obéissants de Lacordaire et l'un des premiers ouvriers de la restauration dominicaine en France. Des faits semblables s'accomplissaient de temps à autre, mais le nombre des « Paschalisants », des amis de Pascal, convertis ou perfectionnés par lui, était loin d'être aussi considérable qu'il l'est devenu de nos jours. Quel est le jeune qui n'a pas, en bonne place, sur quelque rayon de sa bibliothèque commençante, un exemplaire des *Pensées*? Nombreux sont ceux qui portent sur soi les *Pensées*, ceux qui, jadis, les feuilletaient à la chambrée; ceux qui les déposaient au fond de leur sac, à l'époque des manœuvres; ceux qui les ouvrent et les méditent dans les tranchées.

Et toujours la mystérieuse lecture opère. Voici, d'ailleurs, quelques témoignages de jeunes :

« Nangès, est-il raconté dans l'*Appel aux armes*, apercevait ce que pouvait être l'éducation d'un soldat... Ce qu'il lui fallait alors, c'était une pensée catholique. Non point celle des *Fioretti*. Il allait à Pascal ou à Joseph de Maistre. Tout naturellement, il se tournait vers ces belles tiges droites, sans branches adventices ni nodosités et où toute la sève se précipite vers le ciel, jaillit, verticale, de la terre vers le zénith. Voilà la seule beauté qui lui convenait. »

« Si je meurs avant toi, disait à sa femme le Pierre Lamouroux des *Ames nouvelles*, tu mettras avec moi dans mon cercueil le livre des *Pensées*. »

Sous le pseudonyme de Henri Dubois, René Salomé se raconte ainsi :

« Le 5 janvier 1911, il avait dit avec ferveur un *Ave, Maria* et venait de noter sur une fiche quelques lignes de Pascal. Il feuilletait son petit exemplaire des *Pensées*; son regard fut tout à coup fixé par ces lignes : « Tous les hommes recherchent d'être heureux, cela est sans exception : quelques différents moyens qu'ils y emploient, ils tendent tous à ce but. La volonté ne fait jamais la moindre démarche que vers cet objet... » Pourquoi après avoir relu ce texte qu'il connaissait bien, Henri fut-il soudain bouleversé, pour ainsi dire arraché à lui-même, à son être acquis et factice, mis brusquement en face de Dieu? »

« Et j'ai beaucoup appris du plus grand des amours dans le cœur d'un Pascal », dit à son tour le secrétaire de la *Revue des Jeunes*, M. Pierre de Lescure.

« S'il en est un qui croit, c'est bien lui, écrit Vallery Radot, étendu blessé sur le lit d'hôpital numéro cent onze; s'il en est un qui espère, c'est bien lui; s'il en est un qui aime, c'est bien lui. Les trois vertus théologales sont debout près de lui qui l'inspirent, Muses sacrées. Il est dans la grande tradition des mystiques orthodoxes en ce que toute son apologétique consiste à démontrer notre néant lorsque nous sommes livrés à notre nature, notre grandeur lorsque nous sommes redressés et réordonnés par la grâce. Nul, excepté Catherine de Sienne (je suis celle qui n'est pas), ne nous a montré avec une telle éloquence les contradictions de la nature déchue, du relatif, du créé qui se prend pour un absolu, un dieu, et veut tourner le monde à soi comme à son centre... Notre génération a trouvé et trouvera toujours en Pascal plus qu'on ne pourra jamais dire : c'est lui qui a redressé en nous le sens de l'amour et reporté à Dieu ce que le romantisme niaisement a voulu attribuer à l'homme : la bonté de la nature et l'infaillibilité de l'inspiration (1). »

(1) REVUE DES JEUNES, 10 nov. 1916, *Pascal au chevet du lit* 111.

Et le chœur continue... Pascal a-t-on remarqué, a exercé son influence sur Louis Bertrand. Mais sur quel écrivain de cette génération, et aussi sur quel converti n'a-t-il pas influé?

Tout à l'heure, sous la plume lumineuse de Psichari, un voisinage et un rapprochement étaient établis entre Pascal et de Maistre. Pourquoi pas un voisinage? On pourrait même parler de filiation. Un peu du génie des *Pensées* se retrouve dans les *Soirées*. Ce dernier livre est fréquenté par les jeunes, mais pas autant qu'il le mérite. Quelles idées vigoureuses y surgissent. Sans doute, il y a parfois des pages vides dans lesquelles le Chevalier, le Comte et le Sénateur échangent des propos de politesse ou donnent leur avis sur les conditions atmosphériques, mais combien l'allure générale est noble et la doctrine distinguée. Des écrivains sans vergogne exploitent ce livre. De la riche mine, ils tirent des paillettes d'or uq'ils enchâssent lourdement dans le plomb de leur style. Ils se gardent d'ailleurs de nommer l'auteur. Aussi pour ceux qui tardent à se rendre à l'école de Joseph de Maistre, c'est une surprise de trouver dans ses pages comme dans leur terre natale tant de pensées que l'on a rencontrées, de-ci, de-là, gisantes dans un terrain où elles semblaient bien n'avoir pas germé spontanément. Impossible de lire sans profit ce mâle écrivain. Il peut former de splendides disciples. N'a-t-on pas dit — avec excès d'ailleurs, — que Louis Veuillot, lequel fut, au jugement de Jules Lemaître, l'un des cinq ou six plus grands écrivains du siècle dernier, n'a été que « l'aboyeur des pensées de Joseph de Maistre »? Des

Soirées, on n'ira pas en vain au *Pape* du même auteur, et aussi aux *Considérations sur la France*.

Un autre livre dont m'ont parlé beaucoup de jeunes gens et qui renferme d'excellentes leçons pour former l'intelligence et tremper la volonté est le *Prix de la Vie* d'Ollé-Laprune. « Que penser et que faire de la vie? demande Ollé-Laprune dans l'avant-propos de son livre. J'ai posé cette double question, il y a quelques années, devant un auditoire de jeunes gens, et tout mon cours de 1887-1888 à l'Ecole normale a été un essai de réponse devant ces hommes de vingt ans : avec eux, si je puis dire, j'ai cherché quel est le sens de la vie, si elle est bonne et à quoi elle est bonne, quel en doit être l'emploi... *Le prix de la vie!* Je suis convaincu et je voudrais convaincre que la vie est singulièrement précieuse, si on sait voir ce pourquoi elle nous est donnée et ce que nous pouvons et devons en faire. » Très importantes sont les questions posées dans ce livre; très sérieuses sont les réponses. Selon le désir de l'écrivain, le lecteur emporte en fermant le livre, la conviction du prix de la vie, et s'il y a en lui de la sincérité, il est décidé à faire de cette vie un noble usage.

Un second ouvrage du même auteur, moins lu mais capable d'être également bienfaisant, est intitulé : *Les Sources de la paix intellectuelle.*

Âme harmonieuse et loyale, Ollé-Laprune se plaisait à répéter le mot de Platon : « Il faut aller au vrai avec toute son âme. » Et pour lui, le vrai n'était pas seulement la connaissance abstraite, mais encore une action et une vie conformes à cette connaissance. Si, à cause de son âme, faite pour les épanchements plutôt que pour la lutte, il fit peu de conquêtes parmi les incroyants, il contribua du moins, par la douceur persuasive de son apostolat, à entretenir et à développer la foi de ceux qui étaient déjà croyants.

II. — *Les hommes.*

D'autres livres seraient à citer, mais l'immense sujet que nous avons entrepris nous déborde de toutes parts.

Quiconque étudie les âmes se rend compte de l'immense portée qu'ont les livres dans l'orientation et la moralité des individus et des groupes. Compagnon toujours à portée, qui ne se rebute pas de nos abandons, ni ne se laisse importuner de nos assiduités, toujours prêt à être quitté et à être repris, nullement indiscret, ne tenant pas de place, ou si peu, le livre, par les idées et les sentiments qu'il exprime, agit grandement sur nos pensées et sur nos sentiments. Il se compose d'ordinaire d'après le goût de l'époque et les tendances des lecteurs, ou bien il s'en sépare et tend à créer de nouvelles directions. Une époque tout entière se réfléchit dans la littérature comme dans le plus limpide des miroirs, aussi des enquêtes littéraires s'imposeront toujours à ceux qui voudront connaître une époque et un pays. En effet, la littérature va plus loin que la littérature : elle s'occupe de philosophie, d'art, de musique, de science, de vie économique, politique, sociale, religieuse. Œuvre de doctrine, ou bien œuvre de critique, ou bien œuvre d'imagination, le livre aide au contraire notre perfectionnement intime, nous pousse à l'action ou nous conseille l'indolence, suscite ou calme en nous la passion. En tout cas, il a dans le mérite ou le démérite de nos actes une part considérable.

Toutefois, le rôle du livre est inférieur au rôle de l'homme, je veux dire de celui qui parmi les hommes a reçu le don de comprendre, d'approfondir, de convaincre, d'agir et d'aimer. Tout cela peut se trouver dans un livre, mais avec la vie en moins; la vie qui est le charme, le mouvement, l'enthousiasme, la vertu, le pouvoir de communiquer la vie. Les disciples d'un tel maître seront plus fortement actionnés que les lecteurs d'un livre. Que les jeunes s'applaudissent de ce prestige d'un maître : ils pourront trouver ce maître-là qui orientera leur vie vers les sommets du bien; ils pourront eux-mêmes devenir ce maître qui exercera sur d'autres sa magie et les conduira aux cimes où la Beauté se révèle. « Une source empiriquement donnée de progrès dans les idées morales est le prestige et l'influence des hommes supérieurs, écrit Boutroux. Par la puissance de leur intelligence, par leur énergie, par la forme saisissante dont ils savent revêtir leurs conceptions, par la durée et la grandeur de leurs œuvres, ils fixent l'attention des hommes et déterminent parmi eux des impressions et des réflexions qui conservent, fixent et développent les vues nouvelles qu'ils ont apportées. »

Les exemples vivants sont d'un autre pouvoir.

Comme aux plus beaux temps de la Grèce philosophique, quand enseignaient les Socrate, les Platon, les Aristote, les jeunes gens de la France actuelle ont subi le charme de maîtres éloquents et grands. Ce qu'ils leur ont demandé, c'est bien plus la vérité active et vivante que la formule abstraite. Ils ont voulu la leçon de vie, pour pratiquer la vie; ils ont aussi voulu des héros présents, des êtres réels, pour les admirer et pour les suivre. Une noble cause, un noble programme, un noble modèle, une noble devise, le bien enseigné, le bien embelli, le bien réalisé; bref, un idéal : voilà ce qu'ils ont demandé. Au fond de leur cœur, le faisant battre, se trouve l'aspiration ardente qui faisait dire à saint Augustin et à tant d'autres : « Ce que ceux-ci et ceux-là ont fait, pourquoi ne le ferais-je pas? — Je le ferai! »

« Quelle que soit la carrière que vous embrassiez, disait Pasteur à des étudiants, proposez-vous un but élevé. Ayez le culte des grands hommes et des grandes choses. » De fait, la vie des grands hommes nous retrace la leçon et l'exemple du devoir. Elle nous les montre, eux aussi, à la poursuite de l'idéal. Elle nous prêche l'unité du but et la vigilance à réduire en moyens toute chose, tout événement : vertus et défauts; joies et tristseses, pour s'avancer d'un pas plus sûr vers le but immortel qu'on s'est fixé; la nécessité de faire des sacrifices pour le succès de l'idée; l'obligation de se dévouer jusqu'à l'immolation, afin que, par sa vie autant que par sa mort, l'idéal triomphe et que la vertu, parée de ce nouveau trophée, resplendisse plus attrayante aux yeux des irrésolus et des faibles, selon le mot du poète :

Les rêves dont je meurs, des fleurs en ont germé.

Dans les livres de morale, le bien nous apparaît *in abstracto*, comme une froide entité; dans la vie d'un grand esprit et d'un grand cœur, il revêt une forme concrète et séduisante. On le voit d'abord à l'état de velléité peut-être, car l'homme ne naît pas grand, il le devient, puis à l'état de résolution, puis de lutte et, finalement, de conquête. « La présence de tels hommes est vivifiante comme l'air des montagnes, leur parole est rafraîchissante comme une pure fontaine. Les avoir connus, c'est avoir profité. Fréquenter un saint est le moyen de devenir saint; la société d'un vaillant caractère propage la vaillance; celle d'un grand esprit propage la lumière. Le vivant seul produit le vivant. » (Mgr Spalding.)

En tout ordre de choses, nous allons de l'admiration à l'amour et de l'amour à l'imitation. Lorsqu'Hippolyte Flandrin parlait de Raphaël, il semblait entrer en extase : « Raphaël, Raphaël! » s'écriait-il. C'était tout. Mais son silence révélait, mieux que toute parole, son culte enthousiaste. Et, autant qu'il le pouvait, il s'efforçait de reproduire le grand modèle.

Les grands hommes qui furent les maîtres de la jeune génération peuvent se ranger en deux catégories : les morts et les vivants; ceux qui ont une action posthume, ceux qui ont une action présente, ceux qui ont créé des sources de vie, lesquelles, eux disparus, coulent toujours, et ceux qui maintenant encore, créent la vie.

A peine ose-t-on mettre Jeanne d'Arc au nombre des premiers, tant elle est présente et vivante au milieu de nous.

Jeanne d'Arc, c'est, aujourd'hui, le nom le plus populaire de France; c'est le nom du chef. Après cinq siècles, son image — et plus que son image, son âme, — est revenue planer sur la France. Elle passe et repasse, avec sa bannière sur laquelle sont brodés les noms bénis de Jésus et de Marie; avec sa vaillance qui agit; avec son enthousiasme qui entraîne, avec ses ordres et ses devises. « Les gens d'armes batailleront et Dieu donnera la victoire. Il faut bien besoigner cette année, car il y a beaucoup à faire. Plutôt maintenant que demain; plutôt demain qu'après. » On la voit, on l'entend, on la suit. Peu à peu, elle nous rallie autour des causes pour lesquelles elle combattit et mourut : Dieu, l'Eglise, la Patrie. Parce qu'elle aime Dieu et l'Eglise, elle fut patriote plus ardente et sauva la France. Lorsqu'elle parut pour la première fois, à une époque sensuelle et sans pitié, elle, le type de la chrétienne bonne, tendre et pure, elle amena la délivrance d'Orléans et le sacre de Reims, deux des plus grands événements de notre histoire, et prépara le règne unificateur de Louis XI.

Quand des profondeurs du lointain passé, son culte revint parmi nous, il raviva du même coup les autres cultes nommés tout à l'heure. Jeanne est envoyée de Dieu, elle est fille de l'Eglise, elle sauve la Patrie. D'un mot, Jeanne est une chrétienne. Et elle est une Française. Elle incarne la race.

« Etudiez Jeanne d'Arc, méditez sa vie, sa mort, sa verve charmante, sa chevalerie, son génie mystérieux, son sacrifice. Cette jeune parente de Racine et de Pascal, plus pure qu'eux, parente toute proche de saint Louis et de saint Vincent de Paul et sœur de tous nos soldats morts pour la patrie, vous donnera le mot de nos destinées dans le passé et dans l'avenir... Aujourd'hui, les trésors de la race apparaissent, les sources souterraines se sont mises à jaillir, les plus belles vertus refleurissent et toutes les ailes se déploient. Jeanne d'Arc est éternelle. La vierge d'Orléans, le phénix des Gaules, renaît de ses cendres. » (M. Barrès.) Combien ont été orientés par elle vers le catholicisme. C'est Péguy qui, ensuite, l'a merveilluesement chantée; c'est Juliette Adam qui « a réappris d'elle et de Clotilde, de Geneviève, de Jeanne Hachette, le signe par lequel elle avait accompagné ses premières prières chrétiennes : Au nom du Père et du Fils et du Saint-Esprit. » Ce sont tant d'autres, surtout parmi les Jeunes.

Avant que les tintements du tocsin, en l'après-midi du 1er août 1914, eurent fait l'union de tous les cœurs français et ravivé les flammes patriotiques, Jeanne d'Arc avait, du piédestal de ses statues, commencé le miracle. Dès que les jeunes eurent retrouvé Jeanne, ils voulurent à chaque mois de mai, porter l'hommage de leur culte et déposer leurs fleurs devant ses images, comme pour mieux méditer « l'enseignement de l'héroïne et de la sainte, son génie et son sacrifice. » Cher et pieux pèlerinage qui ne s'accomplit pas sans obstacle. Il fut défendu en 1908, en 1909, en 1910, en 1911. Enfin, en 1912 et depuis, les voies se firent libres, et la manifestation désirée s'accomplit dans sa solennelle beauté. Impossible d'oublier ce spectacle. Des milliers et des milliers d'adolescents et de jeunes hommes, droits, fiers, silencieux; chaque groupe ayant ses gerbes de fleurs. C'était la France tout entière qui se recueillait, reprenait possession d'elle-même, pensait de grands souvenirs et méditait de grandes choses. Le cortège passait devant la statue de Strasbourg. Et depuis quatre ans, ces adolescents et ces jeunes gens, revêtus de l'uniforme et des couleurs de France, sous l'égide de Jeanne d'Arc, se forment en vaillants cortèges, déployant toute la force qu'on devinait jadis concentrée en eux, font face aux barbares et peu à peu mais sûrement les repoussent. Plus d'innocentes fleurs entre leurs mains, mais des armes de mort pour la vengeance du droit et le triomphe de la justice. C'est dans nos mains que seront les branches du laurier, quand nos fils, nos frères et nos jeunes amis reviendront vainqueurs. Alors, nous retournerons « au pieux rendez-vous, devant la sainte de la patrie et la fleur de notre sang, autour de la plus pure de nos gloires » et nous verrons bien que « nous portons en nous son exemple et, fût-ce à notre insu, les impulsions mêmes qui l'avaient mise en mouvement. » (M. Barrès.)

Jeanne d'Arc est un astre unique de beauté dans le chœur céleste qui dirige la marche de la jeunesse française. L'un de ceux qui contribuèrent le plus à faire monter cet astre à notre horizon est Mgr Dupanloup. Evêque d'Orléans, de la ville sauvée par Jeanne, il s'adonne dès l'abord à propager le culte de la libératrice. Il célèbre l'héroïne plus qu'elle ne l'avait été jusque-là et déjà il l'entrevoit comme la sainte nationale. Il est le premier à vouloir nimber le front de Jeanne du diadème de la sainteté.

Mais parmi ceux qui ont conseillé, stimulé, aimé les jeunes, qui mettre au-dessus de cet évêque? Maître de catéchismes, supérieur de Petit Séminaire et du Petit Séminaire de Saint-Nicolas-du-Chardonnet où affluent les adolescents de Paris et l'élite de toute la France, prédicateur entraînant, directeur de conscience très recherché, écrivain clair, incisif, éloquent, ce qu'il poursuit avant tout, c'est l'œuvre sans pareille de l'éducation, ce qu'il voit partout, c'est l'âme de l'enfant et du jeune homme. « On sauverait le monde si on se donnait à la jeunesse », écrivait-il dans son « Journal intime ». Pour lui, il se donna de toute son âme à la jeunesse: l'amour des jeunes fut la grande passion de sa vie. Cela était manifeste. Aussi Grégoire XVI, l'accueillant un jour à Rome, lui tendait les bras en disant : « *Tu es apostolus juventutis*, vous êtes l'apôtre de la jeunesse ». Qu'on lise son magistral traité de l'*Education*, qu'on se reporte aux *Souvenirs de Saint-Nicolas*, consignés par un de ses anciens élèves, on verra le secret de sa méthode qui était un mélange de fermeté et de bonté, dominé par la sainteté. « J'avais rencontré l'homme de Dieu, l'ami de Dieu et un père », dit-il lui-même d'un protecteur de son enfance. Pour combien d'enfants et d'adolescents devint-il à son tour « l'homme de Dieu, l'ami de Dieu et un père »? Bien qu'il soit depuis longtemps dans la tombe, son action se continue, car il a formé une multitude de mères à leur tâche d'éducatrice, car il a révélé à une foule d'éducateurs la grandeur de leurs fonctions, car il a équipé une armée de jeunes qui ont combattu sur tous les points de la France et qui ont donné du jeune homme chrétien un type qui s'est continué, trop noble qu'il était pour ne pas créer d'imitateurs. Pour savoir tout le bien que peut faire un initiateur charitable aux jeunes âmes, il n'avait eu qu'à se rappeler les protecteurs rencontrés surtout. Et montrant sa blanche tunique domini-au début de sa vie, en particulier M. Borderies, fu-tur évêque de Versailles et le duc de Rohan. Du pre-mier, il a écrit : « J'avais trouvé quelqu'un qui m'ai-mait et qui m'estimait, quelqu'un qui aimait et es-timait ce qu'il y avait de bon en moi pour le rendre meilleur. Il en avait l'espoir, le désir, et me le fai-sait sentir... C'est tout le secret de l'action sur les âmes (1). »

Parlant du duc de Rohan, il s'exprime ainsi : « Et le duc de Rohan, venant m'élever, m'ennoblir, ouvrir à mon cœur de si doux, de si nobles hori-zons (2). »

Et maintenant, toute une constellation très bril-lante d'amis des jeunes : Lacordaire, Montalembert, Ozanam. Depuis qu'ils ont paru, une nouvelle beauté brille dans l'âme et sur le front des jeunes Fran-çais : quelque chose d'aussi noble que la chevalerie, d'aussi aimable que la distinction et la grâce, d'aussi fort que le sacrifice, d'aussi grand que la sainteté. Tous trois ont influé sur la jeunesse de France par l'exemple de leur jeunesse à eux, qui fut admirable et par l'amour et le dévouement que, une fois grandis, ils n'ont cessé de témoigner aux jeu-nes, dans leurs discours, dans leurs écrits, dans le don quotidien de leur vie.

Le premier des trois par l'âge, par la sainteté et peut-être par le talent, Lacordaire, avait hérité du ciel une âme riche de tout ce qu'il faut pour capti-ver les autres âmes et les entraîner :

(1) Mgr Dupanloup, *Journal intime*, p. 26.
(2) Id., p. 159.

« Sa taille élancée, ses traits fins et réguliers, son front sculptural, le port souverain de sa tête, son œil noir et étincelant, je ne sais quoi de fier et d'élégant en même temps que de modeste dans toute sa personne, tout cela n'était que l'enveloppe d'une âme qui semblait prête à déborder, non seulement dans les libres combats de la parole publique, mais dans les épanchements de la vie intime. La flamme de son regard lançait à la fois des trésors de tendresse et de colère; elle ne cherchait pas seulement des ennemis à combattre et à renverser, mais des cœurs à séduire et à conquérir. Sa voix si nerveuse et si vibrante, prenait souvent des accents d'une infinie douceur. Né pour combattre et pour aimer, il portait le sceau de la double royauté de l'âme et du talent. Il m'apparut charmant et terrible, comme le type de l'enthousiasme et du bien, de la vertu armée pour la vérité. Je vis en lui un élu, prédestiné à tout ce que la jeunesse a désiré le plus : le génie et la gloire (1). »

Ce portrait de Lacordaire est tracé par Montalembert : on y devine la main d'un ami. Depuis sa première communion jusqu'à sa vingtième année, Lacordaire avait vécu loin de Dieu par la pensée, mais dans cet éloignement même, son âme était demeurée pure. « Quand j'étais dans le monde, disait-il, je n'ai aimé que la gloire. » Une fois revenu à Dieu, il aime mieux l'amitié que la gloire, la liberté que l'amitié, Dieu, « la beauté qui ne trompe pas », plus que tout. Sur son lit de mort il faisait cette confidence : « Il se peut que quelque mouvement d'amour-propre se soit glissé dans mes actions, mais c'est à mon insu... Il me semble bien que j'ai tou-

(1) Montalembert, *le Père Lacordaire*, p. 13-14.

jours voulu servir Dieu, l'Eglise et Notre-Seigneur Jésus-Christ. J'ai aussi beaucoup aimé, oh! oui, beaucoup, les jeunes gens; mais le bon Dieu saurait-il m'en faire un reproche? »

Que les jeunes restent à jamais ses disciples. Dans ses *Lettres à des jeunes gens*, ils trouveront l'enseignement religieux mêlé aux doux épanchements du cœur; dans ses *Lettres à un jeune homme sur la vie chrétienne*, ils apprendront l'amour qu'ils doivent porter à Notre-Seigneur Jésus-Christ, à l'Eglise et à la sainte Ecriture; dans ses *Conférences*, ils étudieront, sous une forme qui, malgré tout, n'a pas trop vieilli, l'immortelle doctrine du salut; dans son petit livre sur *Sainte Madeleine*, ils découvriront les trésors qu'offre l'amitié chrétienne; dans sa vie par le P. Chouarne et par Foisset, ils apprendront quelles sont les grandes causes qu'un homme et un chrétien doivent servir.

Plus ils fréquenteront ce maître, plus ils le trouveront incomparable; plus ils suivront ce guide, plus ils parcourront en sûreté leur chemin.

On peut lui appliquer le mot qu'il a écrit de saint Dominique : « A l'heure des hésitations entre les deux routes, heureux celui à qui apparaît soudain la physionomie du grand moine. » C'est le héros de toutes les causes catholiques, le chevalier de toutes les grandes entreprises humaines, respirant la force et la tendresse, « fort comme le diamant, tendre comme une mère », tout dévoué au service de la jeunesse, lui montrant le but, l'encourageant à l'atteindre, lui enseignant les nobles passions, afin de mieux lui apprendre à vaincre les mauvaises. Dans la vie civile, il est avocat, journaliste, député, maître d'école, académicien; mais au milieu d'une vie si humainement active, il demeure éminemment prêtre et religieux, conférencier incomparable, merveilleux apologiste, directeur énergique des jeunes consciences, écrivain éloquent, directeur d'école traditionnel et novateur. En lui, ce qu'il y a de plus beau et de plus surprenant, c'est la vie intérieure, la vie du Christ en lui. S'il n'a pas dépouillé le vieil homme, il l'a transformé dans l'homme nouveau qui est le Christ. Il est fier et nul n'est plus humble; il est volontaire et nul n'est plus soumis, il est impétueux et cependant maître de lui et très mortifié; il est épris des idées de droit et de justice et il endure avec une admirable patience la persécution; il aime la gloire et il s'en voudrait de dérober à son divin Maître un seul rayon de gloire; le culte de l'honneur lui est cher comme à aucun chevalier et il chérit d'amour les plus extraordinaires mortifications. Homme des temps nouveaux, il est enraciné dans le passé. Il est du peuple, il aime le peuple, il va au peuple, il étudie ses souffrances et ses aspirations; il entre à plein pied dans la question sociale jusqu'à lui si peu éclairée. Lui-même est arrivé à ses croyances catholiques par ses croyances sociales. A son tour, il montrera d'une façon surprenante pour l'époque. tout ce que peut et tout ce que fait le catholicisme pour la solution de la question sociale. Pendant que Montalembert et Dupanloup se laissent absorber dans les luttes pour la liberté d'enseignement, lui a deviné l'importance des conflits prêts à naître dans le monde industriel. Il ne craindra pas de discuter ces problèmes du haut de la chaire de Notre-Dame. Peut-être est-ce là, dans cette grande tribune, que le P. Lacordaire est surtout admirable. Il y est monté, grâce à la jeunesse, grâce aux démarches d'Ozanam et de ses amis; et toute la jeunesse intellectuelle de France s'est rangée autour de sa chaire, pour le soutenir de sa sympathie et surtout pour y recueillir d'immortelles leçons de doctrine et de dévouement. Quels accents il sait trouver pour convaincre et entraîner les âmes, pour respecter la dignité de l'homme et affirmer la supériorité du chrétien! « Vous êtes Français, philosophes, libres et fiers? Je le suis comme vous. » Libre surtout. Et montrant sa blanche tunique dominicaine, il s'écrie : « Et cette robe aussi est une liberté. » Mais il est surtout disciple et prédicateur du Christ, et il ne parle que pour lui recruter des serviteurs. Entre ses mains, la liberté n'est qu'un instrument pour procurer la gloire de Dieu. Vous êtes libres, dit-il aux jeunes, écrivez; vous êtes libres, enseignez; vous êtes libres, faites la charité, allez visiter le pauvre; vous êtes libres, associez-vous; vous êtes libres, glorifiez le Christ en tout et par-dessus tout. Et pour tout soumettre à l'empire du Christ, il révèle aux jeunes toutes les grandeurs et les possibilités qui sont en eux.

Qu'il y aurait à dire si l'on entrait dans le détail de l'action exercée sur les jeunes par Lacordaire! Combien de jeunes nous rediraient la parole écrite par Pierre de Lescure dans *Ma conversion* : « Grand moine, vous m'avez fait entendre votre Maître, vous m'avez le premier initié au vrai Christ »!

Dès le moment où ils s'aperçurent pour la première fois, dans les bureaux de l'*Avenir*, Lacordaire et Montalembert furent inséparables. Il leur sembla tout de suite qu'ils avaient en commun un long passé de souvenirs et d'émotions. Ils s'unirent pour devenir plus hommes et plus chrétiens et pour travailler à former, en plus grand nombre possible, des hommes et des chrétiens. Dans sa jeunesse, Montalembert est un modèle pour les jeunes; dans sa maturité et dans sa vaillance, il les reçoit, il les recherche pour éveiller en eux toutes les pensées et toutes les aspirations que la nature et la grâce peuvent mettre dans une âme, pour leur persuader que la beauté de la vie est de travailler et de s'immoler à une grande cause.

Homme des enthousiasmes et des réalisations, héros sans peur et sans reproche, âme antique et croisé des temps modernes, bénédictin laïque et fier chevalier, précurseur du catholicisme social et amant du moyen âge, il attire les regards et la sympathie par son extraordinaire physionomie.

A l'âge de quatorze ans, il s'est tracé un but : « travailler dans la vie publique, par la parole et par la plume, à défendre l'Eglise et la liberté. » Etudiant à Paris, il consacre toute sa vie à la prière, à l'étude, (quinze heures par jour), à sa mère et à ses amis. « Que ne puis-je, s'écrie-t-il, me laisser absorber par la seule passion qui me semble digne du cœur de l'homme, celle de Dieu et des choses divines! »

A vingt ans, il écrit tristement : « Me voilà homme et rien ». Homme, il l'est, dans la plénitude du mot et non seulement par les années. Mais il est loin d'être rien. L'époque est mauvaise. Il constate au milieu de la jeunesse « une impiété et une impureté qui l'effraient ». Une fois, passant dans la rue, il s'est entendu désigner ainsi : « Voilà un jeune homme qui fait ses Pâques. » Va-t-il reculer et suivre le troupeau? L'abbé Dupanloup lui écrit : « Seul sur le champ de bataille, vous devez combattre, comme vous l'auriez fait sous les murs de Jérusalem. » Ainsi fait-il. Le premier, il s'est proclamé devant la France du XIXe siècle, « catholique tout court. » Pour cela il choisit la solennelle circonstance que lui offre le procès de l'Ecole libre, et devant le président de la Chambre Haute, il proclame son titre de catholique. « Le nom que je porte, ce nom qui est grand comme le monde, le nom de catholique... » Il ne veut pas du nom sans les actes. Lorsque, au lendemain de la Révolution de juillet, il avait vu « la croix arrachée du fronton des églises de Paris, traînée dans les rues, précipitées dans la Seine, aux applaudissements d'une multitude égarée », il avait juré de réparer ces outrages. « Cette croix profanée, s'écriait-il un jour, je la ramassai dans mon cœur et je jurai de la servir et de la défendre. » Toute sa vie il la défendit par la parole, par la plume, par l'action. A chaque fois qu'il rencontra un jeune homme, il s'inclina vers lui et lui donna le meilleur de sa pensée et de son cœur. Brave, il prêche la bravoure. « Si vous saviez quelle peur ont les méchants de ceux qui n'ont pas peur! Soyez homme, et pendant que la peur s'en va, bêlant ses niaises lamentations, tendez à votre frère une main et posez l'autre sur votre épée. »

Chaque soir, jeune lui-même, il ouvre son salon aux jeunes. On y parle de religion, de philosophie, de littérature, on s'y encourage à aimer le Christ et à servir toujours plus complètement sa religion sainte.

Un des plus assidus à ces réunions est Ozanam. Comme Lacordaire et comme Montalembert, il mérite d'être rangé parmi les guides les plus illustres de la jeunesse, tant par l'exemple de ses premières années que par l'emploi de sa vie d'homme si tôt interrompue. Montalembert est le croisé; Lacordaire le moine; Ozanam est tout près de nous, l'un de nous; c'est « un homme du siècle avec un cœur de prêtre ».

Venu de Lyon à Paris, il commence ses études de droit en 1831. On ne vit jamais un plus rude travailleur. Pendant cinq mois, il travaille régulièrement dix heures par jour, sans compter les cours; il alla même jusqu'à travailler dix-huit heures par jour, quand il s'agit de préparer son agrégation. A seize ans, il a l'idée d'établir une démonstration de la vérité catholique par l'antiquité des croyances historiques, religieuses et morales. Dans ce but, il apprend les langues : il en saura une douzaine. De plus, il s'agit de « savoir assez passablement la géologie et l'astronomie pour pouvoir dicuter les systèmes chronologiques et cosmologiques des peuples et des savants, d'étudier l'histoire universelle dans toute son étendue et l'histoire des croyances religieuses dans toute sa profondeur. » C'est à cette même époque qu'il écrit : « Quant à moi, mon parti est pris; ma tâche est tracée pour la vie. »

« Je me dis qu'il est grand le spectacle auquel nous

sommes appelés; qu'il est beau d'assister à une époque aussi solennelle; que la mission d'un jeune homme aujourd'hui dans la société est bien grave et bien importante. Loin de moi les pensées de découragement! Les dangers sont un aliment pour une âme qui sent en elle-même un besoin immense et indéfini que rien ne saurait satisfaire. Je me réjouis d'être né à une époque où j'aurai à faire beaucoup de bien, et alors je ressens une nouvelle ardeur pour le travail. »

Il assiste aux conférences d'histoire ecclésiastique que l'abbé Gerbet a établies sur sa demande, suit le cours d'économie politique, est admis dans « la société des Bonnes Etudes », il écrit ses réflexions sur la doctrine de Saint-Simon qui lui valent les réflexions de Lamartine; il compose un essai sur saint Thomas de Cantorbéry et sur Bacon, intitulé *Deux Chameliers*. « Impossible, écrit-il, qu'il y ait une réunion, une conférence de droit ou de littérature sans que je la préside; cinq ou six recueils, des journaux me demandent des articles. » Cependant il mène de front son doctorat en droit et sa licence ès lettres ; à vingt-trois ans, il est docteur en droit et docteur ès lettres.

Pendant un an, il a éprouvé de violentes tentations contre la foi. Son angoisse est grande : « Oh! combien je souffrais, dira-t-il, car je voulais être religieux. » Il prie, il étudie, il consulte un prêtre ami. L'épreuve cesse.

Le voici professeur au Collège de France où il s'attache à montrer que nous sommes redevables de notre génie et de notre civilisation à notre éducation chrétienne et que, en particulier, les idées de liberté, de fraternité et d'égalité que notre âge croit avoir découvertes « sont descendues du Calvaire ». Mais il n'est pas seulement historien et apologiste, et son action ne se confine pas entre les murs du Collège de France : maître incontesté des jeunes catholiques français, il s'occupe à chercher les moyens de défendre sa foi et sa vertu, il établit et propage les Conférences de Saint-Vincent-de-Paul, et, non sans quelque hardiesse, aborde la question sociale et lui cherche une solution; accomplissant ainsi, par tous les moyens en son pouvoir, le double apostolat de la charité compatissante et intellectuelle.

Sous la diversité des formes, il n'a poursuivi qu'un but : le règne du Christ dans les âmes et dans la société. C'est dans les jeunes âmes qu'il a surtout voulu l'établir. D'elles, il éloigna le mal en les préservant du malheur de l'isolement et des mauvaises compagnies; en elles, il dépose les germes du bien en y mettant la lumière et en protégeant leur pureté par l'exercice de la charité. Déjà marqué de la mort, il se traîne un jour dans sa chaire, et à la jeunesse qui l'entoure en rangs pressés, il peut dire : « Si je meurs prématurément, c'est à votre service ». Du fond de la tombe, sa voix s'élève de nouveau, et cette page de son testament continue l'enseignement de sa vie.

« Je meurs au sein de l'Eglise catholique, apostolique et romaine. J'ai connu les doutes du siècle présent, mais toute ma vie m'a convaincu qu'il n'y a de repos pour l'esprit et pour le cœur que dans l'Eglise et sous son autorité. Si j'attache quelque prix à mes longues études, c'est qu'elles me donnent le droit de supplier tous ceux que j'aime de rester fidèles à une religion où j'ai trouvé la lumière et la paix. Ma prière suprême à ma famille, à ma femme, à mes enfants, à tous ceux qui naîtront d'eux, c'est de persévérer dans la foi, malgré les humiliations, les scandales, les désertions dont ils seront témoins. »

Bien que je me sois déjà beaucoup attardé devant cette grande figure, je ne m'en détacherai pas avant d'avoir transcrit cette page de Lacordaire :

« Nul homme de foi, au moins d'une foi éclatante, n'avait encore paru dans les chaires qui retentissent chaque jour d'applaudissements donnés à d'autres doctrines et à d'autres orateurs. Quarante ans d'absence à ces rostres de la littérature signalaient au mépris le génie épuisé des chrétiens de France. Ozanam y monte, il y monte à vingt-sept ans, et de cette bouche qui depuis déjà longtemps avait éveillé la charité endormie au sein de la jeunesse et créé la société de Saint-Vincent-de-Paul, il laisse tomber une parole où l'art le dispute à l'érudition. Rien n'est déguisé, rien n'est affaibli, de ce qui pourrait blesser les esprits, mal accoutumés à la présence et au courage de la vérité. L'orateur est jeune, il est sincère, ardent, instruit : Athènes l'écoute, comme elle eût écouté Grégoire ou Basile, si, au lieu de retourner dans les solitudes de leur patrie, ils eussent, au pied de l'Aréopage où prêchait saint Paul, ouvert ce trésor de goût et de savoir qui devait illustrer leurs noms. Ozanam avait encore son charme, un charme sans lequel il eût sans doute péri, mais qui, ajouté à ses autres dons, achevait en sa personne l'ouvrier d'une séduction prédestinée : il était doux pour tout le monde et juste envers l'erreur...

« Cher monsieur Ozanam... vous fûtes le maître de beaucoup, le consolateur de tous... Le pauvre vous vit à son chevet, la tribune littéraire debout devant une génération, et la presse, cet autre instrument du bien et du mal, eut en votre personne un honnête et religieux artisan... Demeurés derrière vous, nous n'avons plus la joie de vous voir et de vous entendre; mais il nous reste encore celle de vous louer, et la joie plus grande encore de vous imiter de loin, si Dieu le permet. » (Lacordaire, *Notice sur Ozanam.*)

Lacordaire, Montalembert, Ozanam. Trois noms illustres, trois ancêtres de la génération actuelle. S'ils n'avaient pas paru, le mouvement religieux de la jeunesse ne pouvait pas se produire dans les conditions que nous avons étudiées : ils sont à la fondation de l'édifice et aux racines de l'arbre, jouant ce rôle de patrons et de modèles si bien décrit par l'un d'eux :

« Ce n'est pas un bâton fragile qu'il nous faut pour traverser la vie. C'est nous-mêmes qui avions besoin de voir parfois des hommes plus grands et meilleurs dont le pied frayât le sentier, dont l'exemple encourageât et enorgueillît notre faiblesse... »

« Un patron est un idéal qu'il faut se proposer, un type supérieur qu'il faut réaliser, une vie qu'il faut continuer, un modèle sur terre et un protecteur au ciel. »

Lacordaire, Montalembert, Ozanam! Bien longtemps encore, la jeunesse de France vivra de leurs travaux et de leurs vertus, les entendra par le souvenir, par cet écho qui se propage dans les âmes une fois qu'a retenti dans une nation une voix prédestinée à révéler avec éloquence la beauté du Christ et la divinité de l'Eglise.

Le P. Gratry a sa place ici. « Grand esprit et noble cause », disait de lui Léon XIII au cardinal Perraud. Et quand le cardinal Perraud consacra un volume à redire la vie et l'œuvre du P. Gratry, le cardinal vicaire Parocchi lui écrivit que son héros était « un des plus éminents hommes du siècle, digne d'être comparé aux grands esprits du siècle de Louis XIV. » Au sortir de l'Ecole Polytechnique, le P. Gratry fut, pendant plusieurs années, professeur de rhétorique au petit séminaire de Strasbourg, il fut supérieur de Stanislas, il fut aumônier de l'Ecole Normale Supérieure. On peut dire que toute sa vie fut vouée au service de l'adolescence et de la jeunesse. Il exerça sur elle un ascendant immense. Par ses goûts, par son éducation, par les missions qui lui furent confiées, c'est à la jeunesse instruite qu'il s'adressa surtout. Ajoutons : à la jeunesse qui était décidée à faire de sa vie une ascension. Commençant le plus célèbre de ses livres : *Les sources*, il écrit :

« Ces conseils ne s'adressent pas à tous : un très petit nombre d'esprits, dans l'état actuel du monde, en sont ou en voudront être capables.

« Ils s'adressent à cet homme de vingt ans, esprit rare et privilégié, cœur encore plus privilégié, qui, au moment où ses compagnons d'études ont fini, comprend que son éducation commence; qui, à l'âge où l'amour du plaisir et de la liberté, du monde, de ses honneurs et de ses richesses entraîne et précipite la foule, s'arrête, lève les yeux et cherche, dans l'immense horizon de la vie, au ciel et sur la terre, l'objet d'un autre amour.

« Je suppose que je m'adresse à cet homme. C'est

à lui seul que je parle ainsi. » Ainsi aurait-il pu dire de tous ses écrits et de tous ses discours. Et quel était le thème qui revenait toujours sous sa plume et sur ses lèvres? Un de ses anciens élèves de Normale nous le dira :

« Monter, monter plus haut, monter encore, monter toujours;

« Aller de l'égoïsme au sacrifice, de la vie naturelle à la vie transfigurée, du bien au mieux;

« Creuser dans son âme par le recueillement et par une attention plus fidèle à la grâce divine de nouvelles profondeurs;

« Se renoncer toujours davantage pour entrer davantage dans la vie universelle de la charité;

« Nourrir sa pensée de la substance de la pensée divine, en faisant chaque jour à la lecture des saintes Ecritures, et particulièrement de l'Evangile, une place privilégiée au milieu même de la vie la plus laborieuse;

« Trouver dans la prière, dans la pureté de la vie, dans les relations plus fréquentes avec Jésus-Christ vraiment présent dans l'Eucharistie, le moyen infaillible de connaître mieux la vérité et de devenir plus capable de la communiquer aux âmes;

« Avoir pour ces âmes rachetées du sang d'un Dieu, un amour généreux, tendre, dévoué;

« Ne rester étranger à aucune des souffrances de l'humanité, et se pénétrer à leur égard des sentiments de celui qui avait « compassion des foules : *Misereor super turbam.* »

Et maintenant, à travers la mort et la tombe, Gratry continue de vivre au milieu des jeunes, il s'adresse à eux dans toutes les pages de ses livres et, plus intimement, dans le secret de leurs âmes. Innombrable est la postérité de ses fils spirituels, de ceux qui, en France et partout, lui doivent la vie de l'âme. Quel jeune homme n'a pas lu Gratry? Lequel n'a pas reçu de lui l'étincelle d'un plus grand amour? A tant de citations qui seraient possibles, je n'en donnerai qu'une. Elle est de Giosue Borsi, ce jeune Italien converti à la foi, qu'on a nommé le Psichari d'outre-Alpes, qui est glorieusement tombé sur le champ de bataille et dont une main pieuse a recueilli les écrits épars, promesse d'une belle œuvre littéraire :

« J'ai dévoré les opuscules de Pascal, merveilleux, et j'ai lu avec une émotion indescriptible *le Commentaire sur l'Evangile selon saint Matthieu*, de Gratry, un livre stupéfiant, révélateur... »

Et à un ami qui lui a envoyé *Les Sources* :

« Aucun don ne pouvait m'être plus agréable, ni me faire plus de bien que cet admirable volume de Gratry. C'est assurément la Providence qui vous a inspiré de me l'envoyer. *Les Sources* sont devenues mon livre. Je l'ai lu et relu avidement une vingtaine de fois. Il m'a transformé, m'a comme ouvert les yeux, m'a fait entrevoir des profondeurs de savoir et de vérité que je ne soupçonnais même pas (1). »

Il semble que Gratry lui-même avait deviné cette filiation qui devait surgir de sa tombe. N'a-t-il pas écrit :

« Je laisse à tout être humain que j'aie jamais salué ou béni et à qui j'aie jamais adressé quelques paroles

(1) Giosué Borsi, *Lettere dal fronte*, p. 49, 139-140.

d'estime, d'affection ou d'amour, l'assurance que je l'aime et bénis deux ou trois fois plus que je ne l'avais dit. Je lui demande de prier pour moi, pour que j'arrive au royaume de l'amour, où je l'attirerai aussi par l'infinie bonté de notre Père. J'étends ceci à tous mes amis inconnus et à venir, et aussi loin que Dieu me permet de l'étendre, *omnibus hominibus* (saint Paul). Je les salue tous devant Dieu, je les bénis du fond du cœur, je leur demande de prier pour moi, et j'espère que je serai près d'eux, et avec eux, après ma mort, plus que pendant ma vie ! Et à revoir auprès du Père ».

Un nom ne doit pas être séparé de celui de Gratry : c'est le nom d'Henri Perreyve, son disciple et son ami. Nature exquise, prêtre incomparable, dont on a pu écrire au cinquantième anniversaire de sa mort : « *Pia ejus memoria ut odor lilii flagrantis Ecclesiam gallicam nunc etiam circumvolat*. Sa douce mémoire continue d'envelopper l'Eglise de France d'un parfum lilial. » Lui aussi fut le prêtre conseiller et l'appui des jeunes âmes, de ses élèves du lycée, de ceux qui venaient entendre sa parole dans les églises de Paris, de ceux, très nombreux, que fascinait son âme ardente, partout où il se rendait. Et il le demeure encore pour une multitude. Chéri comme un fils par le P. Gratry, par Lacordaire et par Montalembert, il semblait avoir hérité quelques dons de ces hommes illustres, et il exerçait pour le plus grand bien de ceux qui l'abordaient une séduction irrésistible.

Longue encore est la liste de ceux qui, dans le passé, ont frayé la voie aux jeunes catholiques de l'heure présente. Peu de noms y méritent une place plsu honorable que ceux des Pères de Ravignan, Olivaint, Ducoudray.

Dans sa jeunesse, Xavier de Ravignan avait cette devise : « Soyons distingués ». Invité des réunions mondaines, officier de cavalerie, substitut du procureur du roi, il fut vraiment distingué. Une fois religieux, il garda, en lui donnant une autre expression, son culte de la distinction; il fut distingué comme conférencier et comme directeur. Emule de Lacordaire dans la chaire de Notre-Dame, quoique possédant un autre genre oratoire, il fut très suivi des jeunes. Lui-même se complaisait à énumérer les groupements de jeunes auditeurs qui l'entouraient :

« Le concours a été fort nombreux et très remarquable par la qualité d'un bon nombre de personnages distingués, ministres du roi passés ou présents, pairs, députés, académiciens, protestants notables, étrangers de rang, une foule de jeunes gens des écoles ou du monde. »

Une autre fois, rendant compte de sa mission au R. P. général de la Compagnie, il écrit :

« J'ai reçu une lettre très bien tournée au nom des élèves de philosophie du lycée Saint-Louis à Paris. Les proviseurs et professeurs de l'Université menaient presque tous leurs élèves de philosophie aux conférences. Il paraît qu'une bonne influence en résultait. Vingt élèves de la grande Ecole normale universitaire de Paris sont depuis un an ou deux chrétiens pratiquants; et eux et d'autres suivent avec intérêt les conférences. On en parle à l'école dans un bon sens (1). »

(1) P. de Ponlevoy, *Vie du P. de Ravignan*, ch. IX.

Quant au P. Olivaint, sa vie se passa dans les collèges. Ancien élève de l'Ecole Normale, ramené à Dieu par les conférences du P. Lacordaire et du P. de Ravignan, il était bien fait pour comprendre les jeunes âmes et pour les former. Jusqu'au moment de son martyre sous la Commune, il fut recteur du Collège de Vaugirard, à Paris. Là, il ne veut plus être qu' « un instrument de Notre-Seigneur, le grand éducateur par excellence ».

Une de ses maximes favorites était que « l'on ne fait pas du surnaturel avec du naturel. » Non. Le surnaturel dépasse absolument le naturel et le naturel n'exige pas le surnaturel. Mais il le supporte. C'est pourquoi le P. Olivaint prêchera souvent les vertus naturelles et insistera devant les jeunes gens sur la nécessité de développer leurs facultés et, en particulier, la volonté. « Donne-moi ton fils, disait-il un jour à un ami; j'en ferai un homme. » Achevant sa pensée, il s'exprimait ainsi, dans un discours à la distribution des prix : « Mes enfants, quand vos parents nous disent : « Faites-nous des hommes, cela signifie pour eux et pour nous : Faites-nous des chrétiens. » Pour en faire des hommes et des chrétiens, il les habituait à obéir, c'est-à-dire à vouloir, à conformer, par vue de foi et de raison, leur volonté à la volonté divine, manifestée par les supérieurs :

« Vouloir ainsi, c'est le sceau de la virilité. Devant Dieu, pour sa gloire et pour vos âmes, dans un temps comme le nôtre, il faut tendre continuellement à la force, fortifier en vous la volonté, former en vous des cœurs dévoués et de nobles caractères. Le tout, c'est d'être homme de caractère, et c'est là ce qui manque aujourd'hui. Un homme ne domine pas par l'intelligence, et le mot *volonté* n'indique pas assez l'homme supérieur. L'homme supérieur, c'est l'homme de caractère. »

Les élèves le savaient. L'un d'eux, hésitant à prendre une décision grave, et pressé par sa mère d'aller consulter le P. Olivaint, répondait : « Oh! je sais bien que le Père ne me contraindra nullement, mais il me fera vouloir et je ne veux pas. » Il s'était vite rendu compte du rôle que joue la volonté de l'enfant dans l'œuvre de sa formation; il avait foi à l'éducation personnelle. Aussi, après avoir rappelé les conseils ou les préceptes que donnent la foi et la raison, il ajoutait :

« Domptez-vous, *Vince teipsum*. Vous pouvez plus en quelque sorte que nous pour faire des hommes. Il faut que le jeune aigle agite de lui-même ses ailes, qu'il tire lui-même de son cœur le noble essor qui l'emportera bientôt. Domptez-vous vous-mêmes : voilà l'effort qui doit vous élever à toute la dignité de votre nature. C'est peu de vaincre les autres... Mais prendre parti pour l'ordre et pour Dieu contre soi, venger contre soi les droits inviolables de Dieu, briser toutes les oppositions d'une nature mauvaise, soumettre les sens révoltés, forcer la volonté par la volonté même à faire triompher la raison, la grâce et la foi : c'est donner le plus noble exercice à toutes les puissances de notre être; c'est avancer dans cette vie chrétienne qui n'est qu'un perpétuel combat... »

Etre homme : développer l'intelligence, fortifier la volonté, diriger le cœur, soumettre les instincts. Mais, laissé à ses propres ressources, l'homme est bientôt à bout. *Etre homme* ne va pas bien sans *être chrétien.* « Vous ne savez pas comment faire, disait le P. Olivaint à ceux qui proclamaient leur faiblesse, voici Notre-Seigneur; dites-lui : A nous deux. » Et, ce disant il montrait le crucifix placé sur son prie-Dieu (1).

Pour continuer l'écho de sa parole ardente, le P. Olivaint a laissé un livre : *Conseils à des jeunes gens* qui doit être dans toutes les bibliothèques de jeunes.

S'il n'eût pas été enlevé par une mort tragique à l'aurore même de sa maturité, le P. Ducoudray eût sans doute laissé d'admirables écrits pour aider à la formation de la jeunesse. Mais il a parlé et agi. Il a appris à ses élèves à unir le travail et la piété, le travail qui est le labeur allant quand il le faut jusqu'à la souffrance, et la piété qui est la vie du Christ dans une vie humaine. Il a prêché d'exemple. Sa devise était : « Soyons bons religieux et nos élèves seront bons chrétiens. » Pour donner l'exemple autant que pour se sanctifier lui-même, il se reposait de ses travaux à l'école Sainte-Geneviève par une participation très active aux œuvres de charité dans les patronages et cercles du quartier. Le ciel lui avait départi les trois grands dons de l'éducateur : la sainteté, l'énergie et le charme. Son influence a été considérable (2).

On m'en voudrait sans doute et je m'en voudrais moi-même de ne pas adjoindre à ces trois religieux de la Compagnie de Jésus un de leurs frères les plus

(1) Cf. P. Clair, *Pierre Olivaint,* ch. XII et XIII.
(2) P. Daniel, *Léon Ducoudray,* ch. VI et VII.

illustres, le P. du Lac. Il fut longtemps le brillant recteur de « la Rue des Postes ». Il n'eût qu'à paraître pour conquérir les sujets difficiles de son émouvant royaume. Il succédait au P. Ducoudray, tombé le 24 mai, sous les balles des assassins communards.

« Entre lui et les jeunes gens qu'attendait, pour la plupart, le métier des armes, la douloureuse épopée de 1870 était un lien qui, d'avance, rapprochait leurs âmes. La distinction de son extérieur et la dignité de sa tenue, la hauteur de son caractère et la fermeté de son esprit, la sensibilité de son cœur et le charme de sa parole, le rendaient merveilleusement propre au rôle qui lui était confié, et qu'il exerça jusqu'au jour où la persécution le contraignit à l'aller continuer sur la terre d'exil. Il savait commander et séduire, former des hommes et gagner des âmes : aucun de ceux qui l'ont connu pendant ces dix années, ne récusera mon témoignage (1). »

A ses élèves d'Arcueil, aux jeunes gens qu'il dirigeait à Paris et dans la province, le P. Didon déversait en jets de flamme la surnaturelle force qui remplissait son âme. Son désir est de former « des citoyens d'un patriotisme vaillant que l'âme du pays trouvera toujours prêts, dès qu'elle jettera un cri », et d'emplir les âmes de la foi chrétienne, comme d'une sève divine. Souvent il rappelle son programme : « La volonté de Dieu est que nous accomplissions notre devoir. Or, jeunes gens qui m'écoutez, le connaissez-vous ce devoir? Je le résume en trois mots que j'emprunte au plus éloquent des

(1) A. de Mun, *Ma vocation sociale*, p. 104-105.

apôtres, par conséquent à celui qui doit vous être le plus cher, à saint Paul : « Tenez-vous debout dans la foi; agissez en homme et prenez de la force... Je n'admets pas que la jeunesse qui m'est confiée ressemble à des grains stériles qui se refusent à éclore... On n'équipe pas un soldat pour qu'il prenne position dans son lit... »

Vous demandez comment nous faisons de ces natures des héros, de la race des géants. C'est en étouffant ces égoïsmes secrets qui tendent à les rabaisser dans leur âme et dans leur corps, et en rassemblant, en stimulant toutes les énergies dont elles sont capables. Nous vous les livrons alors, transformées et agrandies comme des statues debout sur leur piédestal, en plein ciel.

« Je ne veux pas être un vulgaire parleur, un académicien, un apôtre du bout des lèvres; je veux être un souffrant, un éprouvé, un martyr... Partout où je vis, il me faut de la clarté, mes tendresses profondes n'éclosent qu'à la lumière... Là où j'ai mis mon cœur, j'ai toujours voulu l'infini. Là était le secret de mes affections profondes; le reste est un détail... Notre tendresse est au-dedans, et elle s'élève en haut plutôt qu'elle ne se traduit par des témoignages extérieurs et sensibles...

« Je voudrais déraciner votre vie de cette terre basse dans laquelle elle plonge des racines. Je voudrais la jeter en Dieu... La plus grande force, c'est un cœur immolé qui aime et qui souffre devant Dieu... Identifiez le devoir avec Dieu. Ce qu'il faut mettre comme une étoile au-dessus de sa vie, c'est le devoir, c'est le perfectionnement de soi-même... Eteignez les volcans sur la terre; laissez s'allumer l'étoile dans le ciel... *Quotidie morior*. Je sens ce qu'un tel mot renferme d'héroïque et de douloureux: mais il faut l'entendre quand même et le graver dans sa vie plus fermement que dans le monde... »

« Le P. Didon, ainsi que le remarque M. l'abbé H. Brémond, enlevait l'âme à ses propres misères par une rapide infusion d'héroïsme. »

Il ne faudrait pas oublier ni mettre en rang inférieur parmi les amis des jeunes et les premiers excitateurs d'une renaissance catholique Mgr de Ségur et Mgr d'Hulst. Tous deux, membres distingués de l'aristocratie, tous deux prélats romains, se sont entièrement dévoués, avec les particularités réclamées par leur caractère propre, au service du jeune âge.

De bonne heure, Mgr de Ségur devint aveugle. Devant cette croix, son *Fiat* fut absolu. Jamais on ne l'entendit se plaindre; une douce joie ne le quittait pas. « Je porte ma cellule avec moi », disait-il en souriant. Mais, suivant le mot du Curé d'Ars, cet aveugle voyait singulièrement clair. Oui, dans les choses de Dieu et dans le secret des consciences. Il s'adonna surtout aux œuvres ouvrières, à la direction, et aux retraites, dans les collèges. Tous ceux qui, à Paris, vécurent de la vie catholique, il y a cinquante ans, le rencontrèrent et reçurent de lui conseil et appui. De son vivant déjà, son appartement de la rue du Bac était comme un sanctuaire où s'empressaient les âmes en quête de Dieu. Combien de jeunes vinrent y chercher la lumière; combien y apprirent l'art de vaincre leur égoïsme et de se consacrer au bien Dans les rares heures de recueillement qui lui étaient laissées, il composait ces opuscules substantiels de fond et vifs d'allure qui allaient ensuite stimuler l'ardeur chrétienne sur tous les points de la France. Il fit communier et il fit se dévouer. D'ailleurs conduire au Christ dans l'Eucharistie, c'était logiquement pousser au don de soi.

M. de Mun présente ainsi Mgr d'Hulst : « Un jeune prêtre appartenant à l'aristocratie, loin du centre traditionnel du monde religieux, cachait dans l'humilité d'une rue populaire, l'exercice de son héroïque charité. »

D'abord vicaire à Saint-Ambroise de Paris, mêlé aussitôt très intimement au peuple, occupé et absorbé par un patronage, le futur prélat ne tarda pas, sur l'ordre de ses supérieurs, à suivre une autre direction. Ses hautes qualités d'intelligence le prédestinaient à vivre dans un milieu intellectuel et à donner l'impulsion à la jeunesse des écoles. Placé à la tête de l'Institut catholique de Paris, après avoir été en 1870 aumônier militaire d'un régiment de Mobiles, il y fut pendant de longues années l'homme qu'il fallait à ce haut rang. Il pouvait diriger ou suivre dans leurs études tous les maîtres de l'Institut, et il le fit. Par ailleurs, il se dévoua sans mesure à la direction de la jeunesse. Sous la réserve et la froideur d'une allure tout aristocratique, il portait une âme de feu et de tendresse. On a dit que c'était « un volcan sous un glacier ». Devant les jeunes, il avait vite fait de dépouiller ce que ses dehors pouvaient avoir de distant, il devenait le plus accessible des pères et le plus simple des amis. Très instruit, préposé à un foyer intellectuel de premier rang, il contribua puissamment à glorifier l'Eglise devant les savants, à mettre en lumière les raisons de croire, à rendre les jeunes fiers de leur religion. Son grand service, au milieu de tant d'autres, fut d'avoir aimé les jeunes, et en les aimant, d'avoir plus fortement établi le catholicisme dans leur esprit et dans leur cœur.

Je le redirai : sans les hommes que je viens de nommer et sans tant d'autres (1), qui furent leurs émules et les ouvriers de la même tâche, le printemps religieux que nous essayons de décrire eût été impossible : ils ont préparé et ensemencé la terre où devaient croître les fleurs du ciel, ils ont déblayé le chemin où devait s'avancer l'Eglise triomphatrice. Au-dessus d'eux fut un pape de génie qui obligea tout le monde intellectuel, diplomate et religieux à diriger les regards du côté de Rome et qui posa devant tous les esprits le problème catholique. Aucun pape n'eut le prestige dont a joui Léon XIII « qui a si généreusement travaillé à la pacification religieuse, politique et sociale du peuple chrétien. »

Il s'éteignit au moment où allaient s'élever les grands conflits, quand se préparaient des actes qui semblaient devoir ruiner en un instant tous les travaux de son règne. Mais non. Ce qui avait été acquis de gloire restait à l'Eglise, et les coups dirigés contre l'œuvre du Christ ne devaient servir qu'à rendre plus évidente sa grandeur divine. Léon XIII avait montré une fois de plus, de façon manifeste,

(1) Comment ne pas citer au moins : Louis Veuillot, Augustin Cochin, Armand de Melun, l'abbé de Broglie, M. de Lapparent à qui il fut donné d'être par sa science l'apologiste de sa foi)

que l'Eglise possède la vérité, le bien, la beauté; qu'elle est le seul lien entre Dieu et les hommes; que faite d'abord pour conduire l'homme au ciel, elle ne l'encourage pas moins dans la poursuite de tout ce qui ici-bas peut l'anoblir et contribuer à sa dignité et à sa prospérité.

Aucun de ceux dont nous venons de parler ne vit la terre promise; tous contribuèrent à y acheminer les jeunes pèlerins. Ceux dont les noms suivent furent plus heureux.

Naguère, M. Victor Giraud publiait un ouvrage intitulé *les Maîtres de l'heure.* Il signalait les écrivains qui, d'après lui, ont contribué à former le mouvement des esprits dans les dernières années. C'étaient : Anatole France, Pierre Loti, Edouard Rod, Emile Faguet, Jules Lemaître, Eugène-Melchior de Vogüé, Ferdinand Brunetière, Paul Bourget.

Dans la présente étude, il faut nous hâter de récuser Anatole France. Fils d'une mère qui n'était pas sans piété (« Ma mère était pieuse »), élève d'une école ecclésiastique (Stanislas: « J'en ai des souvenirs délicieux »), Anatole France appartient par ses tendances et par son style au XVIIIe siècle. Sceptique, dilettante, radical socialiste, jacobin, c'est le seul des grands écrivains actuels qui soit sectaire. Beaucoup de jeunes, d'ailleurs, ont secoué la tutelle de ce maître. Pour lui, l'ennemi, ce n'est pas tant le cléricalisme que l'Eglise (*L'Eglise et la République*, p. 24, 25). Dans l'œuvre de ce petit Voltaire du XIXe siècle, les jeunes trouvaient bien une ironie spirituelle, un égoïsme raffiné, mais pas de foi, pas d'amour, rien qui pût satisfaire de hautes aspirations. On l'a ainsi qualifié : « Ennuyeux, perpétuellement raisonneur, jamais ému, décevant, desséchant, inutile et d'un autre âge. » Sa *Jeanne d'Arc*, qui parut en 1908, a été vivement attaquée non seulement par les catholiques, mais aussi par des historiens protestants, voire anglais; elle méritait de l'être. C'est une Jeanne d'Arc sans surnaturel, plus encore, contre le surnaturel.

Par sa naissance, Pierre Loti appartient à la religion protestante, mais son âme trouvait trop d'opposition dans le Protestantisme pour lui demeurer fidèle. Cependant cette âme a des aspirations religieuses. Quand on le suit dans son pèlerinage au tombeau du Christ, on croit qu'il va s'agenouiller et adorer. Dans son pèlerinage d'Angkor, on l'entend crier après la souveraine Pitié, mais il ne sait pas où elle habite.

« La souveraine Pitié, j'incline de plus en plus à y croire et à lui tendre les bras... Il faut qu'elle existe quelque nom qu'on lui donne. »

C'est le grand impressionniste : il a une idée pour mille émotions. La jeunesse s'éloigne de plus en plus de lui.

Edouard Rod était protestant, lui aussi, autant toutefois qu'il avait une religion bien définie. A certaines heures, il eut des sympathies pour l'Eglise et il aimait à aller prier ou penser sous les voûtes de Saint-Sulpice.

Aucun écrivain du dernier siècle n'a été plus fécond que M. Emile Faguet, aucun n'a été plus accueillant pour les jeunes; peu, en dehors des écrivains catholiques, ont été plus respectueux du Catholicisme. Cependant il n'était pas catholique. Il publiait en 1890 un volume d'*Etudes littéraires* sur le XVIIIe siècle, où il faisait le procès de l'Encyclopédie et de l'esprit voltairien : « Ni français, ni chrétien », disait-il de ce siècle. Bientôt, de Voltaire, il passe à Renan, lequel n'a fait que reprendre et rajeunir les arguments du *Dictionnaire philosophique*. « En montrant avec une verve spirituelle et mordante tout ce qu'il y avait de léger, d'incohérent, parfois même de puéril, dans cette soi-disant philosophie, Faguet n'a pas peu contribué à ruiner dans quelques-unes de ses assises essentielles ce bloc dogmatique qui était le scientisme. »

La foi du Christ avec la pratique ne lui est revenue que dans le dernier mois de sa vie. On a dit qu'il menait une vie de bénédictin, on l'a appelé le Père Faguet, le R. P. Faguet. Il ouvrait lui-même la porte à ses visiteurs et les introduisait dans son bureau encombré de livres. S'il aima les jeunes, il ne comprit pas toujours leurs besoins, leurs possibilités; et soit qu'il les jugeât, soit qu'il les conseillât, il fit souvent preuve de principes moraux bien relâchés. Mais il était bon et encourageant pour les individus, et il pratiquait et prêchait l'estime pour les institutions qui soutiennent les âmes et les pays. Sa sympathie a tourné au profit de l'Eglise et son attitude a favorisé l'élan chrétien des jeunes.

Jules Lemaître naquit de parents chrétiens et fit ses études au petit séminaire de Paris. Plus tard, il devint incroyant, mais sans cesser de garder une affection tendre, mêlée parfois de regrets, pour la religion de son enfance. Comme il plaisantait volontiers de toutes choses, il lui arriva aussi de railler les choses religieuses, mais en protestant encore de son amour pour elles. « J'aime les saints, les prêtres, les religieux », écrivait-il dans son étude sur Louis Veuillot. Et s'adressant à Louis Veuillot : « J'aime réellement presque tout ce que vous défendez, et je le défendrai moi-même à l'occasion. » Dans ses dernières années, il pratiquait le catholicisme de l'*Action Française*. On a dit que dans ses derniers jours, il revint au Dieu de ses premières années.

M. Eugène-Melchior de Vogüé appartenait à une famille très catholique et faisait lui-même profession de catholicisme. A chaque fois qu'il se produisit un mouvement qui semblait en faveur du catholicisme, de Vogüé le soutint de ses exhortations et de son influence. A aucun moment il ne se désintéressa des efforts entrepris par les jeunes. Sa préface *A ceux qui ont vingt ans*, est demeurée fameuse. Quand elle parut ce fut une grande émotion, et beaucoup de ceux à qui elle était adressée regardèrent et suivirent l'astre sauveur qu'il montrait dans le firmament si troublé alors de la France.

Son ouvrage, *le Roman russe*, paru en 1885, est, d'après M. Victor Giraud, l'un des livres essentiels de la fin du XIXe siècle. Il nous montre, dans les romans russes, une minutieuse observation unie aux aspirations idéales les plus élevées; mais l'illusion et l'illuminisme y ont leur grande part. Les lecteurs français se passionnèrent pour ce livre et pour la littérature qu'il prônait; malheureusement, le danger qui était à craindre ne fut pas évité et les esprits s'imprégnèrent d'utopies.

Enfin, Brunetière vint. Il vint à la célébrité étant professeur à l'Ecole Normale et directeur de la plus importante des revues françaises; puis il vint à l'Eglise. Il avait cru aux promesses de la science et que celle-ci pouvait donner une réponse aux grandes interrogations de l'homme sur l'origine et la destinée. Plus il étudia cette réponse, plus il la trouva présomptueuse. En 1894, l'année même de sa réception à l'Académie, Brunetière s'en fut à Rome. Il y était attiré par tout ce qu'il savait de la grandeur du génie de Léon XIII qui usa « toute sa vie et sa science à dissiper le vieux malentendu entre l'Eglise et le siècle. » Il vit l'illustre pontife; il fut ébloui de tant de profondeur et de perspicacité. De retour à Paris, il écrivit l'article mémorable : *Après une visite au Vatican,* dans lequel il parlait des faillites partielles de la science ou plutôt des sciences, des sciences physiques et naturelles, des sciences historiques, des sciences philologiques... Non, ces sciences ne donnaient pas le mot de l'énigme. De nombreuses et véhémentes discussions s'élevèrent. On banqueta contre l'auteur de l'article, comme on ne l'avait pas fait depuis Louis-Philippe. Ces attaques allaient au tempérament de Brunetière. Quel lutteur c'était ! « Que vous êtes pugnace, Monsieur », lui disait M. d'Haussonville. Ayant découvert que la vérité était dans l'Eglise, il mit au service de l'Eglise son tempérament de lutteur. Je dirai aussi un tempérament chevaleresque : il voyait l'Eglise abandonnée par les uns, persécutée par les autres; ce lui était un motif de plus de se dévouer à elle. D'étape en étape il s'achemina vers elle. Lui-même se plaisait à noter ces étapes devant le public. Dès l'année 1895, le futur cardinal Mathieu, alors évêque d'Angers, l'invitait à donner une conférence à l'Université catholique et lui décernait le titre de « Père de l'Eglise ». — Non, Eminence, il n'en était pas encore vraiment le fils. — L'année suivante, il écrivait que, pour les hommes d'aujourd'hui, les plus fortes raisons de croire étaient des raisons sociales, mais que pour lui il se tenait encore sur le seuil du temple. Deux ans plus tard, au congrès de Besançon (1), il constatait que le besoin de croire « fait partie de la définition de l'homme ». « Nous croyons comme nous respirons », disait-il alors. Croyait-il donc? Pas encore : « Je crois avoir le devoir de ne pas m'avancer au delà de ce que je pense actuellement... Aucun de nous n'est maître du travail intérieur qui s'accomplit en nos âmes. » Il gardait bon espoir cependant; car évoquant les progrès déjà réalisés, il ajoutait : « Pourquoi, si c'est un grand pas, n'en ferais-je pas un autre et plus décisif? » Attendons deux ans encore. A ce moment, à Lille, le 18 novembre 1900, à la fin d'un congrès des catholiques du Nord, dans la péroraison d'un admirable discours, Brunetière s'écriait : « Ce que je crois, ce que je crois, non pas ce que je suppose ou j'imagine, et non pas ce que je sais ou ce que je

(1) Brunetière prononça dans cette ville ses importants discours sur *la Renaissance de l'idéalisme*, *le Besoin de croire*, *Ce qu'on apprend à l'école de Bossuet*, *l'Action sociale du christianisme*.

comprends, mais ce que je crois... allez le demander à Rome. » Entre temps, il avait dit les moyens humains employés par lui et qui réussissent toujours avec la grâce divine : « Je n'ai pas eu d'autre mérite que de m'être laissé faire par la vérité. » (A Besançon, 1898). Il eût dit volontiers à la suite de Pascal: « Travaillons donc à bien penser : voici le principe de la morale. » Ce long et laborieux itinéraire vers l'Eglise avait permis à Brunetière de s'instruire entièrement de l'enseignement catholique et avait suscité dans les esprits une plus vive attention. Il pressentait son rôle de guide pour une foule de jeunes âmes errantes et inquiètes : ce rôle aussi lui allait. Si toute l'élite intellectuelle ne le suivit pas dans son évolution, elle en fut du moins troublée : l'homme était important, l'événement considérable, et des motifs sérieux étaient apportés. Brunetière ne parlait plus et n'écrivait plus que pour rendre témoignage à sa foi et s'en faire l'apôtre. Depuis longtemps un catholique qui était littérateur, ou philosophe ou historien, s'interdisait de proclamer sa foi dans ses ouvrages. Avec Brunetière, cette erreur ou cette faiblesse n'existait plus. L'éternel problème était posé avec force devant tous les penseurs. « En vain, disait-il, a-t-on voulu écarter la question : elle est revenue; nous n'avons pu, nous non plus l'éviter; et ceux qui viendront après nous, ne l'éviteront pas plus que nous. » Cette attitude de Brunetière fit un peu l'effet de la grosse cloche qui, le dimanche, invite les fidèles à l'office et remplit l'église. Ce philosophe a été le grand entraîneur de la génération nouvelle; il a détaché toute une légion de jeunes « des idées que la science de son temps avait mises en honneur et les a ralliés aux solutions que la religion traditionnelle a de tout temps proposées », commençant par bien établir la bienfaisance sociale des croyances religieuses, montrant la nécessité d'une religion pour l'individu, pour la société, et en particulier pour la France, et prouvant que seul le catholicisme résiste à la critique et s'impose à la foi.

Une mention à part est due à M. Paul Bourget. N'est-ce pas le maître le plus considéré par les jeunes, et, tout simplement, n'est-ce pas le maître de l'heure dans la littérature?

En 1895, M. Charles Maurras écrivait dans l'*Action Française* : « M. Bourget pense et écrit en chrétien de désir. » Publiant récemment cet article en volume, Maurras ajoute cette note : « Ce chrétien de désir est devenu catholique (1). » Quand et comment? A l'encontre de nombreux convertis, M. Bourget n'a pas jugé à propos de nous entretenir des circonstances dans lesquelles s'est produite sa conversion. Respectons son secret. Disons seulement que l'on ne saurait suspecter sa foi catholique! Dès lors, pourquoi, dans les ouvrages du maître (exception faite pour *le Sens de la mort*), pourquoi ces descriptions passionnées qui non seulement ne permettent pas de les mettre entre toutes les mains, mais encore réclament une grande prudence de la part de ceux qui les lisent? M. Bourget s'en explique, mais sans convaincre.

M. Bourget est venu de loin. Ses premiers maîtres sont : Taine, Renan et Berthelot; il les quitte

(1) QUAND LES FRANÇAIS NE S'AIMAIENT PAS. *La France et l'Amérique*.

pour aller à Bergson, à Boutroux, à William James. De ceux-ci il passe à Pascal. Il ira aussi de la Révolution à l'*Action Française*. Tour à tour il est donc scientiste, intuitioniste, pascalisant. Il deviendra catholique. Dès ses premiers ouvrages, il se distingue par la force de ses pensées, par sa logique, sa loyauté et par une grande puissance d'émotion dramatique. On reconnaît surtout qu'il s'est promis d'observer en philosophe et en moraliste. Les romans ont pour but de reproduire le réel; ils sont longtemps en dépendance du scientisme. « C'est un géomètre de la morale », a-t-on dit de lui. Lit-on ses premières œuvres? L'individu y apparaît non seulement en lutte avec la passion, mais dominé par elle. Dans les œuvres de la seconde époque : *L'Etape, un Divorce, l'Emigré, le Démon du Midi, le Sens de la Mort, Lazarine, Némésis*, l'auteur expose et défend l'une ou l'autre des vérités traditionnelles qui forment la base des sociétés; l'individu s'y montre tantôt en conflit et tantôt en accord avec sa race et sa tradition. Entre les deux, une œuvre de transition très célèbre : *le Disciple*. Là, M. Paul Bourget prend congé du scientisme; il confesse un inconnaissable, un au-delà. *Le Disciple* est peut-être l'œuvre la plus sensationnelle du XIXe siècle. Ce livre rénovateur par l'idée mais dangereux par certaines descriptions, est le point de départ d'une nouvelle manière de concevoir le rôle de l'écrivain et du penseur. Une école est créée vers laquelle se tourne la nouvelle génération, que condamne l'ancienne. Taine en reçoit une blessure mortelle, car il voit s'écrouler la chère idole du scientisme à laquelle il pensait avoir dressé un piédestal si solide. Etonné, mécontent, il s'en va de Paris, et il écrit à Bourget : « Je ne conclus qu'une chose; c'est que le goût a changé, que ma génération est finie, que je me renferme dans mon trou de Savoie... Peut-être la voie que vous prenez vous mènera-t-elle vers un port mystique, vers une forme de christianisme. » « Vers une forme de christianisme » : ce fut l'aboutissant de la vie de Taine. Le grand philosophe finit par devenir protestant. Un port plus sûr s'est ouvert pour Bourget. Après avoir reconnu le bienfait social de l'Eglise, il observa la force intime que possédait la religion catholique pour fixer à la vie individuelle un but élevé et pour fournir les moyens de l'atteindre. Il frappa donc à la porte de l'Eglise. Par cette porte qui s'ouvre toujours, des jeunes entrèrent en foule. Paul Bourget est certainement un de ceux qui ont le plus grandement contribué à démontrer le rôle civilisateur et sanctificateur de l'Eglise dans la vie individuelle, familiale et sociale. D'un roman à l'autre, toute son œuvre tend à prouver que « pour les individus comme pour la société, le christianisme est, à l'heure présente, la condition unique et nécessaire de santé et de guérison. » Appartenant à une époque qui se confinait dans l'analyse stérile de la pensée, il s'est fait, lui le grand penseur, le partisan et le prédicateur de l'action. Il a écrit — et ces lignes peuvent être données comme sa devise :

« N'être qu'un spectateur de la pièce, le monsieur du balcon qui essuie les verres de sa lorgnette pour ne rien perdre de la comédie. Eh bien !... ce n'est pas permis à l'homme, ce rôle-là. Il faut qu'il agisse et il agit toujours, même quand il croit regarder seulement, même quand il se lave les mains comme Ponce-Pilate, ce dilettante qui disait : « Qu'est-ce que la vérité ? » — La vérité, c'est qu'il y a partout et toujours un devoir à remplir. »

Nul doute que M. Victor Giraud ne considère également M. Maurice Barrès comme l'un des maîtres de l'heure. Nul doute aussi que M. Barrès n'ait apporté son appui à la fière jeunesse qui cherchait des bases solides pour établir sa vie. Avant de tourner les jeunes âmes vers l'Eglise par la sympathie dont il témoigne en tous ses écrits pour cette grande institution, il les tourna d'abord vers l'action. A chaque instant il demande à son lecteur de se tourner vers la tradition, il fait entendre, admirablement modulé, le chant de la race et des morts, toutes les voix traditionnelles qui, depuis des siècles, font entendre leur partie dans le concert national.

« L'homme ne doit pas se déraciner, nous dit-il, s'il veut vivre et bien vivre; s'il veut vivre et bien vivre, il doit, au contraire, s'enraciner, être l'homme de son pays, de sa race, de sa terre et de ses morts. » « Quand une âme lorraine se forme une haute conception de sa terre et de ses morts, cette idée, avec l'occasion, deviendra le principe de grandes actions lorraines. » (*Amitiés françaises*, p. 249.)

Parti de la religion du « moi », de l'individualisme et du dilettantisme, il a évolué assez mystérieusement vers le culte de la discipline et de l'action. Il réveillait l'antique énergie. Lui aussi, comme son Napoléon des Invalides, donne à ses disciples « la leçon exaltante », il est « professeur d'énergie ». « Sire, vous pouvez compter sur nous comme sur votre vieille garde. » Mais parce que, profondément Français, il défend le catholicisme :

« Pour créer le devoir social, il faut une religion. Pas la religion d'un côté et la science ailleurs, mais l'une et l'autre se pénétrant, dit Roemerspacher, un de ses héros. Seulement, à qui demander cette unité vitale ? — Au catholicisme, dit Saint Phlin... Sturel, Roemerspacher, laisserez-vous confondre avec sa caricature de sacristie une religion de puissance de vie sociale incomparable et qui depuis des siècles anime ce pays. » (*Les déracinés*, p. 306.)

Plus récemment, M. Barrès écrivait : « Quand tout est perdu, hélas! hors le désir, heureux qui sait encore le chemin des antiques autels. Ménageons-nous cette réserve. » (*Les Amitiés françaises*, p. 233.)

« Un des grands services que M. Barrès nous ait rendus a été, d'après M. H. Brémond, d'aider à rétablir les communications entre l'art et la pensée et de ramener la littérature au souci des choses sérieuses. » Un autre a été d'attirer directement l'attention sur le catholicisme. Assurément, M. Barrès n'est pas encore chrétien. On ne saurait guère être plus païen que ne l'est l'auteur de *la Colline inspirée*. Mais que d'accents vraiment chrétiens, à côté d'autres, dans *La grande pitié des églises de France!* Que de choses exquises, M. Barrès fait dire aux vieilles églises et dit à leur propos! Puis, il demande des saints pour achever la beauté des églises et pour faire les églises se remplir. Ceci n'est plus du paganisme. Aussi, j'ai écrit : Pas encore : c'est une constatation dans le présent, une espérance dans l'avenir. Pas encore chrétien : c'est pourquoi tous ses ouvrages ne sauraient être lus indifféremment par tous les chrétiens.

Il me tardait d'arriver à M. de Mun, maître et modèle des jeunes.

Lorsque les anciens voulaient faire de quelqu'un le plus grand éloge en leur pouvoir, ils disaient qu'il avait pratiqué l'unité de vie : *Homo unius lineœ*. Il en est peu qui aient mérité cet éloge au même degré que M. de Mun. Toute sa vie est une leçon de fidélité aux principes les plus élevés. A l'exemple de Montalembert, lui aussi fut un chevalier et un croisé, il fut avant tout un chrétien. Sa foi fut la racine d'où germèrent tous les actes de sa vie, toutes ses aspirations, tout son dévouement. Sa foi modifia son action sociale; elle vivifia son patriotisme. Etre chrétien le plus possible, refaire une France chrétienne, que voulut-il autre chose? « Et vraiment, s'écriait-il un jour, moi qui rêve pour mon pays le retour complet à la foi chrétienne et qui dans ma carrière ne me suis attaché fortement qu'à cette seule idée. » (*Discours*, t. VII, p. 265). C'est pour cela qu'il combat, soldat en 1870; c'est pour cela qu'il parle, à Paris, en province, à la tribune de la Chambre; c'est pour cela qu'il écrit, surtout durant les onze années où sa santé ne lui permet pas de parler en public. Il est mort d'avoir trop parlé et d'avoir trop écrit, ou plutôt il est mort de la force de cette idée et de cet amour qui le faisaient écrire et parler : son patriotisme chrétien.

Dans sa féconde carrière, trois grandes interventions se détachent au milieu des autres. Tout jeune officier, il se dévoue, et il continuera de se dévouer jusqu'à la fin, à l'œuvre des *Cercles ouvriers;* plus tard il fonde l'*Association catholique de la Jeunesse française*, enfin il entreprend dans l'*Echo de Paris* son admirable et patriotique apostolat des premiers mois de la guerre.

Par l'œuvre des Cercles ouvriers, il cherche à opérer le rapprochement des classes, en amenant la protection de la classe dirigeante à la classe ouvrière. Par l'Association catholique de la Jeunesse française, il amène les jeunes gens des classes élevées à s'occuper de la question sociale, à se mêler aux ouvriers, afin qu'il n'y ait plus deux France, mais une seule France. En ceci, comme dans toute sa vie de député, il se préoccupe de réconcilier le travail avec le capital, ce qui est toute la question sociale. Montalembert avait été le précurseur du catholicisme social; de Mun fut le grand homme social de France au XIXe siècle. Quiconque se rappellera l'œuvre de ces deux hommes — et il y en a d'autres — ne pourra accuser l'Eglise d'abandonner la cause ouvrière.

Enfin, quand dans les premières semaines de la guerre de 1914, la France connut des heures si angoissantes, M. de Mun, âgé de soixante-treize ans, eut cet honneur et ce mérite de réconforter l'âme nationale tout entière et de lui inoculer chaque matin, dans des pages impérissables, un cordial de confiance et de vaillance. Alors aussi il organisa l'aumônerie militaire destinée à rendre tant de services aux âmes chrétiennes et à la France; l'aumônerie militaire qu'il a déclarée, dans l'un de ses derniers articles, être « la plus belle œuvre de sa vie ».

A chaque fois que j'ai aperçu M. de Mun, c'était

au milieu des Jeunes. Entouré de Jeunes : c'est bien ainsi qu'il apparaîtra toujours à ceux qui cherchent à revoir sa silhouette majestueuse. Jeunes de l'Association catholique, Jeunes des beaux jours du Sillon, Jeunes de toutes les conditions et de tous les groupements, pourvu qu'ils soient catholiques et sociaux, voilà ceux qui formaient toujours l'auréole de M. de Mun, ceux dont on ne pourra jamais séparer sa mémoire.

On devine ce qu'il disait à cette jeunesse. En voici un écho :

« Je viens vous apporter des paroles d'espérance et une confiance toujours ferme dans l'avenir de la France catholique. Et peut-on ressentir autre chose que de virils espoirs quand on voit resplendir sur des fronts de vingt ans le rayonnement de la foi et les ardeurs de la vie chrétienne. » (Congrès de Lyon, 12 avril 1891). On se fût étonné qu'il ne recommandât pas aux Jeunes « l'unité de la vie ». « L'unité de la vie est pour l'homme appelé à l'activité publique, une force invincible, parce qu'elle l'élève au-dessus des passions, des injustices et des revers. Et qu'est-ce que l'unité de la vie, sinon la constante conformité des paroles et des actes à l'idée maîtresse qui la gouverne ? » (*La Vie Nouvelle*, 28 avril 1912.)

Toute la jeunesse doit étudier, remercier, aimer, imiter ce grand ami des Jeunes. En particulier, « les jeunes gens de la guerre lui doivent une partie de leurs dispositions morales ».

M. de Mun, M. Bazin. Ces deux noms furent souvent associés; ces deux hommes se rencontrèrent souvent; autour de l'un et de l'autre se forma souvent le cercle des Jeunes. Pour le dernier, ce fut l'auditoire restreint, mais chaque année renouvelé, des étudiants d'Angers; ce fut, plus encore, le bataillon serré des lecteurs. Les ouvrages de M. Bazin forment tout un long rayon de bibliothèque, depuis *Stéfanette*, *Une Tache d'encre* et *Ma tante Giron*, jusqu'à *la Closerie de Champdolent*, en passant par *les Oberlé*. Tous savent que l'auteur est un catholique convaincu, toutefois il ne fait œuvre d'apologiste que dans *le Blé qui lève*, *la Barrière* et *Davidée Birot*. Dans un ou deux livres, il y a des passages qui contrastent avec l'habituelle réserve de l'écrivain, et qui font que la lecture de ces livres ne saurait être une lecture pour tous. En tant qu'écrivain, M. Bazin fait preuve d'un grand don d'observation dans les choses de la nature et dans les sentiments de l'âme; il a le culte du détail qu'il soigne à la manière d'un Primitif.

M. René Bazin avait un frère qui est mort jeune : Hervé Bazin, très dévoué aux œuvres et aux Jeunes. Hervé Bazin a écrit un excellent livre : *Le jeune homme chrétien;* et, par ses conseils et par son livre, il a contribué à faire beaucoup de jeunes gens chrétiens.

Qu'on ouvre les ouvrages de M. Etienne Lamy, en particulier *Quelques œuvres et quelques ouvriers*, on y verra qu'il se tourne souvent vers les Jeunes pour les inviter à l'étude du christianisme, à la vie du christianisme. On le retrouve tout entier dans ces quelques paroles : « La plus grande misère de l'homme n'est pas la pauvreté, ni la maladie, ni l'hostilité des événements, ni les déceptions du cœur, ni la mort : c'est le malheur d'ignorer pourquoi il naît, souffre et passe. » Et un jour, sous la Coupole, il disait à Mgr Duchêne : « Les maîtres de la science incrédule ont à peu près cessé de contester que le Catholicisme soit la suite ininterrompue et certaine de l'œuvre confiée par le Christ à ses apôtres. Cette occupation solide de l'histoire par l'Eglise est votre œuvre et celle de votre école. »

On voit par ces seuls mots le service que M. Etienne Lamy a pu rendre aux Jeunes dans la recherche et l'estime de leur foi.

Sur un terrain moins vaste, avec moins d'éclat, M. Georges Fonsegrive, professeur de philosophie au Lycée Buffon, à Paris, exerça un grand ascendant sur de nombreux jeunes gens. D'autant plus qu'il eut recours aux moyens les plus divers pour exercer l'apostolat. Le premier ne fut autre que sa vie de catholique. Cet apostolat par l'exemple est le plus nécessaire. Chez Fonsegrive, il fut continuel. Si son christianisme ne s'affichait pas, il ne perdait aucune occasion de l'affirmer. Nécessairement, son enseignement s'en ressentait. Enseignement sérieux, mûri par de longues études sans cesse continuées, enseignement qu'il s'efforçait de rendre aussi conforme que possible aux croyances catholiques, bien qu'une certaine inclination naturelle au libéralisme se laissât parfois apercevoir dans ses jugements. Mais il récitait intégralement le *Credo*, comme il pratiquait intégralement le Décalogue. Plein de loyauté, plein de générosité. Belle âme de philosophe catholique. Sans aucun respect humain, sans aucune crainte. Quand la persécution contre l'Eglise s'accentuait, lui proclamait davantage son attachement à l'Eglise. De fidèle à la messe matinale, il devient fidèle de la grand'messe, puis il assiste au salut; enfin on le voit aux vêpres. Cette remarque est de ses élèves. De la philosophie, il étend ses investigations dans tous les domaines de la science. Pendant quinze ans, il dirige la *Quinzaine* où il se montre très accueillant pour les écrits des Jeunes, où plusieurs écrivains de talent se sont formés. Sous le pseudonyme d'Yves le Querdec, il publie aussi des volumes très intéressants, très variés de forme. Son œuvre littéraire la plus curieuse est peut-être cette trilogie : *Lettres d'un curé de campagne*, *Lettres d'un curé de canton*, *Journal d'un évêque*. Il ne dédaigne pas d'essayer le roman, afin d'atteindre des lecteurs plus multiples, afin de mieux propager ses idées. Son dernier ouvrage contient le résumé de tous ses travaux. Il est intitulé : *De Taine à Péguy*, et étudie l'évolution des idées en France depuis 1880 jusqu'à 1914. Sa tombe s'était déjà ouverte quand parut le volume. Que Dieu accorde sa lumière et son repos à cet excellent ami des Jeunes.

Que de Jeunes sont redevables d'avoir vu et d'avoir voulu à un pieux, savant et fin sulpicien : M. Guibert. Nombreux sont ceux qui allèrent lui demander une parole lumineuse et vigoureuse en son modeste appartement des Carmes, 74, de la rue de Vaugirard; innombrables ceux qui cherchèrent et trouvèrent dans ses petits livres, format bijou, le culte et les conditions du caractère, de la pureté, de la bonté, de la piété.

« Ah! mon cher Seigneur, donnez-nous la grâce de ne pas nous marchander ainsi, de nous omettre une fois pour toutes, de vivre enfin, n'importe où, pourvu que ce soit loin de nous-mêmes et près de vous. »

Celui qui écrivait ces livres, Karl-Joris Huysmans, revenait de *Là-bas*, des régions lointaines de l'impiété et de l'immoralité, de *Là-Bas*, où il regrettait l'œuvre de Jeanne d'Arc. (p. 65-66). Il revenait, poussé par la lassitude, par le dégoût des vains plaisirs; il était attiré vers l'Eglise, par tout ce qu'elle a de beauté intérieure, dans sa liturgie en particulier, recouvrant la beauté intérieure plus grande encore.

Jusqu'à la fin, il eut à lutter contre le fond de naturalisme qui lui était inné et qu'une longue servitude avait développé. Beaucoup l'accusèrent de n'avoir fait que changer son sensualisme grossier en sensualisme mystique, d'avoir apporté dans le sanctuaire tout le dilettantisme de sa première vie, d'avoir seulement donné un objet plus noble à sa passion et affiné la forme de son style. Avec plus de raison, on a blâmé, l'histoire en mains, ses pages sur le naturalisme soit disant conscient et méthodique de la sculpture médiévale. (*La Cathédrale*, p. 304-310.) On lui a aussi reproché de trop donner à l'accessoire et pas assez à l'essence; par exemple, dans le saint sacrifice de la messe, de prêter trop d'attention à la personne du prêtre, au style architectural de l'église, au chant, à la forme de la chasuble... et pas assez au sacrifice lui-même. On alla jusqu'à refuser de croire à la sincérité de sa conversion. Il sentit vivement la pointe de ces critiques, et, au cours de sa dernière maladie, si douloureuse, quand la souffrance tordait son pauvre corps ravagé, il s'écriait parfois, au milieu des actes de la résignation la plus complète :

« On ne dira pas que ceci aussi est de la littérature. »

Sa conversion était véritable. Selon la prière qui termine l'*Oblat*, Huysmans cherchait vraiment à vivre loin de lui-même et près de Dieu. Pour personne la chose n'est facile. Elle ne l'était pas pour lui. Du moins, il y tendait. Inattendue de ceux qui l'avaient suivi jusque-là, sa conversion frappa beaucoup les esprits. Plus tard, ses livres nouveaux, où se retrouvent bien des restes du passé, furent pour beaucoup de lecteurs une révélation des richesses artistiques de l'Eglise. *En route*, *la Cathédrale*, *Sainte Lydwine de Schiedam*, *l'Oblat*, *les Foules de Lourdes*, renferment, sur la liturgie, des pages de premier ordre. De plus, Huysmans s'est montré un bon théologien de la douleur, ou plutôt comme on l'a dit, un artiste de la douleur chrétienne. Par ces deux aspects de son œuvre, il a projeté sur le catholicisme une belle lumière, qui a déterminé nombre d'étrangers à marcher vers le catholicisme, pour mieux le connaître et pour y adhérer; et les âmes fidèles elles-mêmes se sont plu à le lire et ont appris de lui à mieux comprendre les paroles et les actes liturgiques. Cependant, dans ses derniers ouvrages, que nous venons de citer, beaucoup de scories restent encore : C'est pourquoi il suffira à la plupart des lecteurs, pour avoir une idée du genre de Huysmans et pour posséder la fleur de ses écrits, de lire *Les pages choisies* de J.-K. Huysmans, avec une préface de M. l'abbé Mugnier.

Depuis Taine, Berthelot, Renan, les autres philosophes et savants libres-penseurs, disaient que tout dans le monde, aussi bien l'homme que la matière, était soumis à des forces inéluctables. Il est aisé de deviner combien funestes étaient les conséquences de ce système : elles n'allaient à rien moins qu'à faire de l'homme un être passif, sans volonté, sans responsabilités. D'ailleurs les défenseurs du système le disaient assez. Soudain, devant l'aréopage du scientisme se leva, M. Bergson qui proclama premièrement que l'homme était libre, et secondement, affirma, avec le concours de MM. Boutroux, Henri Poincaré, Le Roy, Blondel... que les prétendues lois absolues avaient, elles aussi, leur part de contingence.

Bergson, élève de Boutroux, débute par une critique subtile de l'intelligence, en tant que faculté de connaître. D'après lui, l'objet de l'intelligence et donc, de la science est le matériel, non le vivant, l'utile, non le vrai. Quant à la faculté qui saisit immédiatement la vie et, par nature sympathise aussitôt avec elle, c'est l'intuition. L'intuition est plus forte que l'intelligence; la philosophie est plus réelle que la science.

Une foule de jeunes se sont laissé enchanter à cette théorie, bien décevante pourtant. Une fois la connaissance conceptuelle sacrifiée, que reste-t-il sous le nom d'intuition, sinon... l'instinct? Le cœur? la conscience? Sans doute, ils ont leur rôle dans nos connaissances, mais seulement quand ils sont éclairés par l'intelligence. Si on sacrifie la raison, comment sauver la liberté? Si on abandonne l'intelligence, comment arriver à connaître avec certitude l'existenec de Dieu? Dans une lettre au P. de Tonquédec, M. Bergson dit bien que son système aboutit à mettre en lumière le fait de la liberté, admet la création comme un fait, présente un [illegible] créateur et libre. (Cf. *Etudes*, 20 février 1912.) [illegible] suspecter aucunement la bonne foi du philosophe, on peut dire que toutes ces choses ne se déduisent pas — au contraire — de sa doctrine.

Bonne pour détruire, pour infirmer les doctrines mécanistes, cette doctrine est dangereuse, condamnable, pour le rôle trop réduit qu'elle assigne à la raison et à la logique. Bergson ne sauve son disciple en scientisme que pour le perdre aussitôt dans une sorte de mysticisme laïque. L'intelligence humaine n'est pas confinée dans les réalités positives. — Bien. — Elle s'élève au-dessus et atteint les réalités suprasensibles. — Bien encore. Mais comment? — Par le cœur. — Alors? Nous retombons dans l'obscurité. Un des meilleurs disciples de ce maître, sinon le meilleur, M. Jacques Maritain, passé du scientime et du spencérisme au « bergsonisme », ne tarda pas de dévouvrir dans cette dernière doctrine « la plus audacieuse tentative du nihilisme intellectuel », un véritable « panthéisme athée ».

Avouons-le, toutefois : par je ne sais quel illogisme, beaucoup de jeunes, après avoir marché à la suite de Bergson, quand il démolissait le déterminisme, se sont tout à coup évadés vers le catholicisme. Illogisme ai-je dit? Oui, puisque ces jeunes cessaient de suivre le maître; non, puisqu'ils suivaient jusqu'au bout la ligne droite. Lotte fut de ceux-ci. Il a écrit ces lignes que pourraient signer beaucoup d'autres : « C'est l'étude de sa philosophie (Bergson), étude que j'ai commencée dans le plus épais matérialisme, qui m'a ouvert le chemin de la délivrance. Jusqu'en 1902, j'eus l'esprit bouclé par

Taine et Renan : c'étaient les dieux de ma jeunesse. »

A quelque page de son volume intitulé *de Taine à Péguy*, M. Fonsegrive dépeint ainsi le second de ses personnages : « Péguy, penseur, poète et croyant, représente bien le voyageur lassé qui arrive enfin, les souliers poudreux, la barbe inculte et les vêtements fatigués par le chemin. Il savoure les brises nouvelles et cependant, tout son être frémit encore des tempêtes du passé et garde les souillures de la route. » Soit!

Ancien normalien, Péguy menait la vie la plus étrange qu'on puisse imaginer. D'abord partisan de la pensée libre, socialiste et dreyfusiste, il finit, à la lumière des événements et par une étude patiente, par arriver au catholicisme. Bref le voilà catholique de pensée et de cœur. Il se plaît à méditer sa religion, à en imprégner son esprit, à la célébrer : il la raconte et il l'écrit... ou la chante. Il n'est pas catholique de pratique, arrêté qu'il est par des obstacles qu'il ne peut encore franchir. Mais, enfin, il parle et il agit au dehors sur l'opinion, comme s'il était totalement catholique. Il se croit même une mission. « Au fond, c'est une renaissance catholique qui se fait par moi. » « Nous sommes ceux qui réconcilieront, ceux qui restaureront », confiait-il à Lotte. Chacun de ses Mystères est plein de Dieu, de sa Providence, de son Christ, de ses saints, de son Eglise: « Dieu nous a créés pour le ciel, et le Christ est venu. » Il lui plaît de publier des *Mystères* ou compositions dramatiques tout inspirées de la Bible et de la vie des saints. On sait qu'autrefois les Mystères étaient des représentations qui avaient lieu soit en plein air, soit sur les théâtres adossés à la porte des cathédrales, soit à l'intérieur même des églises. Il a son mystère de Notre-Dame, son mystère de Jeanne d'Arc, — il est Orléanais, — son mystère de sainte Geneviève, son mystère d'Eve, le dernier et vraiment le plus mystérieux ou incompréhensible.

Sa manière d'écrire est singulière : il se sert d'une prose rythmée. Longtemps il cherche sa phrase, allant à une forme parfaite par des essais et des tâtonnements qui étonnent d'abord, mais renforcent la pensée. Mode qui a eu des imitateurs; mode difficile dans lequel tous ne réussissent pas aussi bien que M. Emile Faguet qui, parfois, se plut à l'emprunter.

Avant sa conversion, Péguy a fondé en 1899 les *Cahiers de la Quinzaine.* Une fois converti, il continue cette publication avec un nouvel élan. Catholique, il est plus riche d'idées qu'étant rationaliste. Il a toujours la terre et de plus, il a le ciel. Il a l'homme et, de plus, il a Dieu, l'Evangile, l'Eglise. Jamais il n'aima mieux la France que lorsqu'il l'aima comme chrétien. Sans cesse il associa ces deux amours : « Il faut que France, il faut que Chrétienté continue. »

Il habite rue de la Sorbonne. Quel appartement est le sien! Une boutique et une arrière-boutique. Là, il est le rédacteur, l'imprimeur, le gérant, le vendeur des *Cahiers de la Quinzaine.* Là il reçoit ses visiteurs, ses disciples, ses amis. Peu à peu, un cénacle s'est formé autour de lui. « Péguy, par la sévérité de sa vie, par ses mœurs « ancienne France », par l'inflexibilité de sa conduite, par son haut sentiment d'honnêteté et d'honneur professionnels s'était attiré un petit nombre de fidèles dont Henri fut l'un. » (REVUE DES JEUNES, 10 juillet 1916, *Du dilettantisme à l'action.)*

De tous ces amis, le plus grand sans conteste, fut Joseph Lotte. Impossible de rêver dévouement plus absolu, disciple plus désireux de plaire, de s'assimiler les pensées, les sentiments et jusqu'à la manière du maître; admirateur plus empressé à rendre hommage à son héros et en même temps plus soucieux de servir sa renommée. Dans ce commerce d'amitié, Lotte ne profite pas seul. Ecoutons M. l'abbé Henri Brémond :

« Ce ne sont pas des maîtres mais des disciples très oublieux que part le rayon. Qui nous dira d'ailleurs les mystérieux échanges qu'entraînent des relations de ce genre ? L'homme-lige a beau s'effacer devant son héros et se modeler sur lui : il l'éclaire de son côté et il l'enrichit. Dans le génie de Lacordaire j'aime à deviner l'inspiration imperceptible, l'apport timide mais précieux de Piel; ainsi de Lamennais et, en général, de tous les conducteurs d'âmes. Nous leur prêtons à leur insu le meilleur de nous-mêmes et, par là, nous les invitons silencieusement à se façonner sur l'image idéale que leur renvoie notre dévotion. » Combien vrai !

De Paris, nous dirigeons-nous vers la province, nous trouverons, parmi le personnel enseignant des Facultés de l'Etat et de nos Facultés libres, quelques professeurs dont la personne ou l'enseignement a plus d'attraits et qui réussissent à grouper autour d'eux des groupes assez compacts de jeunes disciples. Quelques-uns sont totalement catholiques, d'autres demeurent en dehors de l'Eglise, tout en nourrissant à son égard de profondes sympathies; d'autres, tout en faisant profession de catholicisme, gardent dans leurs doctrines philosophiques l'un ou l'autre point plus ou moins en désaccord avec le dogme chrétien. Qu'il s'agisse du point de vue intellectuel ou du point de vue intérieur, certains professeurs ont donc exercé autour d'eux un ascendant considérable : à Lille, M. Pierre de la Gorce; à Bordeaux, M. P. Duhem; à Fribourg, M. Victor Giraud; à Besançon, M. Jean Guiraud; à Aix, M. Maurice Blondel; à Montpellier, M. Grasset; à Besançon, M. Georges Dumesnil. Aucune difficulté à parler de celui-ci; il est mort en août 1916, après avoir, dès le début de la guerre, offert sa vie à Dieu, pour le salut du pays. C'était un converti.

Au lycée, dit-il, « la religion nous semblait une survivance désastreuse pour la science, fatale pour la liberté, n'ayant plus, d'ailleurs, d'asile que dans la tête de quelques bonnes femmes et les conseils pervers des gouvernements... Comme saint Paul, je persécutais l'Eglise et je n'en suis pas plus fier que lui. »

La grâce s'empara de lui lorsqu'il était en plein développement intellectuel, entre trente et quarante ans. Au lendemain de sa soutenance de thèse, il écrivit au bas de son manuscrit : « J'appliquerai mes efforts à écrire une glorification de la doctrine catholique par la raison. »

Son esprit avait besoin de lumière. En vain la chercha-t-il dans le Kantisme, dans le Combisme, dans le déterminisme scientifique et positivisme, dans le pur déisme. Toutes ces expériences lui valurent, du moins, d'étudier et de réfléchir. Sa conversion avança peu à peu par une foule de réflexions et de mouvements. « Mais voici qu'en approfondissant ces difficultés et ces pensées, je tombai dans une doctrine de causalité qui, déchirant le réseau mathématique, me menait tout droit à la grâce. » A ce moment, le catholicisme lui apparut comme « le seul refuge de la pensée claire ». Il y entra et se promit d'y entraîner d'autres âmes à sa suite. Par la clarté, par l'étude, tout en sachant bien la part divine qui intervient dans une conversion. La grâce prévient, accompagne, suit. Philosophe, moraliste, artiste, apôtre : il fut tout cela.

Afin d'être plus directement et plus absolument apôtre, il fonda en 1907 l'*Amitié de France*, qui devint plus tard, en 1912, *les Cahiers de l'Amitié de France*. Dès le premier numéro, il se propose de défendre notre civilisation française et tout d'abord notre littérature contemporaine, en les imprégnant de plus en plus de catholicisme. Sa croyance intime est que les jeunes gens soucieux de faire quelque chose de leur vie pour Dieu et pour leur pays, doivent résolument abandonner les lectures qui sont païennes dans leur inspiration et dans leurs tendances et se nourrir d'ouvrages sains et bien français de style. Avec lui collaborent toute une école de jeunes qu'il savait diriger, tout en respectant leurs qualités propres et qui, depuis, ont passé à la *Revue des Jeunes* : Francis Jammes, Robert Vallery-Radot, André Lafon, François Mauriac, Eusèbe de Brémond d'Ars... Un des grands mérites de Georges Dumesnil fut de découvrir et de signaler, le premier, les liens étroits qui existent entre la philosophie des Allemands et leur conduite, voire leur conduite dans la guerre et, faisant tour à tour de la prophétie et de l'histoire, de montrer l'Allemagne comme le grand danger des races latines.

C'est dans la *Revue des Jeunes* que j'ai lu ce jugement sur *l'Amitié de France* :

« En ces neuf années de développement, elle a pu former une excellente image de ce que serait notre pays, libéré du désordre révolutionnaire, avec la variété de ses provinces, la vigueur de ses traditions restaurées, sa vie sociale, politique et ses arts groupés autour du vieux clocher roman. Cette admirable revue paraissait tous les trois mois et donnait mieux que des articles. Chapitres philosophiques, essais d'histoire, poèmes, analyses critiques y alternaient selon un tranquille équilibre. »

Tout à l'heure, j'ai nommé Francis Jammes. Plusieurs de ses œuvres sont des chefs-d'œuvre : *le Rosaire au soleil*, roman et prière, livre où tout prie et chante Notre-Dame; *l'Eglise habillée de deuil*, *les Géorgiques chrétiennes*, où il chante surtout l'Eucharistie.

Francis Jammes est un converti, un de ceux qui, à peine chrétiens, veulent faire rayonner leur foi et communiquer à beaucoup le don reçu du ciel. Qu'a-t-il fait pour les jeunes, et quels sont pour lui les sentiments des jeunes? L'un d'eux nous le dira :

« Francis Jammes ! Nos aînés ne peuvent savoir ce que ce nom éveille en nous de musiques natales, de parfums d'enfance, de fleurs aimées... A quinze ans, je ne connaissais rien encore de la littérature moderne; l'esprit encore tout embarrassé des lieux communs classiques et romantiques, des chefs-d'œuvre étudiés trop hâtivement, admirés par contrainte, je croyais que la poésie exigeait certains accessoires, couchers de soleil, lacs, forêts, orages, passions incomprises; et, déjà ambitieux d'égaler mes dieux, je m'inquiétais d'une vie trop exempte de tourments politiques. Pendant les vacances, un journal me tomba sous la main où l'on citait abondamment un nouveau livre de vers, *Le Deuil des Primevères*. Ce fut pour moi une révélation...

« *Le Deuil des Primevères!* Livre cher, dont le titre étrange m'ensorcelait! Quand je feuillette encore ses pages jaunies, je revois la salle de billard vaste et fraîche où je lus ces vacances-là, pendant de torrides après-midi; je sens l'odeur de toile de Jouy des rideaux, je revois les hautes futaies assoupies sous le soleil...; toute mon adolescence...

« O Jammes, où nous conduirez-vous maintenant? Sur quels sommets foulés par les séraphins? Ce n'était pas assez de nous mener par les chemins mouillés de rosée où rient les jeunes filles et sur les pelouses où luisent les colchiques d'automne dans les vieux domaines abandonnés, ce n'était pas assez de nous dire toute la grâce et toute la beauté de cette terre où Dieu nous a donné de vivre, voici que vous voyez maintenant resplendir le monde de l'avenir éternel par delà la mort... O Jammes, je vous ai vu dans votre maison d'Orthez et je connais le silence où palpite l'aile de votre Muse, silence où respirent des présences sacrées... A qui donc irions-nous, parmi les princes des hommes? Vous seul chantez avec les mots que nous aimons la patrie de nos âmes... O joie jalouse de n'être pas obligé de quitter votre main quand nous montons vers le temple où Dieu nous montre son cœur!...

« Je vous ai vu, Jammes, dans l'église de votre ville, à genoux sur la dalle, et le front incliné comme faisaient nos mères et comme nous faisons... Précédez-nous sur le chemin lumineux... Entendez-vous qu'ils vous suivent en silence, tous ces jeunes cœurs éblouis et attentifs ?... (1).

En recherchant les instruments humains qui avaient travaillé à sa conversion, Francis Jammes trouvait au premier rang Paul Claudel. « Je suis entré dans la vie, un baiser de Renan sur le front », a écrit celui-ci, au souvenir d'une distribution de Prix, au Lycée Louis-le-Grand, le 7 août 1883, où il fut couronné par le grand dilettante. Claudel n'est pas resté dans le sillage de Renan; il est quand même arrivé à la gloire. Vers l'année 1917, toutes les grandes revues, à commencer par la *Revue des Deux Mondes, le Correspondant*, lui consacrèrent les articles les plus élogieux. Les *Etudes* du 20 avril 1917 disaient : « L'œuvre de Paul Claudel nous apparaîtra comme... contenant, ce semble, à peu près tous les éléments constitutifs d'une œuvre de génie. » Paul Claudel est un grand poète chrétien. Comme poète, il éprouve le tourment des âmes qui ne parviennent pas à exprimer le meilleur d'elles-mêmes :

« O mon âme, le poème n'est point fait de ces lettres que je plante comme des clous, mais du blanc qui reste sur le papier. » (ODES, *Les Muses*, p. 17.)

A la manière de Péguy, il écrit surtout dans une prose rythmée.

Comme chrétien, il ne cesse de rendre hommage à Dieu pour le bienfait de son retour. Il a écrit un

(1) Robert Vallery-Radot, *Les Géorgiques chrétiennes*, *Revue des Jeunes*, 15 août 1912.

Magnificat; mais toutes ses œuvres sont le *Magnificat* de sa reconnaissance :

« Soyez béni, mon Dieu, qui m'avez délivré des idoles...

« O mon Dieu, mon être soupire après le vôtre !

« Délivrez-moi de moi-même.

« Je vois bien des manières de ne pas être, mais il n'y a qu'une manière seule d'être qui est d'être en vous, qui est vous-même. »

M. Emile Baumann, un de ces Lyonnais qui savent si bien mêler le sens mystique et le sens de l'action, professeur de l'Université, chrétien qui n'a jamais quitté la maison du Père de famille, a écrit : *l'Immolé, la Fosse aux lions, Trois villes saintes, le Baptême de Pauline Ardel.*

Ses thèmes favoris sont le dogme de la Communion des saints, la réversibilité des mérites, les rapports incessants de Dieu avec l'homme. Dans *l'Immolé* est exposé le dogme de la douleur et la valeur du sacrifice. « S'immoler, ah ! c'est bien la loi unique, la loi implacable et douce », dit le héros, Daniel Rovère. On a remarqué que M. Baumann avait déjà décrit dans son œuvre plusieurs sacrements : le baptême dans *le Baptême de Pauline Ardel,* l'Eucharistie dans *l'Immolé;* le mariage dans *la Fosse aux lions;* et on annonce la Pénitence et l'Ordre dans de prochains livres. « Inoffensifs pour toute âme fortement trempée, *l'Immolé* et *la Fosse aux lions* risqueraient de troubler les jeunes âmes. »

Il y aurait encore à parler de toute une génération de jeunes écrivains dont plusieurs sont rédacteurs à la *Revue des Jeunes.* Mais ceux-ci n'ont pas, à proprement parler, décidé la naissance même du mouvement catholique; ils ont seulement commencé d'écrire lorsque ce mouvement, à l'ampleur duquel ils travaillent, existait déjà.

Je ferai une exception pour Ernest Psichari, ce petit-fils de Renan, qui voulut « prendre contre son père le parti de ses pères ». Son ascendant a été extraordinaire sur beaucoup de jeunes gens.

Mort jeune lui-même, en héros, il a laissé trois ouvrages : *Terre de soleil et de sommeil, l'Appel aux Armes, le Voyage du Centurion.*

Quand il écrivit le premier de ces livres, livre de description et d'émotions, bien plus que d'idées et d'action, il ne songeait pas encore à la conversion. Quand il écrivit le second, « ce pauvre livre », dit-il, « il attendait sans rien faire pour s'en rendre digne, la lumière qui guérit et qui sauve ». Excellent au point de vue esprit militaire, cet ouvrage est loin de l'être au point de vue moral et religieux. Le troisième livre est une marche vers la lumière où une seule page, inattendue, peut être troublante.

Impossible d'oublier le journal : *la Croix*, dans cette brève et très incomplète nomenclature des écrits qui ont influé sur le renouveau chrétien. Depuis quarante ans, *la Croix* donne une grande voix à toutes les affirmations de la conscience chrétienne et annonce sur tous les points de la France la fécondité de l'Eglise. Elle lance chaque jour à ses milliers de lecteurs des appels à une action disciplinée et vaillante et dénonce l'erreur qui se cache sous des formes perfides et celle qui se dévoile dans des attaques haineuses. Dans ses colonnes, la vérité est affirmée, le bien est exposé, le mal est stigmatisé et une grande diffusion se fait de toutes les entreprises catholiques. Les jeunes ont appris d'elle en partie à se dévouer et le dévouement des jeunes a été publié par elle.

Pour appuyer la croyance en rappelant aux âmes les raisons convaincantes des surnaturelles adhésions, pour refaire une société où dominent les principes d'ordre, de justice et de liberté, pour stimuler à la pratique des vertus évangéliques par de fortes leçons et de grands exemples, les *Etudes*, depuis une quinzaine d'années surtout, sont la tribune où des maîtres avérés donnent chaque quinze jour, un enseignement clair et substantiel appuyé sur la théologie, la philosophie, l'histoire, l'économie politique, la littérature et puisé aux sources les plus sûres. A côté de la solidité doctrinale, elles offrent le charme et l'élégance de l'expression; elles ont la variété dans l'unité. Si leur clientèle n'est pas encore assez nombreuse parmi la jeunesse, du moins les jeunes qui les lisent s'y éclairent et s'y édifient. Ce faisant, ils acquièrent des trésors de doctrine et prennent des élans vers le bien qui se fait jour dans un fructueux apostolat.

Enfin, un autre « maître de l'heure », pour rappeler l'expression de M. Victor Giraud, et, pour ainsi dire, le maître de l'heure, celui qui imprima le mouvement qui emportait les générations montantes vers le Catholicisme, fut le Souverain Pontife Pie X. Trois paroles, prononcées par Pie X, à trois moments de sa vie pontificale, résument toute la vie de ce pape. Au début de son règne, il donne son programme : « Tout restaurer dans le Christ »; au milieu de son règne, il rappelle son moyen de gouvernement : *Mea politica crux est;* à la fin de son règne, quand l'ambassadeur d'Autriche lui demande de bénir les armées autrichiennes, il répond : « Je bénis la paix. » Toutes ses paroles et tous ses actes rendent le même son. Devant la loi de Séparation qui prétend ruiner l'Eglise de France, il impose une direction qui la sauve. Il condamne le Modernisme. C'est aussi le pape de la communion des enfants et de la communion fréquente. Entre tant de choses qu'il y aurait à dire à la gloire de ce pape, ces trois-là suffisent. Pour qui veut bien regarder, elles lui donnent un rôle considérable dans le renouveau que nous avons étudié.

CHAPITRE VIII

Les résultats

Jusqu'ici nous avons constaté l'existence du mouvement catholique, nous en avons examiné les caractères, recherché les causes. Pour terminer notre tâche, il ne reste plus qu'à considérer les manifestations et les résultats.

Les jeunes gens d'aujourd'hui ne sont pas les néo-chrétiens d'il y a une vingtaine d'années, mais, dans des temps nouveaux, des chrétiens de marque antique, successeurs directs et frères intimes de ceux auxquels le Christ disait : « Croyez en moi », et « Si quelqu'un veut être mon disciple, qu'il se renonce à lui-même, qu'il porte sa croix et qu'il me suive. »

Ils ont la foi totale au Christ et à son Eglise. Ils ont l'invincible espérance. Aux heures les plus sombres, chacun d'eux est prêt à redire, comme ce noble Augustin Cochin dont les petit-fils tombaient si glorieusement naguère sur le champ de bataille : « Je suis et serai toujours du parti de l'espérance. » Ils ont la charité pour Dieu, pour le prochain, pour la patrie; et ce qu'on a nommé « le miracle français », est surtout leur œuvre.

Groupés en un cortège mystique, ils marchent joyeux et forts dans les sentiers évangéliques. De tout leur esprit, de tout leur cœur, ils croient; et, suivant leur foi, ils parlent, ils écrivent, ils agissent.

Lorsqu'ils sont entre eux, dans les colloques intimes de la camaraderie et de l'amitié, dans les réunions fraternelles des cercles d'études, les jeunes catholiques parlent de leur religion, afin de mieux la connaître, de mieux l'aimer et de mieux la servir. Il en est, qui sentant au dedans d'eux la flamme ardente de l'amour, et désireux de la communiquer, s'adonnent à l'apostolat, groupent des auditeurs et sèment, dans les esprits attentifs ou troublés, la semence qui lèvera en temps opportun. Rien de plus divers que les auditoires auxquels ils s'adressent. Dans certains quartiers de Paris, à Plaisance, notamment, une école de conférenciers s'est formée, qui envoyait de jeunes étudiants ou de simples ouvriers faire des causeries dans les cafés et restaurants. Comme dans la parabole de l'Evangile, toutes les terres sont ensemencées et celles qui sont pierreuses, et celles que foulent les passants et celles qui sont recouvertes par les épines et, enfin, la bonne terre. Mais il arrive que si la semence ne lève que dans la bonne terre, elle a le privilège de transformer et d'améliorer la terre qui était d'abord mauvaise.

Ut pictura poesis, disait Horace. Ici, c'est la littérature qui marche de pair avec la parole. Certes, d'autres temps comptèrent des écrivains plus illustres, mais y en eut-il jamais qui en virent surgir un plus grand nombre. Toujours « les renouveaux de littérature religieuse ont été l'indice d'une renaissance chrétienne. » D'ailleurs, « ces deux germinations de littérature et de sainteté partent du même tronc, et parfois leurs fleurs se confondent. » (Henri Brémond, *La littérature religieuse d'avant-hier et d'aujourd'hui*, p. 6.)

Sur tous les points de la pensée, une vive germination s'est produite. Derrière les grands écrivains qui annoncèrent le renouveau, se dresse la génération des jeunes comme « les ruisseaux de la vallée suivent les neiges qui sont tombées sur les sommets ». Cette génération a elle aussi, ses sommets, un Claudel, un Péguy, par exemple. Avec elle, on se sent en terrain franchement catholique, et elle ne veut pas que l'on écrive comme si Notre-Seigneur Jésus-Christ n'était pas venu sur la terre et comme s'il n'avait pas laissé après lui l'Eglise avec tous ses ministères.

Pour montrer le chemin parcouru depuis quelques années et afin de mieux mettre en opposition l'attitude de la pensée française dans le monde cultivé, vis-à-vis de l'Eglise, hier et aujourd'hui, on s'est plu souvent à rapprocher deux discours académiques. Le premier de ces discours fut prononcé en 1882, par Renan, à la réception de Victor Cherbuliez, le second par René Bazin, proclamant en 1913 les « Prix de vertu ».

Renan louait, chez Victor Cherbuliez, « cette heure excellente du développement psychologique où l'on garde encore la sève morale de la vieille croyance, sans en porter les chaînes scientifiques. A notre insu, c'est souvent à ces formules rebutées que nous devons les restes de notre vertu. Nous vivons d'une ombre, Monsieur, du parfum d'un vase vide; après nous, on vivra de l'ombre d'une ombre. Je crains par moments que ce soit un peu léger. »

A trente ans de là, sous la même coupole, M. René Bazin célébrait ainsi les âmes héroïques à qui on décernait les prix de vertu :

« Ces âmes sont annonciatrices. Elles indiquent le sens de l'éducation qu'il faut donner à un pays. Où elles ont puisé, là est la source de la vie, de la grandeur, de la paix véritable, l'intérieure, celle des esprits et des cœurs, infiniment supérieure à l'autre.

« Ces âmes sont différentes et une cependant. Qu'elles le veuillent ou non, qu'elles le sachent ou l'ignorent, toutes elles ont cessé d'appartenir au monde antique, elles ont respiré l'atmosphère de ce pays sanctifié, elles ont subi l'influence du baptême de la France. A travers chacune d'elles, je vois transparaître une image, nette ou effacée, toujours reconnaissable, celle du Maître qui apporta à la terre la charité, de l'Ami des pauvres, du Consolateur des souffrants, de Celui qui a passé en faisant le bien, et qu'avec des millions de vivants et des milliards de morts, j'ai la joie de nommer : Notre-Seigneur Jésus-Christ. »

Les comptes rendus de 1882 parlent des sourires par lesquels furent accueillies les paroles de Renan, ceux de 1913 notent les applaudissements nourris et prolongés qui saluèrent la finale de M. Bazin. Entre les deux orateurs, quelques années seulement ont passé; cependant tout un monde nouveau a surgi. Du scientisme qui condamnait le catholicisme, du dilettantisme qui se raillait de l'Eglise, on est venu, au moins dans la portion intelligente et distinguée de la société française, soit au respect, soit à l'amour du catholicisme.

Parce que pleins de foi, ces écrits sont aussi pleins de vie, ils portent à l'action.

« Vie d'abord ». Certes. Mais de quelle vie s'agit-il? Et qu'est-ce que la vie, sans but et sans principes directeurs? Nos jeunes écrivains établissent très bien de quelle vie il s'agit; ils montrent clairement le but à poursuivre; ils en signalent les difficultés; ils projettent la clarté; ils indiquent encore les moyens pour l'atteindre. Car pourquoi écrire sinon pour indiquer le terme de la vie, sinon pour montrer Dieu appelant l'homme et l'aidant à venir à lui, malgré les obstacles qui prétendent décourager la marche? C'est pourquoi leurs œuvres sont avant tout une transcription de l'Evangile, surtout de la page évangélique où est écrite l'invitation du Sauveur : « Viens et suis-moi. »

« Les poèmes de Péguy, tout comme ceux de Claudel, ne se rangent dans aucun genre classé... Et cependant ces poèmes ne font que renouveler des genres très anciens : le drame sacré de la Grèce, les mystères du moyen âge, l'épopée d'Homère. C'est le divin qui revient se mêler à la trame de l'histoire humaine, qui l'inspire, la modifie, la dirige et la consomme. Traduire en langage humain ce mélange, ce fut toujours dans l'histoire la mission de l'épopée. C'est pourquoi l'épopée ne peut trouver ses poètes que parmi les âmes croyantes et un public que dans les âges de foi.

« Un Homère, un Dante, un Milton, écrivent de véritables épopées parce qu'ils sont des croyants; un Virgile, un Voltaire, un Klopstock n'écrivent que des poèmes où se pose leur fantaisie. Quelques-uns chargés de pensée et de poésie, je le veux bien, mais où au lieu de la vérité vivante, on sent la fiction et le convenu. Tandis qu'un Dante exprime le fond même de son âme et de sa foi. Et rien ne peut être plus intéressant que la vie de l'âme chrétienne. La vie chrétienne étant un perpétuel combat, le chrétien vit toujours dramatiquement, dangereusement, quelle que soit sa vertu. Toutes les puissances du bien que contient le monde, combattent avec lui, pour lui; toutes les puissances du mal combattent en lui, contre lui. Et ainsi le drame qui se joue en lui, c'est le drame même du monde, la lutte universelle des ténèbres contre la lumière et du mal contre le bien.

« L'histoire de la plus faible des âmes est l'histoire même de l'univers et toute la signification du monde y est enfermée. Chaque être humain a sa façon à lui d'être en relation avec toutes les puissances morales du monde. Chaque histoire individuelle revêt une forme épique. Les perspectives littéraires se trouvent ainsi infiniment agrandies. Ce ne sont plus les questions mesquines de savoir si le jeune premier épousera la jeune première ou bien si un homme possédera une femme, mais c'est la question de savoir si la passion triomphera, ou sera vaincue, si le mal l'emportera ou ne l'emportera pas sur le bien, si l'homme avec toutes les infinies complexités qu'il porte en soi acceptera ou rejettera le règne de Dieu.

« On voit ici l'incomparable supériorité de l'épopée chrétienne vis-à-vis de celle d'Homère. C'est toujours le divin manifesté dans l'histoire; seulement, tandis que dans Homère les dieux ne sont guère que des hommes plus grands, plus puissants, plus forts que les autres parce qu'ils sont animés des mêmes passions, chez Claudel et chez Péguy, comme chez Baumann et les jeunes écrivains de l'*Amitié de France*, le Dieu reste vraiment Dieu, il est incomparable à l'homme, il n'éprouve de chaque sentiment humain que ce qui peut contribuer à sa perfection, manifester sa grandeur, sa puissance ou sa bonté. Les dieux d'Homère n'interviennent que par le dehors : ils combattent à côté des héros qu'ils protègent; ils les enlèvent, les endorment ou les couvrent d'un nuage pour les dérober aux coups de leurs agresseurs; ils prennent la figure de leurs compagnons, ils les trompent pour les sauver; le Dieu invisible de Péguy, de Claudel, de Jammes et de Baumann agit par sa grâce au dedans de l'âme, il éteint en eux les feux de la colère, il la dérobe ainsi à la tentation, c'est une âme pure ou un prêtre qui parle pour lui, il montre la hauteur qu'il sera glorieux de gravir. Il n'a recours à aucun subterfuge pour se faire entendre. Ainsi extérieurement par l'Eglise, intérieurement par la grâce, l'action divine se mêle à l'action humaine et nous retrouvons le sens profond, le sens divin de l'histoire, de toute l'histoire, même de celle de la plus humble des vies. » (G. Fonsegrive, De Taine a Péguy, 5. *L'arrivée.*)

A jouer ce rôle utile, bienfaisant, la littérature ne perd rien de son charme ou de sa force, s'éloignant du romantisme où l'activité de l'esprit se réduit au profit du sentiment et de l'instinct.

« Temps rempli de promesses que celui où nous voyons paraître de tels écrivains et éclore de telles œuvres. Hier c'était le *Mystère de la charité de Jeanne d'Arc*, de Péguy; c'était l'*Annonce faite à Marie*, de Claudel; les *Carmina Sacra* de Le Cardonnel; aujourd'hui, ce sont les *Géorgiques chrétiennes* (de Francis Jammes). On ne saurait trop accorder d'attention à ces manifestations lyriques; elles présagent un retour presque unanime de la haute littérature à l'inspiration chrétienne : phénomène d'une portée apologétique incalculable, nous ne cesserons de le répéter, car ce sont les grands courants poétiques qui déterminent la façon de sentir d'une époque. Le romantisme, le naturalisme et le symbolisme entraînèrent l'imagination et la sensibilité en dehors de l'ordre catholique. La Providence semble nous prescrire la haute et enivrante tâche de ramener les cœurs desséchés et les imaginations épuisées à l'éternelle source de beauté; l'art altéré réclame impérieusement une nouvelle effusion du sang divin. A ce prix seulement, on peut espérer une renaissance des lettres et des arts. » (1)

En même temps que le Christianisme reprenait pour ainsi dire possession de la littérature, on voyait diminuer les partisans de la prétendue antinomie entre la science et la foi.

En théorie, ils demeurent bien peu nombreux ceux qui prétendent que le même homme ne peut être un savant et un croyant. En pratique, on rencontre beaucoup de savants qui croient, qui ne sont nullement gênés par leur foi dans la liberté de leurs recherches et dont les études et les travaux ne contredisent en aucune façon les croyances.

N'a-t-on pas vu, à l'Ecole Normale, dans les années qui précédèrent la guerre, le nombre des chrétiens du groupe scientifique plus considérable que celui des chrétiens du groupe littéraire? Les préjugés scientistes sont tombés ou, du moins, « l'analyse des méthodes et des découvertes scientifiques, les travaux d'un Duhem, d'un Henri Poincaré, d'un Tannery, d'un Maxwel (ont établi) que les théories et les hypothèses des savants, d'une part sont provisoires et caduques, d'autre part sont ex-

(1) Robert Vallery-Radot, *Les Géorgiques chrétiennes*, *Revue des Jeunes*, 25 août 1912.

clusivement des moyens de travail scientifiques. » (REVUE DES JEUNES, René Salomé, *Du dilettantisme à l'action.*)

Dans la même *Revue des Jeunes* (25 mai 1912) on lit cette page de M. Soury, ancien élève de l'Ecole Normale Supérieure, aujourd'hui préparateur agrégé de physique au collège de France :

« Pendant longtemps, on a cru que la science pourrait nous donner une explication du monde, nous fournir une morale.... (Aujourd'hui, la plupart) savent que la science n'épuise pas, n'épuisera jamais le fond des choses. « Faite par nous, elle sera toujours à notre mesure. » Elle ne peut nous fournir aucun renseignement sur l'absolu. Elle étudie les rapports entre les phénomènes, cherche à connaître les lois qui les relient; par cela même, elle permet de prévoir au moins dans les cas simples les conséquences d'une action. Elle nous est donc utile. Mais la science ne nous indique pas si tous nos actes sont commandés par une règle immuable. On a espéré qu'il serait possible de reconstruire le monde par une suite de raisonnements à partir d'un principe général une fois admis. Ceci suppose la croyance métaphysique à l'unité de la nature. L'état actuel de nos connaissances ne nous permet pas d'affirmer que nous y arriverons plus tard... La science ne peut nous dire où nous allons, ce qu'il adviendra du monde, dans quel sens se développera la société humaine... Si donc il y a une tendance chez les jeunes physiciens, c'est de ne pas chercher dans la science une réponse au problème de la destinée humaine. La méthode rationnelle ne peut suffire à tout. Dans l'ensemble, nous ne serons donc ni religieux, ni areligieux. Et ce n'est pas à cause de leurs études physiques que les uns ont abandonné et les autres conservé les idées religieuses qu'ils tenaient de leur éducation première.

« La science ne nous sera-t-elle donc d'aucun secours dans l'existence ? Ne nous apportera-t-elle que des soulagements à notre situation matérielle ou même des sensations sthétiques ? Ce n'est pas le sentiment de la majorité de mes camarades. En dédaignant des situations plus brillantes pour se consacrer à la recherche scientifique, ils ont montré qu'ils espéraient y trouver des satisfactions profondes. Par là, ils sont idéalistes, et beaucoup pensent, je crois, que l'homme a besoin pour sa vie morale, de quelque croyance métaphysique...

Encore dans la *Revue des Jeunes* :

« Un grand nombre de mes camarades se contentent d'un relativisme suffisant à l'élaboration de la science qui les absorbe. Mais parmi ceux que tourmente ce qui dépasse l'homme, la plupart préfèrent le *Credo ut intelligam* qu'ont accepté les plus grands esprits, au plongeon dans l'eau, dans l'inconsistant, à la suite de philosophes nouveaux, « pour voir si l'on saura nager », et l'on peut dire que presque tous, confiants dans la valeur des connaissances que la raison fournit de tout ce qui nous entoure, dressés par les méthodes scientifiques, au logique par le laboratoire à la soumission aux résultats de leur observation, tendent naturellement vers ce qui est ordre et raison. (M. Philippe d'Elbée, ingénieur-chimiste.)

L'art, lui aussi, a bénéficié du renouveau catholique. On sait depuis longtemps l'horizon immense que la religion du Christ a ouvert sous les yeux de l'artiste et les richesses des inspirations que donnent l'Incarnation, la Rédemption, le ciel, l'Eglise, avec ses enseignements et ses institutions, les saints personnages du Catholicisme : le Christ, la Vierge, les Anges et les Saints. Pensons à la magnifique floraison du moyen âge dans les arts plastiques.

Au lieu de diminuer l'art, la foi le grandit, donne une vision des êtres qui surpasse infiniment celle de l'incroyant. N'est-ce pas l'action de la grâce de parfaire la nature, de renforcer le pouvoir de pénétration que possède l'intelligence et d'accroître l'amplitude des objets sur lesquels travaille l'intelligence? Ce que dit M. F. Strowski, professeur en Sorbonne, de la littérature, peut également se dire de l'art : « A mesure que j'entre davantage dans la familiarité de nos chefs-d'œuvre, de ceux d'aujourd'hui comme de ceux d'hier, de ceux où le génie français se manifeste avec le plus d'ingénuité, de force et de beauté, — partout à côté des grandes idées de fraternité, de liberté, de dignité humaine, l'inspiration que j'y discerne remonte à l'Evangile; la raison que j'y écoute est la sœur de la raison catholique. »

Au lieu que le paganisme limitait ses effets aux horizons terrestres, le christianisme introduit l'artiste dans l'infini même de Dieu. Non seulement il développe et cherche à satisfaire dans l'homme la faculté de sentir et de goûter le beau, mais il fait d'après les principes les plus sûrs l'éducation même de cette faculté. Ici encore, il n'y a pas antinomie entre l'autorité et l'enthousiasme, entre l'ordre et le lyrisme, entre l'obéissance et l'inspiration. Que sont les œuvres des grands mystiques, sinon le triomphe de l'amour ordonné, la fusion du lyrisme et de la règle?

Cependant, si la religion laisse une grande liberté à l'artiste, il n'en est pas moins vrai qu'elle lui impose des sacrifices. Le sacrifice est de l'essence de toute vie chrétienne; il a sa place marquée dans la vie artistique comme partout. Mais ne sait-on pas que l'arbre, après avoir perdu de ses branches sous le fer du jardinier porte plus de fruits et des fruits plus savoureux? Ne sait-on pas le mot de l'*Imitation :* L'amour ne va pas sans sacrifice. Comme l'amour, l'art vit de sacrifices. Il en vit vraiment, c'est-à-dire que par le sacrifice l'art subsiste et progresse, car par lui, l'homme se rapproche de Dieu.

Il était temps que les catholiques tinssent compte de ce grand hommage à Dieu que doit être l'art; il était temps qu'on fît rentrer le Christ dans l'art, comme on doit chercher à le faire rentrer partout. *Omnia et in omnibus Christus.* Ce mot de saint Paul doit régler toute l'activité chrétienne. (Cf. *La Vie catholique dans la France contemporaine,* Bloud 1918, et Vallery-Radot, *Le Réveil de l'Esprit.*)

Des sociétés se sont fondées pour promouvoir un art catholique; les sociétés déjà existantes se sont ranimées. Il y a la *Société des amis de l'art liturgique;* présidée par Mgr Batiffol, la *Société Saint-Jean,* la *Société Saint-Luc, les Amis des cathédrales...*

L'art s'étend très loin. Architecture, ferronnerie, céramique, verrerie... autant de professions dans lesquelles l'art et le métier se rencontrent. La formation professionnelle des artisans de ces milieux est le but des Ecoles Saint-Luc.

Comme bien on pense, les terribles destructions de l'heure actuelle réservent un travail immense à ces diverses sociétés. « Pour l'instant, disait M. Henry Cochin, président de la Société Saint-Jean, l'effort de notre Société se consacre tout entier à la réparation des ruines que la barbarie laisse derrière elle dans notre pays, à la restauration la plus rapide du culte dans nos églises détruites ou blessées et, en même temps, à la défense dans la mesure du possible de la beauté liturgique. »

On a beaucoup parlé, en ces derniers temps, du théâtre chrétien : l'on a vu s'élever un théâtre chrétien. Question importante! On se rappelle la lettre de Bossuet au P. Caffaro, où sont reproduits les arguments traditionnels contre le théâtre. Et, au même siècle, Boileau ne croyait pas au théâtre chrétien. Toujours le théâtre offrira des dangers, ainsi que l'a reconnu Alexandre Dumas lui-même.

Mais puisque l'on ne détournera pas le monde du théâtre, n'est-il pas bon de chercher à moraliser le théâtre et d'avoir un théâtre chrétien?

Plusieurs écrivains catholiques de notre époque ont solutionné la question en faisant des pièces de théâtre. C'est, en particulier, Claudel, Jammes, Rochard. Un expert du théâtre, un académicien, M. Alfred Capus, dans une conférence sur le théâtre de demain, a montré l'art dramatique s'exerçant « demain dans ce qu'il y a de plus noble, de plus délicat et de plus souriant. »

Ainsi a voulu faire, sans attendre demain, Francis Jammes dans la *Brebis égarée*, représentée à l'*Œuvre* le 9 avril 1913. La pièce se termine par ces vers :

Voilà ce qu'il faut redire,
Malgré l'insulte et le rire.
Vous ne serez pas heureux
Si vous vivez loin de Dieu.

Trop longtemps on a eu peur
De nommer Notre-Seigneur.
Je le sortirai de l'ombre,
Même seul devant le nombre,
Car il est toujours vivant,
Et il vous parle à présent.

Rendant compte du *Partage de midi*, de Paul Claudel, M. François Mauriac écrivait : « Et nous nous en allons de ce drame avec le désir de faire triompher en nous, sur toutes les puissances d'ici-bas, l'Esprit de Dieu. »

Faire triompher l'Esprit de Dieu et, pour cela, suivre l'Esprit de Dieu, c'est bien ce que le chrétien doit se proposer en tout ici-bas.

Ce serait le moment de parler du mouvement catholique qui s'est produit dans les grandes Ecoles (Polytechnique, Normale, Saint-Cyr, Navale, les Mines, Centrale...) avant la guerre, mais la matière est si belle et si vaste qu'elle mérite tout un volume qui viendra en son temps.

Même en dehors de ces milieux choisis, les manifestations religieuses sont si abondantes qu'il est difficile de les rappeler toutes.

J'ai déjà indiqué que le renouveau n'existe pas seulement dans les milieux intellectuels, mais comment ne pas mentionner encore les 50.000 cheminots catholiques, répartis en 240 groupes et disséminés sur tous les réseaux des chemins de fer français.

Quelque point de notre pays que l'on considère, on peut redire — avec combien plus de raison — ce que le philosophe Ollé-Laprune disait déjà en 1899 : « Le monde a paru se lasser du Christ, et il a semblé que le Christ se retirât ou qu'il fût vaincu. Mais... une rumeur court : la pensée moderne retourne au Christ, et le Christ va reprendre l'empire. Plusieurs travaillent à hâter le moment, et l'on se dit que le jour où sera consommée cette restauration, l'intelligence troublée recouvrera la lumière et la paix (1). »

(1) Le vaste sujet des résultats du « Renouveau catholique » n'est qu'amorcé dans ce chapitre. Il sera traité ultérieurement d'une façon plus complète.

TABLE DES MATIÈRES

CHAPITRE PREMIER

LES HEURES SOMBRES : LE TRIOMPHE DU SCIENTISME

CHAPITRE II

LA DÉFAITE DU SCIENTISME

CHAPITRE III

UN FAUX DÉPART : LE NÉO-CHRISTIANISME

CHAPITRE IV

CONSTATATION D'UN RENOUVEAU

CHAPITRE V

LES ÉLÉMENTS DU RENOUVEAU

CHAPITRE VI

LES CARACTÈRES DU RENOUVEAU

CHAPITRE VII

LES CAUSES DU RENOUVEAU

CHAPITRE VIII

LES RÉSULTATS

IMP. P. TÉQUI, 92 RUE DE VAUGIRARD, PARIS

EN PRÉPARATION :

Le renouveau catholique.

II. *Les Jeunes pendant la guerre.*

I. Comment ils se préparent. II. Comment ils partent. III. Comment ils écrivent. IV. Comment ils pensent. V. Comment ils aiment. VI. Comment ils sont chrétiens. VII. Comment ils sont apôtres. VIII. Comment ils combattent. IX. Comment ils souffrent. X. Comment ils meurent. XI. Comment ils sont pleurés. XII. Comment ils se survivent. XIII. Comment ils sont victorieux. XIV. Comment ils envisagent l'avenir.

III. *Les Jeunes après la guerre.*

I. Nécessité de former une élite. II. Moyens de former une élite.

(Ces deux volumes paraîtront avant la fin de décembre 1919.)

Abbé L. ROUZIC

AUMONIER DE LA RUE DES POSTES

Douleur et Résignation. In-12.. 3 50

Ce livre est dédié aux mères, aux épouses, aux enfants, aux sœurs, aux fiancées, à tous ceux qui souffrent. Chacun de ceux-là y trouvera, religieusement et philosophiquement exprimé, l'enseignement qui élève, réconforte, console, et les citations les plus autorisées pour appuyer les fortes pensées de l'auteur et faire ressortir tout le bien qui en découle.

Lettres à un Prisonnier. In-12.. 1 50

Ces lettres échangées entre l'auteur et l'officier prisonnier en Allemagne, après avoir été blessé au champ d'honneur, sont écrites dans l'airain qui forgea nos canons; elles résonneront, haut et ferme, dans les cœurs de ceux qui ont la foi persévérante, car elles sont un exemple et une leçon de haute portée morale.

Le prix des larmes. (A ceux qui pleurent.) In-12............ 3 50

Dans cet ouvrage si pieux, si consolant et si littéraire, l'auteur étudie successivement ces questions : « Nature des larmes; Nous est-il permis de verser des larmes? Jésus et les larmes; Les larmes de la Très Sainte Vierge; Les larmes des saints; Nos larmes; Les larmes des poètes; Les larmes des génies; Les larmes dans la nature; Les larmes aux pieds de Notre-Seigneur; L'éloge des saintes larmes; La patrie et le temps des larmes; De quelques livres célèbres et des larmes; Notes pour servir à une histoire des larmes ». En ces jours de deuil universel, qui donc ne serait désireux de lire un livre si bienfaisant?

Le Purgatoire. (Pour nos morts et avec nos morts.) In-12 3 50

L'auteur de ce volume se propose un double but : 1° nous faire éviter les souffrances du purgatoire; 2° délivrer ceux qui les endurent. Mais que de questions soulève ce seul mot, le **Purgatoire.** Où est-il? Quel est l'état des âmes qui y pénètrent? Quelles sont leurs peines? Ont-elles des joies? Combien de temps restent-elles dans les flammes? Quel est le rôle des anges à leur égard? En quoi consiste l'intervention de la Sainte Vierge? Quels actes de notre part peuvent les soulager et terminer leur peine?

Toutes ces questions et bien d'autres qui nous touchent de fort près sont abordées et traitées avec la certitude que donne la théologie et une émotion communicative et prenante. Qui de nous peut être sûr de n'avoir pas à faire bientôt le pèlerinage du purgatoire?

Ainsi les conséquences de la guerre ne se bornent pas à la défense de la Patrie et au maintien de l'intégrité de son territoire; elles atteignent les âmes dans leur vie intime et leurs intérêts les plus chers.

(Mgr BAURON, *Revue Mariale.*)